제5계절의 외침

말하는 당나귀

정락유 | 지음

말하는 당나귀

초판1쇄 2015년 1월 31일

지은이   정락유
발행인   채주희
발행처   엘맨
등록   제10-1562호(1985.10.29)
주소   서울시 마포구 신수동 448-6
전화   (02) 323-4060
팩스   (02) 323-6416
E-mail   elman1985@hanmail.net

값 13,800원

제5계절의 외침

말하는 당나귀

정락유 | 지음

엘맨

전기(傳記)

필자는 어렸을 때의 별명이 '당나귀'였다.

그 까닭은 이름 자체가 그렇게 발음이 되어졌기 때문이었다.

사람들이 '낙유'라고 소리 나는 대로 나규-나귀라고 불렀던 것이다.

거기에다 성씨가 당나라 정씨여서 모양 좋게 '당나귀'라고 놀려 대기 시작했다.

어린 나이의 필자는 그렇게 불리는게 싫었었다. 그런데 청소년 시절(16세쯤) 예수님을 뜨겁게 만난 후 열정이 일어나면서 성경을 보니까 예수님께서 평화의 임금으로서 당나귀 새끼를 타시고 예루살렘에 입성하신 것이 아닌가! 수많은 무리들이 앞서거니 뒷서거니 하면서 '호산나'를 외치면서 환호했다는 말씀(마 21:1-11)을 읽고 그만 생각이 바뀌었다.

"그래, 맞아! 나는 당나귀야. 그냥 당나귀가 아니라 예수님을 등에 모셔 태우고 다니는 새끼 당나귀이니, 이 얼마나 복된 일이고 영광스러운 모습인가!"

그 후로부터 필자는 오늘날에 이르기까지 예수님을 모신 당나귀로 살겠다는 일념으로 자부심(?)을 느끼며 지내왔다.

한편 당나귀에 대한 극적인 이야기는 구약성경(민 22 21-30)에도 나와 있다.

하나님의 말씀을 직접 들은 바 있는 선지자 발람은 높은 직위와 명예 그리고 수많은 금은보화에 미혹되어 가서는 안되는 어그러진 길(유다서 1장1절)로 나아갈 때에 하나님께서 타고 가던 당나귀의 입을 열어 사람의 말을 하게 하심으로 그 잘못을 돌이키게 하셨다는 이야기이다.

이 사실을 사도 베드로는 그때 당시 발람의 길을 따르는 거짓 선지자들과 거짓 선생들을 경계하게 하려 이런 말씀을 남겼다. 그(발람)는 불의의 삯을 사랑하다가 자기의 불법으로 말미암아 책망을 받되 말하지 못하는 나귀가 사람의 소리로 말하여 이 선지자의 미친 행동을 저지하였느니라(벧후 2:15-16).

그렇다. 필자는 우려스럽게도 발람이 일생동안 타고 다녔던 나귀일 수 있다는 생각이 들었다. 그리하여 오늘날 세상의 영화와 부귀라는 불의의 삯을 향하여 필자까지 몰아치며 달려가는 발람과 같은 우리 한국 교회의 지도자들과 교인들에게 하나님께서 주시는 말씀을 알려야겠다는 심정으로 다년간 기독 언론에 올렸던 글을 책으로 엮어내게 되었다.

따라서 첫 번째 펴낸 책자는 제목을 「제5계절의 외침」이라 하였고, 두 번째로 펴내는 책자는 「제5계절의 외침」이라 함과 아울러 「말하는 당나귀」라는 새로운 제목을 얼굴로 하였음을 밝히는 바이다.

필자의 논리에 대하여 독자들의 열화 같은 호응이 있었던 반면에 꼬투리를 잡아서 검찰에 고발하는 이들도 있어서 해당 언론사의 사장님이신 신○○ 장로님과 필자가 번갈아 가며 검찰에 출두하여 시달림을 당하고 벌금형까지 받았던 곤혹스런 일도 있었다.

그 일은 벌써 20년도 지난 일. 오늘에 와서 다시 그 논리들을 책자로 펴내면서 느껴보는 소감이라니, "아직도 나의 사랑하는 한국 교회는 그때와 달라짐이 없이 물량주의, 세속주의의 발람의 길을 치닫고 있는 것은 여전하구나." 라는 탄식 끝에 출판의 당위성을 스스로 잡아본 나머지 삼가 독자분들의 양해를 바라면서 머리말을 맺는다.

2015년 1월에

말하는 당나귀로서 필자 정락유

차례

차례

제1장

1. 그리스도인 됨의 의미

◇ 무엇이 된다는 말인가

인간에게는 본능이 있다. 그중에서도 「의지적 본능」이 있는데 의지적 본능이란 무엇인가를 「알려고 하는 것」과 「할려고 하는 것」, 「될려고 하는 것」이다. 이 세 가지 의지적 본능 가운데 「될려고 하는 본능」은 궁극적인 것이라 하겠다. 보고 하는 모든 일이 결국은 무엇인가가 되고자 함이기 때문이다.

그렇다면 그리스도인이 된다 함은 무슨 의미일까? 바로 이점에서 오늘날의 그리스도인들은 분명한 대답을 갖고 있지 못한 듯 하다.

우선적으로 사람들은 그리스도인이 된다 함의 의미를 「특정한 종교인이 되는 것」으로 이해하고 있다.

다음으로 어떤 사람들은 그리스도인이 된다 함의 의미를 「영혼이 잘 됨같이 범사가 잘되고 강건한 사람이 되는 것」으로 이해하고 있다. 다시 말해 물질적으로, 육신적으로, 세상적으로 형통해지는 사람이 되는 것으로 알고 있다는 말이다. 그리고 또 다른 사람들은 그리스도인이 된다 함의 의미를 「능력의 사람, 기적의 사람, 신비의 사람이 되는 것」으로 이해하고 있다.

그러나 그리스도인 됨의 참된 의미는 「그리스도 예수님을 본받는(닮는) 사람이 된다」는 사실이다. 이는 불교인이 된다는 의미가 부처님을 본받는 것이요, 유교인이 된다는 의미가 공자님을 본받는 것과 마찬가지이다.

진실로 그리스도인이라고 하면서도 그리스도 예수님을 닮거나 본받지 아니했다고 하면 의미가 없는 공허한 소리에 지나지 않을 것이다.

이른바 예수를 믿고 집사와 장로와 목사가 되고, 형통한 사람으로서 성공자가 되고, 놀라운 능력과 기적을 행하며 신비한 사람이 되었다 해도, 그가 예수 그리스도를 닮은 구석이 조금도 없다고 하면 참된 그리스도인이 아닌 것이다.

그리스도인은 그리스도 예수님을 닮은 사람을 두고 하는 말이다.

◇ 그리스도인에게 요구되는 것

오늘날 이 시대가 우리 그리스도인에게 기대하는 것은 무엇일까? 그리스도인으로서의 부요함, 그리스도인으로서의 건강함, 그리스도인으로서의 출세와 성공을 기대하는 것일까? 그런 것은 결코 아니다. 왜냐하면 그런 것들은 그리스도인이 아닌 사람들에게서도 얼마든지 볼 수 있는 까닭이다. 그러면 이 시대가 우리 그리스도인에게 기대하는 것은 무엇인가? 그것은 다름 아닌, 그리스도 예수님을 닮은 바 그 모습을 기대하는 것이다.

이와 같은 사실은 가족이나 친지나 직장의 동료와 이웃들도 마찬가지라고 하겠다. 진정한 의미에서 나의 가족과 그밖의 사람들이 나에게 기대하는 것은 돈이나 명예나 출세의 모습보다는 진정으로 그리스도 예수님을 닮은, 참사람으로서의 인격을 원할 따름이다.

뿐만 아니라 그리스도 예수님 안에서 우리를 부르신 하나님께서는 더욱 그러하시다. 그리스도 예수님 안에서 우리를 부르사 당신의 자녀 삼으신 하나님께서는 우리 그리스도인들이 세상에서「어떠한 사람이 되는 것」에 대해서는 크게 관심이 없으시다. 오직 당신의 맏아들 예수 그리스도의 형상을 본받는 것(롬 8:28-30)에만 관심이 있으시다는 말이다. 오직 그렇게 됨으로써만이 우리 그리스도인들을 당신의 나라에서 영원한 기쁨으로 데리고 살 수 있으시기 때문이다.

이 시대를 비롯하여 우리의 가정과 직장과 사회, 그리고 교회조차도 절실해 하는 것은 무엇인가? 그것은 오직 예수 그리스도이시다. 오직 예수 그리스도만이 우리의 삶에 정의와 사랑과 평화를 이룰 수 있는 분이시기 때문이다.

그러나 그리스도 예수님은 이 세상에 계시지 않고 천국에 계신다. 다만 예수 그리스도께서는 당신 자신의 일을 우리 그리스도인에게 성령으로 일임하고 계실 따름이다.

그러므로 우리 그리스도인들은 그리스도 예수님을 본받아 그리스도 예수님을 대신하는 삶을 살아야 하는 사명이 있다. 이것이 이 시대와 사회가 우리 그리스도인들에게 기대하는 것이요, 또한 하나님께서 요구하시는 것이다.

◇ 다시금 구원을 묻는다

구원이란 무엇인가? 오늘날의 수많은 교회와 교인들은 구원을 이해함에 있어서 지극히 교리적이라는 점에서 편협스러움을 느끼게 한다. 죄사함을 받았다느니, 거듭났다느니, 영생을 얻었다느니, 등등의 교리적으로만 일관하였다고 보기 때문이다.

구원을 좀더 실제적으로 이해할 수는 없을까? 왜 없겠는가? 실제적, 또는 현실적으로 이해할 때 구원이란, 사람답지 못했던 사람이 사람다운 사람이 되는 것을 가르킨다.

예수님께서는 마태복음 9장 13절에서 이렇게 말씀하셨다. 「내가 의인을 부르러 온 것이 아니요 죄인을 부르러 왔노라」 또한 누가복음 19장 10절에서는 이렇게 말씀하셨다. 「인자의 온 것은 잃어버린 자를 찾아 구원하려 함이니라」 이 두 가지 말씀 가운데서 죄인, 또는 잃어버린 자는 누구이며, 의인은 누구를 일컬음인가? 정말 쉽게 말하면 죄인이란 인간답지 못한 인간이요, 의인이란 인간다운 인간이다. 그러니까 예수님께서 죄인을 구원하신다는 말씀은 인간답지 못한 인간을 인간다운 인간이 되게 하신다는 의미인 것이다.

인간다운 인간, 그 참된 표상은 과연 누구인가? 오직 예수 그리스도가 아니던가? 그러므로 참으로 구원받은 사람은 예수 그리스도를 본받은 사람이라는 사실이다. 따라서 구원이란 다른 것이 아니라 오직 예수 그리스도를 본받아 예수 그리스도처럼 살게 되는 그 자체가 구원이라고 할 수 있다.

그리스도 예수님을 본받는 일, 그 일이야말로 우리의 구원이요, 능력이요, 성령충만이며, 최상의 기쁨이요 행복이다. 그리고 우리가 그리스도인 되었음의 참된 의미이다. 그러므로 오직 예수 그리스도만을 본받고 그를 닮아 그와 같이 살자!

2. 오늘의 신앙을 생각한다

◇ 우상의 시대가 왔는가

지난달 음력 「사월초파일」에 우리나라는 「우상의 축제」가 벌어졌었다. 크고 작은 절간들은 물론이요 대로변(大路邊)에는 가로수를 따라서 울긋불긋한 연등을 초롱초롱 매달아 축제의 분위기를 한껏 돋우고, 전국의 도시에는 봉축행렬로 교통체증을 극심하게 겪었으며 이름있는 절간에서는 법요식을 벌이는 등 한바탕 요란했다.

수많은 사람들이 이름있는 절간에 연등을 매어달아 바쳤고, 더 많은 사람들이 봉축행렬에 가담하였으며 각계각층의 유명인사들을 비롯한 무수한 사람들이 법요식에 참석하려고 절간에 몰려드는 모습이 보였었다. 귀동냥으로 듣기는 절간에 자기 이름으로 연등을 하나 달아 놓을랴치면 수천 수억원을 들여야 한다나…

그런데 우리의 자랑스러운 장로 대통령님의 연등이 조계사의 상당한 앞쪽에 매어달려 있는 것이 TV화면에 비쳐졌다. 그게 얼마짜린지도 궁금하거니와 이른바 예수교회의 장로라는 양반이 「우상의 축제」에 연등을 매어달아 바친 꼴은 상당히 민망스럽게 보였다.

대자대비는 말뿐이요 대통령이나 그 정부가 자기들에게 조금이라도 섭섭하게 굴었다 싶으면 대분대노하는 불심(佛心)! 김영삼 대통령이 예수교회 장로여서 「돌아앉은 그 불심」을 돌이키려고 하는 아양일성 싶기도 하다.

하여튼 대한민국의 수많은 백성들은 그날의 「우상의 축제」에 어울려 그들의 부처님께 자비를 빌고 비는 것이었다. TV 기자가 그들 중 몇몇 사람들을 인터뷰 하였는데 모든 대답들이 대동소이하였다. 예를들면 「건강하게 해주시고, 사업이 잘되게 하옵시며, 가정이 평안하게 해주십사」는 기복적인 신앙에 지나지 않는 것이었다.

◇ 신앙이란 무엇인가

신학적인 견지에서 볼 때, 신앙이란 「전지전능하신 절대자를 믿음으로 연약한 자신과 자신의 삶을 의뢰하고 의탁하는 것」이라고 한다. 물론 이 가운데는 무수한 설명이 뒤따르게 된다. 그러나 일반적인 견지에서는 신앙이란, 절대자를 신뢰하는 것이라면서도 핵심은 「복을 구하는 것」으로 이해하고 적극적으로 실천한다. 그 분명한 사례가 소위 「부처님 오신 날」에 불상 앞에 모여서 무수히 빌고 절하는 민간인의 심성에서 드러난 것이다.

그들의 신앙은 단순하다. 구원이니, 죽음이니, 영생이니, 심판이니 하는 등등의 「종교적 근간」에는 별로 관심이 없다. 그들의 관심은 오직 몸 건강히 돈 많이 벌고 마음 편케 사는 데에 있다. 그리고 신앙적 행위란, 그와 같은 일을 위해 복을 비는 일에 지나지 않는다. 다시 말해 그들에게 있어서의 예배란 다만 복을 비는 일일 따름이다.

물론 이런 것이 신앙이기는 하다. 그러나 신앙은 그것만이 전부가 아니다. 신앙이란 복을 비는 것 그 이상의 무엇이다. 신앙이 복을 비는 것뿐이라면 그 신앙은 신앙이라기 보다는 「샤머니즘」, 곧 미신이다.

미신이 무엇인가? 「교리와 신조가 없으며, 아무런 과학적 근거도 없는 불합리하고 허황된 것을 믿는 일」이라고 사전은 풀이한다.

바로 이 미신에서 맹신이 나오고, 맹신에서 잔인무도한 광신이 발생하는 것이다. 결국, 우상숭배란 다른 것이 아니다. 오직 복을 받기 위해서만 신을 숭배하는 일이 우상숭배라는 사실이다.

그러므로 미신에 지나지 않는 종교들은 갖가지 우상을 만들어 놓고 거기에 절하게 하면서 「이렇게 하는 것이 신앙」이라면서 「혹세무민」을 하고 있다.

◇ 참된 신앙을 위하여

그럼에도 오늘의 지성적이요 문명적이라는 사람들은 멸망할 미신과 그 종교적 행위를 「민족문화계승」이라는 그럴싸한 미명 아래 우상숭배를 합리화할 뿐만 아니라 널리 선전하기 이르고 있다.

생각해 보라! 불상이나, 단군신상이나, 그밖의 어떠한 신(神)을 나무나, 돌이나, 금은동(金銀銅)으로 만들어 놓고 그 앞에 천번 만번 엎드려 절한다고 해서 그 우상들이 복을 주겠는가? 아니, 복을 줄 수 있겠는가? 참으로 엉터리 같은 노릇일 따름이다.

고등종교의 신앙일지라도 만일 그것이 복을 받겠다는 생각으로만 일관할 때에 미신으로 전락되거늘, 우상앞에 엎드려 복을 비는 일이야 말로 더욱 확실한 미신이 아니고서야 그 무엇이란 말인가? 미신, 곧 우상숭배가 만연하는 나라와 민족치고 망(亡)하지 않는 경우가 없었거늘 어찌하여 이나라 이민족은 우상숭배를 그칠 줄 모르는가!

그러나 비판의 방향을 안으로 돌려보자, 우리 기독교회는 어떠한가? 우리 기독교회의 신앙은 참으로 건전한가? 오늘날 우리 한국교회의 신앙은 저 우상종교의 신앙과 무엇이 다른가? 우리의 하나님숭배는 혹시, 우상숭배나 다를 바 없지 않는가? 아니 우상숭배보다도 못한 하나님숭배가 아닌가?

우리 기독신앙은 복을 비는 신앙이 아니다. 기독신앙은 이미 모든 복을 받은 자로서의 신앙이다. 기독신앙을 가진 우리 그리스도인은 사실상 더 받을 것이 없는 세상에서 가장 부유한 사람이다. 왜냐하면 하나님께서는 우리 그리스도인에게 「주 예수 그리스도와 함께 모든 것을 선물로 다 주셨기」(롬 8:32) 때문이다. 그러므로 우리의 신앙은 복을 비는 것이 아니요 받은 바 그 복을 나누는 것이다.

그렇지만 오늘의 우리 기독신앙은 우상종교의 신앙과 다를바 없이 「하나님께 무엇을 드리기 보다는 달라고 하기」에 여념이 없는 듯하다.

전국의 기도원이나 곳곳의 부흥회에서는 「주시옵소서! 믿씁니다! 쭈시옵쏘서!」의 외침으로 일관하고 있잖은가?

이처럼 우리의 기독신앙이 우상종교의 신앙과 무엇이 다르다 하겠는가? 아니, 어떤 면에서는 그들보다 더 못한 것이 아닌가?

보라, 지금은 우리 한국 교회가 깊이 반성하여 자아정체성을 새로이 할 때이다.

3. 가장 신앙적인 것

◇ 신앙적이란 무엇인가

우리는 짐짓 신앙이라 하면서도 참으로 신앙적이지 못할 때가 많다. 생각하는 것이나 말하는 것이나 행동하는 모든 일에 있어 신앙적이지 못할 때가 적지 않다는 것이다. 그러므로 우리의 신앙생활이라는 것도 평정의 삶이 아닌 갈등의 삶일 때가 많다.

이것은 분명히 모순이다. 「악한 죄 파도가 많으나 맘이 늘 평안해」(찬 466장)야할 신앙생활이 갈등의 삶이라니! 결국 우리의 신앙생활이란 앞뒤가 맞지 않는 억지가 아닐까 하는 의혹마저 생긴다.

신앙인이 신앙적이지 못하다? 이는 신앙인이 신앙인 「답지」 못하다는 뜻이다.

이 세상에 존재하는 모든 것은 각각 그 나름대로 「답기」 때문에 존재할 가치를 보유하고 있다. 이와 마찬가지로 신앙인의 존재 가치 역시 「신앙인다움」에 있다. 그런데 그 신앙인이 신앙적이지 못하다면 「맛 잃은 소금처럼」존재가치를 상실한 것이다.

그렇다면 한 사람의 신앙인이 그 존재와 그 모든 행위에 있어서 신앙적이 된다 함은 구체적으로 무엇이 어떻게 된다는 말인가? 「진실로 신앙적이 된다」는 것은 「진실로 인간적이 된다」는 것이라 하겠다.

「신앙적」이라는 말과 「인간적」이라는 말은 각각 다른 의미가 아니다. 신앙적인 것이 인간적인 것이요, 인간적인 것이 신앙적인 것이기 때문이다. 굳이 나눈다면 인간적인 것이 본질이라면 신앙적인 것은 그 수단이라 하겠다. 그러나 이것도 어느 관점에서 보느냐에 따라 입장을 달리 할 수도 있다.

그러므로 이렇게 정리해 본다. 즉, 신앙적이라는 말은 인간적이라는 말의 종교적 표현이요, 인간적이라는 말은 신앙적이라는 말의 사회적 표현이라고 말이다. 그러므로 가장 신앙적인 것은 가장 인간적이며, 가장 인간적인 것을 지향한다.

◇ 예수님은 인간적이셨다

예수, 나사렛 예수, 그분을 생각해 보라, 그분의 생애는 신앙적이었다기보다는 인간적이었잖은가? 물론 그분의 생애 가운데는 신앙적이었던 것도 많았다. 그러나 그 신앙적인 것은 온전히 인간적인 것을 위함이었다고 볼 수 있다.

예를 들면, 십자가에 못박혀 죽으신 사실만 해도 그렇다. 그분께서 만일 요즘의 우리가 생각하는 바, 신앙적이었다고 한다면 십자가에 못박히시지 않았을 것이다. 신앙적인 능력으로 물리칠 수 있었기 때문이다.

설사 못박히셨다 해도 그분이 신앙적이셨다면 그 신비의 힘으로 십자가에서 내려오셨을 것이다. 그러나 우리의 주님께서는 그때야말로 가장 인간적이셨다. 어쩌면 가장 신앙적이실 수 있었던 그때에 말이다.

「엘리 엘리 라마 사박다니!」(나의 하나님 어찌하여 나를 버리셨나이까)

이 얼마나 인간적인가? 어느 누가 이 절규를 신앙적이라고 하겠는가? 이처럼 절박한 처지에서야말로 이른바 신앙적이었더라면 그 자신이 하나님의 아들이심이 기적적으로 증명되지 않았을까?

그러나 예수께서는 끝까지 인간적이셨다. 왜냐하면 참으로 인간적인 것이 참으로 신앙적인 것이었기 때문이다.

그런 의미에서 보면 예수께서 제자들에게 「자기 십자가를 지고 나를 좇으라」(마 16:24) 하신 말씀도 사실은 「인간적이 되라」 하신 말씀이 아닌가 싶다. 산이라도 옮길 만한 능력이 있는 것이 믿음일진대, 굳이 십자가를 질 필요가 뭐 있겠는가? 하지만 예수께서는 하나님의 구원의지를 너무나 잘 알고 계셨다.

하나님의 의도는 인간을 구원하시되 초인간적인 존재로 구원하심이 아니다. 인간 그대로의 인간, 곧 창조본연의 인간으로 구원하신 것이다. 때문에 예수께서는 스스로 인간이 되신 것이 아니겠는가?

◇ 인간의 행복은 인간됨에

인간의 행복은 어디에 있는가? 인간의 행복이란 그 자신의 인간됨에 있는 것이지 다른 무엇에 있는 것이 아니라고 생각한다. 인간보다 열등한 짐승이 되어서는 물론 안되고 그렇다고 해서 인간보다 월등한 천사가 된다거나 하님이 되어서도 안 된다. 인간은 오직 인간다울 때에 참으로 행복한 것이다. 예수께서 우리에게 「십자가를 지라」 하신 의중이 바로 여기에 있다. 그렇게 함으로써 가장 인간적이 되는 일이 가장 신앙적인 일이었던 까닭이다.

그러므로 우리가 신앙적이 되는 것은 인간적이 되기 위함이다. 만일, 우리의 신앙적인 것이 인간적인 것으로 지향되지 않고 있다면 그 신앙은 율법주의, 교권주의 그리고 신비주의라는 영적 파행에 지나지 않을 것이다. 영적 파행으로서 율법주의, 교권주의, 신비주의는 결국 비인간적인 것들이다.

신앙은 인간화를 신조로 해야 한다. 그러나 신앙을 가장한 율법주의의 아집과 교권주의의 독선과 신비주의의 교만은—본의는 아니겠지만—비인간화를 주도하고 있다.

　　예로부터 오늘까지 교계에는 이단이니 사이비니 하는 종교의 종교답지 못한 교리나 사이비로 인하여 혼란을 거듭하여 왔다. 그렇다면 어디 한번 물어보자. 진실로 교리의 이단이요 신앙의 사이비는 무엇인가? 그것은 한마디로 「인간을 비인간화로 몰고 가는 교리나 신앙」이라고 하겠다.

　　그러므로 가장 신앙적인 것은 가장 인격적인 것이다. 그에 따라 가장 신앙적인 사람은 가장 인간적인 사람임은 두말할 나위도 없다.

　　그러나 요즘의 신앙인들은 특별한 능력이나 신비한 은사(카리스마)를 받아서 인간 이상의 인간이 되려는 것 같아 걱정스럽다. 그 가운데 일부 「빗나간 성령운동」들이 교계와 신자 개개인의 신앙관을 혼란케 하고 있기에 더욱 걱정스럽다.

4. 그리스도인의 참행복은 무엇인가

◇ 한국인의 행복은 어디에

시청의 길다란 울타리에 넝쿨장미가 빠알갛게 꽃다발을 꾸며가는 것을 보노라니, 때는 바야흐로 오월의 한나절임에는 틀림이 없다. 오월! 하면 「가정의 달」이 아니던가? 그리고 가정! 하면 대부분의 사람들은 으레 행복을 생각한다.

아아! 행복, 그것은 무엇이며, 어떻게 소유할 수 있는 것인가? 이 땅 위의 수많은 사람들은 행복을 생의 목적이요, 목표를 삼아 오로지 행복하려는데- 행복이여, 그것은 과연 어디에 있는가? 특히, 그리스도인의 참된 행복은 어디에 있는 것일까.

「한국리서치」의 최근 발표에 의하면 「우리나라 사람들의 행복은 학력순」이라는 결과가 나와 잠시 주목을 받고 있다. 지난해 4월부터 1년동안 전국의 남녀 5천명(11세~59세)을 대상으로 「사회계층과 한국인의 주관적 행복도 차이」라는 설문조사에서 밝혀진 결과였다.

조사결과에 따르면, 학력별 행복도에서 「무학」과 「국졸」이 각각 63점과 68.8점인데 비해 「대학원졸」은 78.6점, 「대졸」은 72.2점으로 나타나 행복은 학력과 밀접한 관련이 있는 것으로 분석되었다.

문득 청소년을 위한 영화「행복은 성적순이 아니잖아요」라는 영화제목이 생각난다. 이는 「행복은 성적순이다」라는 기성사회의 가치기준에 대한 반어적 제목이다.

그런데 「한국인의 행복은 학력순」이라니 「청소년의 행복은 성적순」이라는 것과 무엇이 다른가? 성적순과 학력순, 이는 참으로 부자유친하다.

이와같이 부모의 행복순은 학력순이요, 자녀의 행복순은 성적순이라고 한다면, 우리사회의 기준, 곧 가치기준이 잘못된 것이 아닐까 싶다.

진정,적게 배우면 적게 행복하고 많이 배울수록 많이 행복한 것일까? 그렇다면 우리 그리스도인들의 행복에 대한 가치기준은 무엇일까? 이른바 그리스도인의 행복도 학력순일까?

◇ 하나님과 동행하는가

그리스도인 역시, 일반인처럼 행복을 추구하기는 마찬가지이다. 그리스도인이라고 해서 행복하길 원치 않는 사람이 어디에 있겠는가? 그러나 그리스도인의 행복은 그 기준에 있어서 그리스도인이 아닌 자들과는 전혀 다르다.

만일 그리스도인이라고 하면서도 그 행복의 기준이 학력순에 있다고 한다면 그는 진정한 의미에서의 그리스도인이 아니다. 학력순일 뿐만 아니라 명예순, 권력순, 재산순의 기준은 아닌 것이다. 그리스도인의 입장에서 행복의 참된 기준은 잘라 말해 그 자신이 하나님과 동행하느냐에 있다.

예를들어 창세기 5장에 보면 아담과 하와를 비롯한 그 후손의 평균수명이 9백살이었음을 알수가 있다. 그런데 그 가운데서 에녹은 3분의 1정도(3백65세)밖에 향수하지 않았다. 그러나 그의 생애는 어느 누구보다도 행복한 삶이었다. 뿐만 아니라 그는 죽음을 보지 않고 승천하여 영생하는 사람이 되었으니 그 무슨 까닭이었는가? 이는 오로지 「하나님과 동행하였기」(창

5:21~24) 때문이었다.

그리고 창세기 6장을 보면 우리는 노아의 사적을 읽을 수가 있다. 그때 당시의 세상은 하나님 앞에서 온 땅이 패괴하였고 모든 혈육 있는 자들의 강포가 충만했었다. 그러므로 하나님께서는 그 모든 것을 보시고 한탄하셨다.

그러나 노아는 하나님께 은혜를 입어 「하나님과 동행」(창 6:9)하였음으로 새시대의 선조가 되었던 것이다. 어느 누가 진정한 그리스도인이라고 한다면, 그 행복의 기준은 「주님과 동행하는 것」외에 다른 무엇이 될 수 없다. 이것이 다름 아닌 신앙의 진실이다.

우리 그리스도인이 하나님의 자녀로서 기뻐하고 즐거워하는 것은 주 하나님께서 우리에게 많은 복을 주셔서 건강하고 형통하고 평안함 때문만은 아니다. 혹 「그리아니하실지라도」(단 3:18) 다만, 주님께서 함께하여 주심으로 우리 그리스도인은 기뻐하고 즐거워하는 것이다.

◇ 참으로 행복하려면

이제껏 말해왔듯이 우리 그리스도인의 행복의 기준은 세속적인 것과는 다르다. 물론 높은 학력을 인하여 행복할 수도 있겠지만 그리스도인은 매우 낮은 학력, 곧 무학력자일지라도 고학력자 이상의 행복을 누릴 수가 있다. 아무리 고학력자라도 주님께서 함께하는 사람이 아니면 결국 불행한 사람에 지나지 않는다.

그러나 아무리 저학력자라도 주님께서 함께하는 사람이라면 그야말로 행복한 사람인 것이다. 이 같은 원리는 학력의 경우에만 해당되는 사항이 아니다. 모든 경우-빈부, 강약, 우열, 등등-에 다 해당되는 사항이다.

그러므로 그리스도인은 다른 무엇을 위해 힘쓸 일이 아니다. 오직 주 하나님과 동행하기를 힘써야 한다. 모든 것을 다 가졌어도 하나님이 함께 하시지 않는다면 모든 것을 가진 것이 아니다. 반면에 모든 것을 다 갖지 못했어도 하나님이 함께하신다면 모든 것을 가진 것이나 다를 바 없다.

그러나 하나님과 동행하는 일은 그리스도인 자신이 힘쓴다고 해서 되어지는 것이 아니다. 하나님께서 스스로 우리와 동행하심으로써 가능한 일이다. 이는 마치 어린 아이가 아버지와 먼 길을 동행하는 것과 같다. 어린 아이로서는 아버지와 동행하는 것은 어려운 일이다. 그러나 아버지가 그 어린아이와 보조를 맞추어 동행하는 일은 가능하다. 이와같이 그리스도인이 하나님과 동행하는 일은 하나님께서 그와 동행하여 주심으로써만이 가능한 것이다.

그렇다면 주 하나님께서는 누구와 동행하시는 것일까? 과연, 어떤 사람과 동행하시느냐?는 물음이다. 예수께서는 일찍이 「나를 보내신 이가 나와 함께 하시도다 내가 항상 그의 기뻐하시는 일을 행하므로 나를 혼자 두지 아니하셨느니라」(요 8:29)는 말씀을 하셨다. 바로 이 말씀에서 오늘날 우리는 하나님께서 우리와 함께하심으로써 우리가 하나님과 동행할 수 있다는 비밀을 터득하게 된다. 그것은 오직 한 가지, 하나님의 기뻐하시는 일에 항상 힘쓰는 것이다. 그러므로 사도 바울은 「주께 기쁘시게 할 것이 무엇인가 시험하여 보라」(엡 4:10)고 교훈한 것이 아닐까?

5. 그리스도인의 삶의 목표는 무엇인가

◇ 지상에서 우리의 삶은

삶이란 무엇인가? 그것은 「과정으로서의 존재」이다. 삶이란 그 자체가 목적이 아니다. 목적, 또는 목표를 지향하는 과정인 것이다. 반복하는 말이지만, 목표를 지향한다 함은 과정(Process)이라는 뜻이다. 이것이 다름아닌 생의 원칙이요, 질서인 것이다.

하지만 우리들 가운데는 삶이라는 것을 과정으로 알지 않고 목표로 알고 있는 나머지 「다람쥐 쳇바퀴 돌리듯」 하는 공허한 삶을 살고 있는 사람들이 너무나 많아 보인다. 더구나 그리스도인들 중에서도 그 같은 사람들이 적지 않다고 할 때, 문제는 더욱 심각할 수밖에 없다.

삶이란 과정이다. 과정이로되 목표를 지향하는 과정이다. 그렇다면 삶이 지향하는 목표는 과연 무엇인가? 다른 누구보다도 우리 그리스도인들이 삶에서 지향해야 할 목표는 무엇인가? 이 물음은 결국, 신앙생활의 목적이 무엇이냐는 물음에 귀착된다. 신앙생활도 삶이기는 마찬가지인 까닭에 그 지향하는 바 목표가 존재하기 때문이다.

따라서 삶의 목표란 매우 중요하다. 그것은 삶보다도 더 중요하다. 한번 생각해 보자. 삶이 있기 때문에 목표가 있는 것인가? 아니면 목표가 있기에 삶이 있는 것인가? 존재론자는 앞의 것이 옳다 하겠고, 목적론자는 뒤의 것이 옳다 할 것이다.

그렇다면 그리스도인들은 무엇이 옳다 할 것인가? 두말할 나위 없이 목적론-목표가 있기에 삶이 있는 것-이다. 왜냐하면 태초에 하나님께서는 천지를 창조하실 때에 먼저 선하신 계획을 가지셨던 까닭이다.

진실로 하나님께서는 사람을 창조하시고 나서 그 목적을 세우신 것이 아니었다. 먼저 목적을 세우시고 나서 사람을 창조하셨던 것이다. 그 목적이 무엇이었던가? 「바다의 고기와 공중의 새와 육축과 온 땅과 땅에 기는 모든 것을 다스리게 함」(창 1:26)이었다.

◇ 목표에서 빗나간 신앙은 죄악이다

여기에서 우리는 그리스도인의 생활, 곧 경건하다고 해야 할 신앙생활도 죄악이 될 수 있다는 사실을 자각하게 된다. 다름 아니라 기도니, 헌금이니, 전도니, 성경공부니, 봉사니, 성전건축이니 하는 등등의 일도 그 순수한 목표를 지향하지 않거나 그 참된 목표에서 어긋나 버리면 죄가 된다는 말이다.

죄란, 신약성서의 원어(헬라어)로 「하말티아」라고 말한다. 이 뜻은 표적을 향하여 화살을 쏘았을 때 「적중하지 못하고 빗나가다」를 나타낸다.

따라서 신약성서의 죄란 다른 것이 아니고 「목표에서 빗나가거나 목적에서 벗어난 것」을 가리킨다.

이런 관점에서 보면 신앙생활도 잘못하면 죄가 된다는 사실을 깨닫게 된다. 예를 들면, 우상숭배가 죄가 되는 것이 바로 그것이다. 아무리 지성적이고 인격적이며 종교적 행위일지라도 그 대상이 미신이라면 그것은 우상숭배에 지나지 않는 죄악이 된다. 그러므로 신앙이란 동기만 순수해서는 안 되고 목적 또한 순수해야 한다.

그렇다면 이제 본론에 들어 와서 물어보자. 우리 그리스도인의 삶의 목표는 무엇인가? 물론 그리스도인의 궁극적 목표는 그리스도와 함께 천국에서 영원한 생명의 복락을 누리는 것이다.

그러나 지금 나누고자 하는 그리스도인의 목표란, 이 세상을 살아가는 동안에 도달해야 하는 제한적인 목표이다. 이를 위해 다시 한번 확인하고 넘어가야 할 것은 이 세상에서의 삶이란 목표가 아니고 목표를 향한 과정이라는 사실이다.

과정으로써 그리스도인의 삶, 그 목표는 진정 무엇인가? 이 물음에 대해서는 대답을 로마서 8장 29~30절에서 얻기로 하자. 「하나님이 미리 아신 자들로 또한 그 아들의 형상을 본받게 하기 위하여 미리 정하셨으니 이는 그로 많은 형제 중에서 맏아들이 되게 하려 하심이니라 또 미리 정하신 그들을 또한 부르시고 부르신 그들을 또한 의롭다 하시고 의롭다 하신 그들을 또한 영화롭게 하셨느니라」

◇ 그리스도의 형상을 본받아

대답은 자명해졌다. 지상에서 그리스도인의 삶의 목표는 예수 그리스도의 형상을 본받는 것이라는 말씀이다. 하지만 이 같은 진리에 대하여 우리나라 교회 성도들 가운데는 제대로 알고 있는 사람들이 많지 못한 듯하다. 제대로 알기는커녕, 잘못 알고 있는 것 같아 걱정스럽다. 잘못 알고 있다 함은 무슨 뜻인가? 지나친 말일 수도 있겠으나 한국 교회의 수많은 그리스도인들은 예수 그리스도를 본받으려 하지 않는다는 뜻이다. 언제부턴가 한국 교회의 그리스도인들은 영혼이 잘됨같이 범사가 잘 되고 강건하기만을 욕심내는 것 같다.

하나님께서 부르신 부름의 목적이 그 아들의 형상을 본받게 하려 하심인데, 그것은 성인이나 수도자와 같은 성직계열에 있는 사람들의 몫으로 알고 있다. 그러면서 자기들은 그저 육신적으로나, 물질적으로나, 세상적으로 형통하면 그것이 삶과 신앙의 전부인 양, 혼돈하고 있는 것이다. 이는 분명 잘못하고 있는 일이다.

하나님께서 우리 그리스도인들을 부르셔서 자녀삼으신 뜻은 이 세상에서 재벌가가 되고, 권세가가 되며, 명성가가 되게 하려 하심이 아니다. 오직 당신의 맏아들 예수 그리스도의 형상을 본받게 하려 하심인 것이다.

오해는 하지 말자. 우리 그리스도인들이 하나님을 경외함으로써 육신적, 물질적, 세상적인 복을 누린다는 것이 잘못이라는 말은 아니다(이 역시, 하나님의 복된 약속의 결과이기도 하다.) 문제는 그것이 신앙적 삶의 목표이어서는 안 된다는 뜻이다.

그 모든 것들의 주어짐은 예수 그리스도를 본받는 삶의 부수적인 수단이어야 한다는 것이다.

오오! 사랑하는 한국 교회의 성도들이여! 지상에서의 우리 목표는 오직 하나, 예수 그리스도의 형상을 본받음이다. 진실로 우리 자신들의 모습에서 예수님의 거룩하고 영광스런 모습을 드러내자. 그렇게만 된다면 우리가 사는 이 세상은 하나님의 빛으로 더욱 밝아지지 않겠는가!

6. 김(金)바울 이(李)바울 박(朴)바울

◇ 사도 바울을 좋아하는 한국 교인들

언젠가, 어느 기독월간지가 우리나라 교인들을 대상으로 설문조사를 한 내용을 읽은 것이 기억난다. 여러 가지 설문 중, 「성경 속의 인물 가운데 가장 좋아하는 사람이 누구냐?」 하는 물음에 대하여 가장 많은 교인들이 (사도 바울)이라고 응답했던 것으로 조사되었다. 그처럼 사도바울은 오늘날 우리 교인들에게 인기가 있는가 보다.

그런 연유에서인지는 몰라도 요즘 교계에서는 호적상에 멀쩡하게 올라 있는 자기의 이름을 제쳐 놓고 사도 바울의 이름을 자기의 성씨 밑에 이름하는 사람들을 종종 보게 되어 꽤나 흥미롭다. 그리하여 각색 성씨를 따라 김바울이 있고, 이바울도 있으며, 박바울도 있다. 물론, 그밖의 사도들 중에 요한이나 베드로도 있으며, 구약의 인물들로는 모세, 다윗, 다니엘 같은 위인들을 이름하는 교인들 역시 없지 않다.

이런 현상은 서양이나 미국도 마찬가지이다. 그들의 이름도 가만히 살펴보면 성경에 나오는 위인들의 이름이 대부분임을 알 수 있다. 다른 점이 있다면 그들은 어릴 때부터 그렇게 작명하여 호적에 올리고 불려왔던 이름인 반면, 본론에서 제기하는 우리나라 기독교인들의 성경인물 이름의 사용은 「어느 날 갑자기」 (본인은 오랫동안 심사숙고 하였겠지만)라는 점이다. 하기야 우리나라 교인들 중에서도 그 부모가 신앙심이 돈독해서 성경 위인의 이름으로 작명된 사람들도 없지는 않다. 그리고 천주교인들은 세례명으로 성경 위인의 이름을 본명으로 정하여 부르는 경우도 있다. 그렇지만 이도 저도 아닌, 자기 멋대로 성경 위인들의 이름을 갖다 붙여 부르는 행위는 어쩐지 언짢아 보인다.

◇ 오죽, 사모하는 심정이었으면

왜냐하면, 민사재판을 통하여 호적상으로도 그 이름을 개명하지 않았을 뿐만 아니라, 얼마큼 사용하다가 이내 싫증을 느껴서인지 그 이름을 쉽사리 버리기 때문이다. 예를 들어, C라는 저명한 목사는 외국에 나가서 자신의 한국식 이름을 사용하지 않고「폴」(바울)이라고 사용하더니, 어느 날 갑자기「데이비드」(다윗)이라고 명명하였었다. 그러자 또 무슨 생각이 들었던지 그 위대하고 좋은 이름을 버리고 요즘에는 본래의 한국식으로 명함을 내놓는 모양이 그렇다. 그럴바에야 무엇하려고 성경 위인의 이름을 사용했단 말인가? 어린애 장난도 아닐텐데 말이다.

모세든 다윗이든 다니엘이든, 요한이든 베드로든 바울이든, 그냥 마음으로만 존경하며 흠모하고 본받으려 했으면 됐지,「나는 모세입네」하다가 그만두어 망신스러울 필요가 어딨을까? 김예수, 이예수, 박예수가 나오지 않은 것만도 다행으로 여겨야 할지… 오죽, 사모하는 심정이었으면 자신이 그 성스러운 이름으로 불려지길 원했을까? 라고, 이해하여 넘길 일이기도 하다.

그러면서도 한번쯤은 언급할 필요가 있는 것은 보다 적극적인 의미에서이다. 말하자면, 요즘 교계신문의 광고란을 보노라면 여름휴가의 대목을 노린 (산상부흥성회)의 홍보일색이다. 조직에 의한 수많은 강사들 가운데는 그 이름이 이사야니, 에스더(여자 목사의 경우)니, 하는 중에 요한이니, 바울이니, 하는 이름의 목사님이 눈에 띄기에 문득, 생각되는 바 있어서 거론하는 것이다.

◇ 이름보다 더 중요한 문제는 이것이다.

「이 땅에 사도 바울이 그토록 많은데, 즉 김바울, 이바울, 박바울과 그밖에 바울이라 불려지는 주의 종님」들이 여럿인데, 어찌하여 이 나라, 이 사회의 모양은 이토록 무신적이란 말인가?

「그 옛날 소아시아와 유럽은 사도 바울 한 사람으로 인하여 복음화가 이뤄졌는데 오늘날 우리에게는 사도 바울이 여럿이 있지만 어찌하여 한반도의 반쪽만이라도 복음화시키지 못한단 말인가?」

희안하게도 이런 생각이 들었다면, 지나친 망상이라고 비판을 받을지도 모르겠다.

정말, 제2의 사도 바울, 제3의 사도 바울을 희망하는 마음에서 자신의 이름을 개명하였다고 하면 그 이름을 죽을 때까지 고수할 것이요, 더욱 중요한 것은 그 이름에 걸맞는 그리스도 예수님의 참된 사도가 되어야 할 노릇이다. 만일 그렇지 않다고 하면 그 사람은 거짓 예수, 거짓 그리스도와 마찬가지로 거짓 선지자와 같은 거짓 바울에 지나지 않을 것이다.

그렇다. 이 시대의 우리나라 교계에는 이름뿐인 사도 바울－또는 그밖의 성경 속의 위인－들이 한두 사람이 아닌 듯하다. 이와마찬가지로 오늘날 우리나라의 교계에는 명목상의 그리스도인들이 너무나 많아 보인다. 바라건대 이름에 걸맞는 성실한 그리스도인이 절실하다. 그렇게만 된다면 이 나라 이 땅에는 그 옛날 사도 바울로 말미암았던 시대처럼 그리스도 복음의 새시대가 밝아 오리라고 믿는다.

7. 장로님, 장로님, 우리 장로님

◇ 사랑에 빚진 자

　모처럼만에 생수 같은 책을 읽어마셨다. 「사랑에 빚진 자」(최태섭,아가페
서원, 1995.8.11.)라는 회고록 형식의 전기작품이다. 그야말로 육십 평생을
함께 살아온 부인과 섬겨온 교회와 세상으로부터 한결같은 사랑과 존경을
받고 있는 참된 그리스도인의 자전적 이야기라 하겠다. 단숨에 읽어마신 그
책의 내용 가운데서 뿌듯하게 차오르는 것은 「우리 한국 교회에도 이렇게 훌
륭한 그리스도인이 계셨구나」하는 감격이었다.

　이름하여 최태섭, 그분은 그리스도인으로서 교회의 장로이고, 사회인으로
는 성공한 기업의 회장—이하: 최 장로님—이다. 이쯤되면 예사의 사람들은
교회 안에서의 장로라는 얼굴과 기업에서의 회장이라는 두 얼굴을 가지는
경우가 많다. 그러나 최 장로님은 오직, 그리스도인이라는 한 얼굴만 가지고
살아 오신 분이라고 할만하다. 오늘날 그리스도인이라고 하면서도 집사, 장
로, 심지어는 목회자라고 하면서도 이중인간이 되어 이중생활을 하는 사람
들이 얼마나 많은가? 그로 인하여 한국 교회와 그 머리되신 예수님이 얼마
나 많은 손상을 입게 되었던가? 이 문제에 대해서는 필자 자신도 그 책임을
모면할 길이 없음을 고백한다. 그러나 이 같은 와중에서도 참으로 「그리스도
인다운 그리스도인」이 우리 가운데 있어 얼마나 다행스러운가? 부패한 교계

에 뿌려진 소금이요, 어두운 영계에 밝혀진 등불이어서 심히 고마운 일이다. 혹자는 「뭘, 그렇게 책 한 권 읽어가지고는 호들갑이냐? 회고록이라는게 미담으로만 엮어지는 것이 아니더냐!」고 의문을 던지겠지만 이에 대하여 정정섭(한국기아대책기구 부위원장, 새순교회 장로) 씨는 「여러 사람이 회고록을 쓰지만 장담하건대 이 어른(최 장로님)의 회고록이야말로 진짜이다」라고 대답한다. 그의 이러한 장담은 신뢰할 만하며 최 장로님을 아는 모든 사람들도 이에 동의할 것이다.

◇ 예수님을 믿는다면 이분처럼

자칭 「사랑에 빚진 자」라고 일컫는 최 장로님이 참된 그리스도인으로서 한국교계에서 우뚝솟아 있음의 근거는 소위, 삼덕-사랑, 정직, 겸손-에 있는 것으로 밝혀진다. 첫째로 그분의 사랑은 용서와 베풂으로 나타났다.

일제 시대에 만주로 가서 비누공장을 세울 때의 일이다. 동포 중에 이씨라는 가짜 기술자 때문에 파산에 이르게 되었었다. 이씨를 당장 쫓아 보내려다가 「취직할 자리가 없어 거짓말을 했다」고 자백을 하자 「오죽하면 그랬을까...」하는 주님의 마음으로 용서하고 그와 함께 다시 시작하여 성공한 경우가 그것이다. 또한, 중국이 공산화되어 「악덕기업주」라는 누명을 쓰고 「인민재판」을 받았지만 평소에 사원들에게 후한 사랑을 베풀었던 터였기에 그들로 인하여 기적적으로 살아난 경우도 평소에 그리스도의 사랑을 실천했기 때문이었다.

둘째로 그분의 정직은 신용을 지키는 일로 나타났다. 역시, 만주에서 무역업을 할 때 수십 화차의 콩을 중국상인에게 전매키로 약속한 일이었는데, 마침 콩값이 갑자기 폭등하여 위약금을 물어도 엄청난 이익을 남길 수 있는 기회가 생겼었다. 그러나 최 장로님은 기도하고 신앙의 양심을 따라 약속한 콩을 헐값에 넘겨 주었다는 것이다. 그후 중국상인이 장로님의 신용을 지킨 일을 높이 사고 널리 선전하여 주어 무역업은 크게 성공했다고 한다. 또한 「9.28수복」 당시에 은행 빚을 내어 사업을 시작했는데 「1.4후퇴」의 난리가 일어나 빚을 갚지 않아도 될 북새통이었으나 정직하게 빚을 갚음으로 해서 큰 신용을 얻는 바람에 훗날에 큰 사업을 일으킬 수 있었다고 한다.

셋째로 그분의 겸손은 목회자에 대한 신의와 존중으로 나타났다. 그분이 월남 후 지금껏 섬기는 「수도교회」의 담임 목사는 유신정권당시에 반정부운동에 앞장선 김상근 목사님(현재 한국기독교장로회총회교육원장)이었다. 그때 유신정권은 최 장로님에게 「김 목사를 교회에서 쫓아내지 않으면 당신의 기업(한국유리)에 어려움이 있을테니 알아서 하라」는 압력을 수없이 받았으나 나는 나이도 들었으니 차라리 내가 기업을 그만둘지언정 어떻게 정의를 위해 애쓰는 젊은 목사님을 내어 쫓을 수가 있겠는가」 하시며 그 목사님을 끝까지 지켜 주었다는 사실이다.

그후에 「수도교회」는 더 큰 발전을 위해 옮기려는 일로 담임목사와 갈등을 빚게 되었다. 선교적 필요에 의해 교회를 옮겨야 하는데 현재로선 그렇지 않다는 담임목사의 주장 때문이었다. 그때도 장로님은 아들같이 젊디 젊은 담임목사의 의견을 존중하여 겸손히 순종했다는 일화이다.

◇ 한국교회의 자랑

시각을 곤두세우고 눈여겨 보았다. 전임 대통령의 비자금으로 인한 검찰 조사 대상자인 재벌총수들의 명단과 얼굴들을... 역시, 그렇고 그런 사람들이 한결같이 검찰청에 불려들어 갔으나 우리의 최 장로님은 거론조차 안된 것을 확인하게 되었다. 과연 「제1회 경제정의 기업상」(경실련)을 받은 사람다웠다. 아니, 교회 장로다웠고 「그리스도인 기업가」다워서 무척 좋았다.

이는 유신정권 하에서 인증된 청렴이었다. 그 당시 수사관들이 장로님의 부정을 밝히려 가택을 급습하여 수색했으나 너무나 겸손한 나머지 오히려 수사관들이 어쩔줄을 몰라했다는 것이다. 진실로 이런 분이 우리 한국교회의 장로님이라는 사실이 안도감과 자부심을 갖게 한다. 앞서 언급한 김 목사님은 해마다 정초가 되면 장로님에게 세배를 간다고 했다. 그리고 그 목사님의 부인은 목사인 남편에게 「최 장로님을 본받으라」고 자주 이른다고 하였다. 따라서 그 목사님은 「최 장로님은 내가 세상을 살아가는 동안 기꺼이 본받고 싶은 분이다」라고 서슴없는 고백을 하고 있다.

아아! 이 나라, 이 교회에 수많은 장로님들이 계시건만 진심으로 존경받는 장로님은 얼마나 될까? 담임목사가 본받고 싶을 만한 신앙과 인격이 일치된 장로님, 해마다 자기의 담임목사로부터 세배를 받으시는 장로님은 얼마나 될까? 더 나아가 교회는 물론 세상 사람들마저 존경하고 칭송하는 장로님은 얼마나 될까? 바야흐로 그런 장로님이, 그런 그리스도인이 우리의 한국교회에는 더욱 많이 나타나야 한다. 이제 우리들은 교회 큰 것 자랑 말고 교인 많은 것 자랑 말자! 오직 한 사람뿐일지라도 신앙적으로나 인격적으로나 존경하고 본받을 만한 그런 장로님을 자랑하고 그런 그리스도인을 자랑해야 한다. 끝으로 「사랑의 빚진 자(최태섭)」의 일독을 모든 그리스도인에게 권하며- 최태섭 장로님께서는 더욱 강건하시고 장수하셔서 우매한 한국 교회의 빛이 되고 자랑이 되소서.

제2장

1. 목회자, 그들은 누구인가

◇ 사도권위의 계승자

세속공동체와는 달리 신앙공동체인 기독교회는 신적구조의 성격을 갖고 있다. 그렇기에 기독교회의 지교회를 담임하는 목회자에게는 신적 권위가 부여되어 왔는데 그것은 사도직의 승계를 의미한다. 사도란, 「예수 그리스도를 대리하는 사람」이다. 즉 「예수 그리스도로부터 어떤 권한을 위임받고, 예수 그리스도를 대신하여 보냄을 받은 예수 그리스도의 사자」를 가리키는 것이다.

그러나 아무리 권세가 높은 사도일지라도 예수 그리스도에 대하여는 한 사람의 종-노예-에 지나지 않는다. 그-목회자-가 지교회와 그 신자들로부터는 사도로 존중되는 것은 사실이지만 예수 그리스도께 대하여는 일개의 종에 지나지 않는 것도 사실이다. 그러므로 바울은 로마교회의 성도들에게 자기 자신을 소개함에 있어서 「예수 그리스도의 종 바울은 사도로 부르심을 받아 하나님의 복음을 위하여 택정함을 입었으니」(롬 1:1)라고 하였다. 바로 여기에서 우리가 「예수 그리스도의 사도」이기 전에, 「예수 그리스도의 종」임을 밝혔다는 점이다. 종이 먼저요, 사도가 아니었다.

이 같은 맥락에서 목회자들은 그들이 사역하는 현장으로서의 지교회와 그 신자들에 대하여 사도적 자세를 견지해야 함은 물론이다. 왜냐하면 이야말로 목회자의 유일한 권위가 되는 까닭이다.

목회자의 권위는 그 자신의 어떠함으로 말미암지 않는다. 그 자신의 용모나 지식이나 성품이나 품격으로 말미암지 않는다. 오직 예수 그리스도의 사도라는 사실에서 말미암는다. 그러므로 목회자는 예수 그리스도의 사도다운 자세를 견지함으로써 그 권위를 상실하지 말아야 한다. 그러나 보다 더욱 견지해야 할 자세는 예수 그리스도에 대한 노예적 자세이다. 왜냐하면 이 자세야말로 목회자의 원초적 자세이자 궁극적 자세인 까닭이다.

◇ 예수 그리스도의 노예

하나님의 뜻으로 말미암아 복음의 일꾼으로 부름을 받은 목회자들은 동시적으로 두 가지 직책을 가지고 있다. 하나는 노예직이요, 또 하나는 사도직이다. 이 직책들의 공통점이 있다면 그것은 둘 다 예수 그리스도로 말미암았다는 점이다.

그러나 다른 점도 있다. 그것은 노예직이 영구직인데 반하여, 사도직은 임시직이라는 점이다. 둘 중에 어느 것이 더 중요하겠는가? 물론, 노예라고 하는 영구직이 더 중요하다.

어떤 의미에서 오늘의 목회자들은 예수 그리스도의 노예임을 명심하고 그의 사도직을 잘 감당해야 한다. 예수 그리스도의 노예라는 직분보다 당회장, 노회장, 감독, 총회장 등의 직분을 더 사모하는 모습을 보여서는 안될 것이다. 그렇다면 노예란 무엇인가? 사전에는, 「종을 일컫는 말로서, 인격을 인정받지 못하고 상품이나 가축과 같이 취급되어 주인에게 부림을 받는 자유없는 신분의 개인」이라고 하였다. 그렇다. 노예는 그의 인격을 인정받지 못하는 존재이다. 그러기에 노예는 이름도 없고 족보도 없다. 다만, 「아무아무개의 종」이라는 소유격 명사로만 불릴 뿐이다. 뿐만 아니라 노예는 자기의 의사와는 상관없이 오직 주인의 뜻대로만 행해야 하는 자유의 상실자이다. 결국은, 「자유 없음」이 다름아닌 노예의 핵심적인 특징이다. 그러니까, 목회자가 노예라고 하는 의미에는 이와 같은 처절함이 있음을 이해해야 할 것이다. 그러나 오늘의 목회자들의 심중은 그렇지 못한 것 같다. 필자 자신도 목회자의 한 사람으로서 노예직 자세를 견지하지 못할 때가 많았음을 고백하는 바이지만, 특히 좌충우돌, 일부 목회자들의 「이름 내기」에 혈안이 된 듯한 모습을 눈뜨고 봐야 하는 현실이 또한 원망스럽게 느껴진다. 제발 자중하기를 바라지만, 자중하기는커녕, 이제는 한술 더 떠 「얼굴 내기」까지 하는 모양이다.

◇ 주님의 종인가, 주님이 종인가

우리의 현실은 언론문화의 급속한 발달로 인하여 필요하다면, 지구촌 구석에서 일어나는 사소한 일까지도 24시간 안에 듣고 볼 지경에 이르렀다. 라디오, 텔레비전, 그리고 신문과 잡지를 통하여 무수한 정보를 쉽사리 접할 수 있을 뿐만 아니라, 필요하다면 그것들을 이용하여 나 자신을 하나의 정보로 PR하여 보낼 수가 있게 되었다. 자, 이 두 번째 요령을 오늘의 목회자들은 잘 이용하고 있는 것 같다.

사도의 사명을 받은 예수 그리스도의 노예로서 주님 자신과 주님의 복음을 널리 전하고 알리는 뜻에서 언론매체를 이용하였음은 매우 지당한 일이다. 그러나 그 방법이 요즘에 와서는 점점 이상한 방향으로 흘러가고 있다. 예수 그리스도와 그의 복음을 전한다고는 하면서도 실상은 그 일을 하고 있는 목회자가 전파되는 결과로 기울어지는 까닭이다. 주님 예수를 위한 무슨무슨 연합회니, 협의회의 언론보도를 보고 읽노라면, 예수님의 얼굴이나 이름보다는 회장이나 그 일원들의 얼굴과 이름만 나열되어 있을 따름이다.

오늘날 목회자의 세계에서는 왜 그렇게 잘난 사람들이 많은지! 때로는 이름 석자도 부끄러워해야 할 「주님의 종놈」들이 왜 그렇게 많은지! 아무리 신문보도 기법이 그렇다 해도 틈만 있으면 그 잘난 얼굴을 쑤셔밀고 내는 것은 노예의 신분으로서는 그 건방짐이 너무 지나치다.

따라서 요사이 기독교계는 비상이다. 예수 그리스도의 종놈들인 목회자들이 분수에 지나친 행동을 저지르는 까닭이다. 스스로 노예의 신분을 망각한 나머지 이제는 제 자신이 주님 노릇을 하려는 자들이 적잖아서 그렇다.

그 바람에 「예수 그리스도가 종」이 되는 지상반란이 이미 일어나고 있는 것이다. 이제 예수 그리스도는 복주는 종, 병 고치는 종, 성공과 승리를 주는 종, 이름과 얼굴을 널리 알려 유명하게 하는 목회자들의 종으로 전락되신 것이 아닌가 싶다.

로마천주교회에는 교회의 교황이 하나뿐이라 문제라고 하지만, 개신교회에는 대교회의 담임목회자마다 다 교황이니, 이 무슨 작태인가?―주님의 종들이여, 너희의 부귀와 명예를 위해 제발, 주님을 이용하지 말자꾸나!

2. 여론이 평가한 목회자의 위상

◇ 사회는 목회자를 어떻게 보는가

작년 11월 13일부터 보름 동안 한국 갤럽조사연구소는 전국의 20세 이상, 남녀 1천 5백 64명을 대상으로 「직업인들에 대한 윤리수준 평가」를 조사하였다. 그 결과가 지난 주간 S일보에 보도되었는데 그 내용을 보면 우리 개신교회로서는 여간 심각한 것이 아니었다. 왜냐하면 우리 개신교회의 지도자들인 목사에 대한 신뢰도가 전체 응답자 가운데서 42% 정도뿐이었기 때문이다.

다행스럽기는 조사대상 20여종의 직업인 중 랭킹 5위로 나타났다는 사실이다. 그러나 같은 종교인들인 천주교의 신부(63%로 1위)와 불교의 중(45%로 2위)을 비교해 보면 그들보다 처진다는 점에서는 다행스럽지 못하다.

물론 이 조사가 국민 전체를 대상으로 한 것이 아니기 때문에 절대적인 것은 아니다. 하지만 부분적인 면에서는 무시 못할 결과임이 틀림없다. 더구나 이 내용이 언론에 보도된 이상 대다수의 독자들은 그 결과를 그대로 믿어버림으로써 눈덩이 같은 여론이 되어 그 피해는 확산될 것이다.

신부는 그렇다고 치자, 아니 그래 목사의 윤리수준이 중보다도 못하다고 하면, 이 어디 말이 되겠는가. 뭐 중이라고 해서 반드시 목사보다 못하라는 법은 없지만 한 개인이 아닌 전체적으로 그렇게 보일 수가 있느냐는 말이다.

그까짓 거 몇몇 사람을 대상으로 한 여론조사를 가지고 왠 호들갑이냐?고 반문하는 이도 있을 것이다. 하지만 오늘날 개신교회의 목사 한사람 한사람은 이 문제를 심각하게 받아들여야 한다. 선배 목사들은 그들의 위상을 성자요, 순교자요, 선구자요, 애국자요, 지도자로 높여 놓았는데, 그들의 후배되는 오늘의 목사들은 그 위상이 어떠한가? 일례로 불교의 중보다도 못하잖은가!

◇ 실추의 원인은 무엇인가

목사의 윤리수준이 신부보다 떨어지고, 중보다도 떨어지며, 대학교수(48%로 2위)와 방송인(43%로 4위)보다도 떨어져 보이는 원인은 무엇일까? 특히 종교인들 가운데서 최하위로 보여진 원인은 어디에 있는 것일까? 우선적으로 볼 때 신부나 중에 비해 목사는 가정생활, 즉 결혼생활을 하고 있다는 점이 그렇게 보인 것일까? 미숙한 관점으로는 그럴수도 있을 것이다.

그러나 성직자 이전에 한 사람으로서 결혼생활을 하는 것은 극히 정상적인 일이다. 오히려 결혼하지 않고 사는 것이 변칙스러운 일이다(하지만 보다 더 숭고한 일을 위해 결혼생활을 포기하는 일은 아름다운 일이기도 하다). 목사의 윤리수준 평가가 결혼생활에 의해 좌우되는 것이라면 그 평가는 그릇된 것에 지나지 않는고로 신경쓰지 않아도 될 일이다.

문제는 다른 곳에 있다. 그 문제는 오늘날 대부분의 목사들은 「독불장군」이라는 점에 있다. 「독불장군」이란, 자기만 잘나고 남은 못났다고 생각하며 자기만 옳고 남은 틀리다고 생각하는 나머지 자기 주장대로만 행동하는 「옹고집장이」이다. 아무리 작아도 「소꼬리가 아닌 닭머리」인 까닭에 개교회를 대표하는 타성이 목사들로 하여금 「독불장군」이 되게 하는 것이다.

이 같은 「독불장군」이란, 자기만 제일이라고 고집하는 교만한 사람을 가리키는 말이면서도 사실은 「이웃에게 따돌림을 당하는 외로운 사람」을 뜻하는 말이라고도 한다. 목사들이 스스로는 신부보다 낫고 중보다는 낫다고 생각해 왔겠지만 제삼자가 보는 눈은 그렇지 않다는 증거가 나타났다.

냉정하게 말하자면 첫째로, 목사들은 학력이나 학식에 있어서 천주교의 신부보다 뒤떨어진다. 신부들은 대부분이 외국유학을 거친 사람들이다. 그러나 개신교회의 목사들은 극소수에 지나지 않는다.

둘째로, 목사들은 구도자의 자세면에서 불교의 중보다 뒤떨어진다. 불교에는 성철과 같은 절제와 청렴의 대승들이 있거니와 목사들 가운데는 그런 이들이 부족하다는 것이다.

◇ 어떻게 끌어올릴 것인가

하기야 고주망태와 같은 신부가 없는 것이 아니고, 땡초와 같은 중이 없다는 것은 아니지만 전체적으로 보아서는 그들이 우리보다 낫다는 사실만은 부정할 수가 없다. 무시해도 되는 극소수의 여론이지만 우리들은 겸허히 받아들일 필요가 있다. 그렇게 하는 것이 우리에게 보약이 될 것이기 때문이다. 그렇다면 이처럼 실추되어 있는 목사의 위상을 어떡하면 끌어올릴 수 있을까?

첫째로, 목회자들은 무식하지 않아야 하겠다.

그러기 위해서는 독서와 연구에 힘써야 한다. 유명강사들이 즐비한 세미나에 참석하는 것도 좋고, 비싼 경비 들여서 외국연수 다녀오는 것도 좋지만 집무실 책상 앞에 앉아서 책을 읽고 글을 쓰고 연구하며 실력을 길러야 한다. 그래야만 무식에서 해방될 수 있기 때문이다.

둘째로, 목회자들은 치부하지 말아야 하겠다.

「주의 종님」이시니까 최고의 대우를 받으며, 최고의 생활을 해야 된다고 떠돌며 돌아다니는 어느 유명강사를 본적이 있다. 물론 그 나름대로의 철학은 이해하고 싶다. 그러나 아무리 그것이 정당하더라도 한두 단계 낮추어 생활하는 것이 신뢰를 높이는 일이 아닐까? 분명한 것은 목회자의 경제수준이 높아지면 높아질수록, 사회와 여론이 보는 윤리수준은 자꾸만 떨어진다는 점이다. 목회자들은 예수님이나 바울처럼 가난하게는 못살아도 부자가 되지는 말아야 할 것이다.

셋째로, 목회자들은 서로가 경쟁하지 말아야 하겠다.

같은 상가 안에서 교회를 개척하는 일부터 이미 교회가 세워져 있는 바로 곁에 또 교회를 세우는 일이며, 교권과 명예를 차지하려고 세속적 수작을 부리는 일 등등의 다툼에서 초연해야 한다는 말이다.

무슨 말을 더 하겠는가? 오늘의 목회자들이 예수님만 닮는다면, 어찌 신부보다 못해 보이겠으며, 중보다도 못해 보이겠는가! 미꾸라지 한 마리가 온 웅덩이를 흐린다고 했던가? 대다수의 목회자들은 가난과 겸비 속에서 예수님을 본받아 살아가려 애쓰는데 소수의 목회자들이 전체 목회자의 위상을 흐리고 있는 것이 아닌가? 여론보다 무서운 것은 하나님의 심판임을 명심할진저!

3. 목사는 목사님인가

◇ 승려와 목사의 차이(差異)

중이란, "출가하여 불법을 닦고 실천하며 포교하는 사람"이라고, 국어사전은 풀이하고 있다. 점잖게는 「승려」라고 부르지만 대개는 「스님」이라고 불러준다. 그러나 「스님」이란 본래, 중이 그 스승을 부르는 말이다. 그리고 중을 높여 부르는 말인 것이다. 그런데 오늘에 우리사회에서는 중을 중이라고 부르는 예가 드물어졌다. 문어체(文語體)에서도 중은 중이 아니요, 언제나 스님이다.

어느 교회의 집사도 중을 중이라 않고, 스님이라 호칭하는 것을 들었다. 그 누구도 존칭(尊稱)하여 불러준다는 일은 아름다운 일이다. 그런데 그 집사의 입에서 자기교회의 목회자를 부를 때는 「목사님」이라고 하지 않고 「ㅇ목사」라고, 존경하는 마음이 없는 말투를 거침없이 뱉어내는 것이었다. 이무슨 꼴인가. 하다못해, 「기사님, 수위님, 방위병님」이라고 존칭(?) 하는 세상에 어찌하여 기독교회의 성직자들은 불신자(不信者)도 아닌, 자기 교회의 신자에게도 존칭을 못 받고 있더란 말인가.

물론, 모든 목사들에 대한, 모든 신자들이 그렇다는 말은 아니다. 그러나 오늘날 스님이라고 불려지는 중들의 경우와 비교해 볼 때, 목사들의 호칭은 평가절하(平歌切下)되어 있다는 것은 부인할 수 없는 사실이다. 한때, 만연

했던 중의 시대가 가고, 목사의 시대가 왔었듯이, 이제는 호황을 누리던 목사의 시대가 가고 중의 시대로 윤회(輪廻)라도 되고 있단 말인가, 요즈음 우리사회엔 불교의 열기와 그 중들의 사기가 하늘을 찌르고 있는 듯하다.

조계종의 종정이었던 이성철 승려에게서 「사리」가 백십여 개 이상이 나왔대서 그들의 용어대로 「야단법석(野壇法席)」들이다. 석가모니 이래로 최대의 것이라고 하면서 법력(法力), 또는 영력(靈力)을 자랑하고 있는 것이다」하여 필자는 갑자기 이런 생각을 해보았다.

'만일, 그런식으로 한다면 우리의 한ㅇ직 목사님 및 그와 같으신 목사님들은 그 정도의 사리가 안 나올성 싶은가, 그 이상의 사리도 나올 수 있는 분들이다.'

◇ 아직도 사바(娑婆)의 허욕(虛慾)을 벗지 못한 목회자들

사리가 뭐 어쨌다고 해서 억지를 부려본 맞대응이지만, 성철 승려가 한국교회의 목회자들에게 자극(刺戟)을 주었다는 사실은 부인하고 싶지 않다. 여러 가지를 생각할 수 있겠지만 특히, 두 가지 면에서는 그렇다. 하나는, 「누더기 가사」 한 벌로 평생을 지냈다는 점과, 다른 하나는, 자신의 주위에 철조망을 치고 「동구불출이십년」(자신도 나가지 않고, 아무도 들이지 않음)의 수행을 보냈다는 점이다. 가히, 초인적이라 아니할 수 없는 그야말로 불교계에서는 거인(巨人)임에 틀림없다.

그에 비해 한국교회의 수양이 덜된 목회자들은 어떠한가? 누더기 양복 한벌로 평생을 보내기는커녕, 년마다, 철마다, 때마다, 새로 사입는 양복이 몇벌이던가? 개신교회의 목회자들 중(필자 자신을 포함한)에 아무리 입을 옷이 없다 하는 사람이라도 최소한 두 벌 이상(추동복과 춘하복)은 있을 것이다. 그 밖에야 작거나, 유행이 지나서 안입는 경우는 있어도 떨어져 기워야 할 정도로 낡아서 못입는 경우는 없을 것이다. 그런대도 가끔 여는 부흥집회 때에는 "누구, 자기목사에게 양복 한 벌 해줄 사람 손들라!" 하니, 참으로 어처구니없는 "탐욕 노름"이 아닐 수 없다. 다 그런건 아니겠지만, 양복이 너무 많아 "어느 옷을 입을까, 「싱글」을 입을까, 「따블」을 입을까, 밝은 색을 입을까, 어두운 색을 입을까" 옷장을 열고 행복한 고민에 빠져야 하는 목회자들인 우리는 「누더기 가사」 한 벌로 평생을 보낸 불교승려(佛敎僧侶) 보기에 얼굴 따갑지 않을 수 없다.

또한, 동구불출 이십 년의 수행은 어떠한가? 해외연수니, 선교지답사니, 성지순례니 하면서 관광(觀光)을 못떠나서 안달난 듯한 목회자들을 생각해 본다. 설악산이나, 제주도 한 번 다녀올 형편 못되는 신자들 보기에 미안하지도 않나? 아니면, 못간 그들을 대신이라도 한다는 뜻인가? 그처럼 가난한 이들의 정성도 포함된 헌금을 가지고 명승관광, 해외여행을 욕심껏 즐기는 양심의 철판들이라니(독자는 오해 말라, 모든 목회자가 다 그런건 아니라는 뜻이다). 1966년 해인사에 들른 이후로 오늘날 죽기까지, 공식나들이를 한 번도 안한 성철 승려(性澈僧侶)에 비해 한심스럽기 짝이 없다.

◇ 물욕(物慾)과 명예욕(名譽慾)을 버리지 않고는

성철 승려, 자기를 만나려면 삼천 배를 하랬지, 전 대통령 「박정희」 씨도 그를 만나려고 해인사까지 찾아 갔으나 "피차 길이 다른데 굳이 만나서 무엇하겠느냐"며, 산으로 올라가 버렸기에 만나질 못했다 한다. 대통령이 만나겠다고 찾아오기는커녕, 청와대 비서실에서 부르기만 해도 구두 뒷측 불나도록 쫓아가는 어떤 목사들을 생각하면, 교회목사와 불교승려와의 수덕(修德)

차이가 이토록 엄청날 줄이야, 대통령 아니라, 시장, 군수, 서장 나으리가 호출을 해도 황공해서 좇아가는 목회자들의 「권력형 아부심」이란, 차라리 추하기까지 하다.

그리고는 교회 안에서 순진한 교인들 위에 당회장이라 군림하고, ○○박사라고 자랑을 한다. 더 나아가 감리사, 노회장, 지방회장이라 하면서 후배와 동료목사를 위해 교권적 세도를 떤다. 왜, 일국의 대통령이 불교의 종정이니, 천주교회의 추기경은 찾아가 만나려는데, 기독교회의 목사는 오라가라하고, 오히려 목사가 만나고 싶어 해도, 대통령이 훗날로 미루는 까닭이 어디에 있는지, 어느 정도는 알만 하다.

이 땅의 소중한 목자들이여, 스스로가 권위를 실추(失墜)시키지 말아라. 물질을 탐하여 스스로를 추하게 만들지 말고, 「안목의 정욕」으로 해외여행 다니며 외화낭비(外貨浪費) 삼가하시라, 뿐만 아니라, 그대들에게 부여된바, 하나님의 권위를 세상의 썩어질 권력 앞에 더럽히지 말지라.

그리고 이 땅의 거룩한 하나님의 자녀들이여, 그대들이 우상숭배(偶像崇拜)를 가르치는 중들을 일컫기는 「스님」이라 하면서도 그대들의 목자들에겐 어찌하여 「목사님」하고, 존칭을 하지 않는가? "○○놈, ○○새끼"라는 망령된 말은 누구의 입에서 나오는 저주받을 소리인가? 교회의 장로요, 집사들인 그대들의 입에서 나오는 소리가 아니던가? 오늘날 실추된 목자들의 거룩한 이름을 그대들이 속량치 않으면 어느 누가 할 것이란 말인가.

오! 한국의 교회의 교인들이여-.

4. 목사님이 존경받지 못한다면

◇ 한국 교회 목사의 사회적 위상

이 시대 목사님은 매우 불쌍하다. 벌써, 아득하게 느껴지는 옛날처럼 먹을 것이 없어 불쌍한 것이 아니요, 입을 것이 없어 불쌍한 것도 아니다. 오히려 먹을 것과 입을 것은 충분하다면 충분하다.

그렇다면 무엇 때문에 불쌍한가? 「목사이면서 목사다운 대우를 받지 못하고 있는 까닭」이다.

사람이 사람 취급을 받지 못한다고 할 때, 그 사람은 얼마나 비참한가? 근원적인 불행으로 번뇌하지 않을 수 없을 것이다. 먹을 것이 풍족하며, 입을 것이 넉넉하며, 온갖 향락을 즐길 수 있는 입장이요 환경이라 한들, 그가 만일 사람으로서 존중을 받지 못한다면 그는 누가 뭐라 해도 불쌍한 존재이다.

이와 마찬가지로 목사의 보람이나 행복은 어디에 있는가? 그 자신이 목사다울 때 행복이요, 목사다운 대우를 받을 때 보람을 느끼는 것이다.

어느 목사님이 친구에게 이런 소리를 들었다고 한다.

"자네는 목사가 아니라, 부동산 중개업자 같네. 그려."

그 목사님은 성전을 건축하려고 대지를 물색하느라 「동분서주」 하다보니, 어느새 부동산 전문가 비슷하게 되었던 것이다.

이는 노고를 위로하고 치하하는 말이겠지만 사실은 불행한 일이다. 목사는 백 번 죽었다 깨어나도 목사다워야지 부동산 중개업자 같아서야 될 노릇인가? 기업가로 보이거나 정치인으로 보인다거나(그럴리야 없겠지만) 시정잡배로 보인다면 이는 정말, 불행이다.

이런 관점에서 오늘의 사회는 개신교회의 목사를 어떻게 보고 있는가? 과연 목사다운 목사로 보고 있는가? 다시말해, 목사를 존경하고 있느냐는 말이다. 목사를 목사답게 본다는 것은 목사를 존경하는 것이기 때문이다. 그러나 오늘날 우리 개신교회의 목사님들은 사회적으로 존경을 받지 못하고 있다. 어느 여론조사에서 발표하였듯이, 목사님들의 존경도는 불교의 승려보다도 낮게 나타났다. 이는 한마디로 오늘의 사회는 개신교회와 목사를 목사로 대우(존경)하지 않고 있다는 사실이다.

◇ 교회 안의 신자들까지도

한국사회의 정서에 걸맞는 「목사의 이미지」는 무엇인가? 선교 백년을 즈음하면서 한국사회에 심겨진 「목사상」은 다음과 같이 생각할 수 있다.

①가난하나 추하지 않고 ②거룩하나 친구가 될 수 있으며 ③겸손하나 권위가 있고 ④정의로우나 관용하며 ⑤괴로우나 인내하고 ⑥자기를 위하기보다는 남을 위하는 사람 ⑦날마다 자기와 싸우는 사람

그러므로 예전에는 한국인과 사회가 개신교회의 목사님들을 존경하여 마지않았다. 그러나 오늘날의 목사님들은 어떠한가? 짐작컨대 대다수의 목사님들은 여전히 한국사회에서 존경받는 인격자라고 믿어진다.

그럼에도 불구하고 오늘날 더 많은 대다수의 목사님들이 존경받지 못하는 이유가 무엇인가?

경찰서와 같은 관공서에서 흔히 보게 되는 경우 천주교회의 신부가 들어

오면, 「신부님 오셨습니까?」 하고는 거수경례로 맞는다. 다음에 불가의 중이 들어오면, 「아이구, 스님 오십니까, 이리와서 여기 좀 앉으시죠.」 하면서 손을 잡아 이끈다. 개신교회의 목사님들이 들어가면 어떠한가? 이 순경, 저 순경, 찾아 굽신거리며 순회인사를 마치고 나서야 겨우 서장을 만나면 그는 마지못해 자리를 권하며 담배 한 대를 꼬나 물며, 무슨 일로 찾아 왔느냐고 묻는다. 그러면 목사님은 검사에게 심문받는 죄인처럼 겨우 겨우 사정을 이야기 한다.

신부는 「로만칼라」를 둘러 그렇고, 중은 「장삼」을 걸쳐서 그렇다면 목사는 「집례가운」이라도 입고 나서야 저들이 알아차리고 존중할 것인가? 물론, 일리는 있겠지만 진실은 그게 아니다. 오늘의 목사님들이 세속사회에서 그만큼 존경받지 못하고 있다는 실례인 것이다.

목사가 사회에서 존경받지 못한다는 사실은(아쉽지만) 그렇다고 치자. 목사가 교회 안에서 조차 존경받지 못한다면 어찌할 노릇인가? 더구나 자신이 목회하고 있는 교회 안에서도 존경을 받지 못한다면, 오늘의 목사님들은 정말, 불쌍하기 짝이 없는 사람들이다.

◇ 목사가 위험한데 교회는 안전할까

먹을 것은 풍족치 못했고 입을 것이 넉넉지 못했을 그때에는 그나마 목사로서 존경을 받아온 편이었다. 그러나 먹을 것이 해결되고, 입을 것이 해결된 이 마당에 목사님들은 존경을 상실당하고 있다.

직접 들은 소리는 아니지만, 요즘 오토바이를 탄 대 여섯 명의 청년들이 확성기를 들고서 "목사를 믿지 마시오, 다 도둑 ××입니다"라고 소리를 지르며 서울의 몇몇 지역을 돌고 있다는 보도가 있다. 경악을 금치 못할 일이지만, 그러나 만일, 이것이 사실일진대 오늘의 목사님들의 사회적 위상은 최악의 단계라는 느낌이 든다.

이야기는 여기서 그치지 않는다. 교회 밖에서는 그렇다쳐도 교회 안에서는 어떠한가? 오늘날 목사님들은 교회 안에서 존경을 받고 있는가? 자신이 목회하고 있는 교회의 신자들에게 참으로 존경을 받고 있는가?

이 사실의 유무를 가리기 위해 한 가지 방법을 제시하고자 한다. 지금 이 글의 독자가 목사님이시라면 "나는 과연 신자들, 특히 장로님들에게 목사로서 존경을 받고 있는가"를 생각해 보시라. 대답이 긍정적이라면 착각이 아닌 이상, 그 목사님은 정말 존경을 받고 있는 분으로서 행복한 목사님이라 할 것이다.

또한 지금 이 글을 읽는 독자가 평신도, 특히 장로님이시라면 "나는 과연 우리 목사님을 하나님의 사자로서 존경하고 있는가" 하고 자문해 보시라. 대답은 긍정적인가? 부정적인가, 긍정적이라면 장로님은 행복한 신자일 것이나 부정적이면 장로님은 불행한 신자이다.

이와 같이 불행한 목사요, 불행한 신자(장로)가 아니기 위해서 우리는 어떻게 할 것인가? 목사님들이야 자신의 직접적인 문제인고로 몸부림을 칠 것이다. 그러나 목사 자신들의 몸부림만으로 부족하다. 이를 위해 신자들이 협력해 주어야 하고 장로님들이 나서 주어야 한다.

짓밟힐 대로 짓밟히고 있는 목사님들의 위상머리를 보고「꼴 좋다」고 하면서 쾌재를 부르고 구경만 해서는 안 된다. 기억하시라, 목사님이 존경을 못 받는데 그대들의 위상은 올라갈 것 같은가? 목사님들이 위험한데 한국교회는 안전하겠느냐 말이다.

5. 신(新) 목사론

◇ 시대(時代)는 변하고 있는데

시대는 급격히 변화하고 있다. 하루가 멀다는 듯, 모든 것이 변화되고 있는 까닭이다. 정치적으로는 민주화(民主化)가 그러하고, 직업적으로는 전산화(電算化)가 그러하다. 그밖에 고속화, 핵가족화, 국제화 등등은 모두의 변화의 산물(産物)이다.

이 같은 시대의 변화는 긍정적인 것으로만 볼 수는 없다. 그렇다고 해서 부정적으로만 볼 수도 없다. 왜냐하면 시대의 변화란 긍정적(肯定的)인 요소와 부정적(不正的)인 요소를 동시에 내포하고 있기 때문이다.

시대가 변하니 사람도 변하고 환경도 변하고 가치관도 변하고 생활양식도 변한다. 이른바 구시대(舊時代)가 지나고 신시대(新時代)가 도래한 것일까? 이러한 때에 교회는 어떠한가? 특히 교회를 지도하는 목사의 면모는 어떠해야 할까? 새 시대라 일컫는 오늘에 있어서 교회와 사회가 요구하는 목사상은 어떠한 모습일까?

역사적으로 볼 때, 각 시대에는 그 시대에 어울리는 목사상이 부각되었음을 상기할 수가 있다. 종교개혁 이전의 목사상은 제사장이었고, 종교개혁 이후에는 전도자(傳導者) 및 부흥사였으며, 오늘날에 이르러서는 앞의 세 가지 요소를 포함한 목회자로서의 목사상이 부각되어 있다.

그러나 이러한 목사상은 기능차원에서만 본 것이라 하겠다. 보다 중요한 것은 인격(人格)이다. 아무리 기능차원에서 「목회 9단」의 목사라 해도 「인격 9단」의 목사가 아니면, 그 목회가 안 먹혀 들어가는 것이 오늘의 세태이다. 바로 여기에서 구(舊) 목사와 신(新) 목사의 현격한 차이가 있다.

◇ 구 목사와 신 목사

구 목사가 입버릇처럼 「전통을 고수한다」고는 하지만 그것은 구태의연한 자기주장을 합리화시키는 속임수에 지나지 않는다. 따라서 구 목사에게는 대화가 없다. 독백만 있고 「대화가 없는 목사」 그리하여 「상담의 대상이 될 수 없는 목사」이다. 이런 목사는 이 시대에 불필요한 목사이니 사라져 버려야 한다.

그러나 신 목사는 대화가 되는 지도자다. 폐쇄적이 아닌, 개방적 태도여서 매사가 답답하질 않고 시원시원하다. 그렇다고 해서 줏대가 없다는 말은 아니다. 지킬 것은 지키고 버릴 것은 버릴 줄 아는 지혜가 있으니 외유내강하다. 새 시대 새 목사는 자기를 고집하지 않고 언제든지 갱신될 각오가 서있는 사람인 것이다.

다음으로, 구 목사는 권위적이나 신 목사는 봉사적이다. 쉬운 말로 구 목사는 섬김을 받는 데서 「주의 종된 보람」을 갖고 살지만, 신 목사는 섬기는 데서 「주의 종된 보람」을 가지고 산다. 구 목사는 주의 종으로서의 받는 대접을 뻔뻔스러울 정도로 당연시하지만 신 목사는 그 대접을 어찌할 바 몰라 송구스러워한다.

구 목사의 생각은 「나는 당신들에게 신령한 것을 제공하는 만큼 당신들은 나에게 물질적인 것을 주어야 된다」고 한다. 그러나 신 목사는 신자들에게 신령한 것을 정성으로 베풀 뿐만 아니라, 할 수 있는 대로 물질적인 것도 베풀 줄을 안다.

결국, 구 목사는 〈주의 종의 권위〉를 정도 이상으로 남용한다. 주님을 위해서가 아닌, 자기의 정욕을 위해서 그리하는 것이다. 심지어 목사 아닌, 당회장이라든가, 부흥강사라든가, 신학교수라든가(대개는 무인가 신학이지만), 무슨무슨 박사라든가(이 역시 문교부에 등록되지 못한 학위인 경우가 많음), 그밖에 시인이니, 작가니 하는 등등의 액세서리로 그 권위를 장식한다.

그러나 신 목사는 주님께서 부여하신 권위만을 소중히 여기는 것 외에 다른 어떤 권위도 내세우지 않는다. 당연한 권위도 사용하질 않고, 오직 말씀의 권위와 십자가만 자랑한다. 그의 관심은 사람들로부터 「대접받음」에 있지 않다. 어떻게 하면 「더 많은 사람들을 대접할까」에 있는 것이다.

한 가지 더, 구 목사는 지시적이나 신 목사는 모범적이다. 구 목사는 말이나 손가락질을 잘한다. 그러나 행동이나 실천은 없다. 하지만 신 목사는 자기가 설교한 것은 자기가 먼저 실천하여 사람들에게 모범을 보인다. 특히, 겸손과 희생의 모범을 보인다.

◇ 변화와 개혁의 시대에 합당한 목사여!

어찌하랴! 구 목사에게는 겸손이나 희생을 찾아보기란 하늘의 별따기이다. 겸손과 희생은 상당히 강조하면서도 이상하다? 그의 목에는 「종교적 위선의 힘」이 「디스크」처럼 박혀 있다. 그리고 자기의 희생이 아닌, 신자들의 희생으로 중산층 이상의 부르주아적 호강을 누리고 있다.

구(舊) 목사는 하나님의 종이지만 세속적 출세와 성공을 추구한다. 그러나 신(新) 목사는 하나님의 종으로서 가난과 고난을 지향하려고 애를 쓴다. 구(舊) 목사는 천정부지의 사례비를 지향한다. 그러나 신 목사는 이미 받은 사례비를 진심으로 감사하지만, 사례비의 많고 적음에 연연하지 않는다. 구 목사, 그는 세상 영광을 구하는 사람이다. 신 목사, 그는 하늘 영광을 바라보는 사람이다.

최근, 어느 협의회에서 「목사에 대한 평신도의 기대감」이라는 주제의 설문조사가 있었다. 거기에서 「싫은 목사」와 「좋은 목사」에 대한 의견이 나왔는데 먼저, 싫은 목사는 ①자기의 이익만 추구하는 목사 ②타인의 요구와 남의 사정에 둔감한 목사 ③남을 공격하고 무시하는 목사라고 했다.

다음으로 좋은 목사는 ①개인의 사욕이 없이 봉사만 하는 목사 ②인격적으로 신뢰할 수 있는 목사 ③교회나 지역사회에 표본이 되는 목사라고 조사되었다. 결국, 이 시대의 사람들이 싫어하는 목사는 누구인가? 구 목사가 아닌가? 또한, 이 시대가 좋아하는 바람직한 목사는 누구인가? 역시 신 목사인 것이다.

여전히 옛날에 대접만 받고 있던 시절을 생각하고「돼지꿈」을 꾸고 있는 구 목사들, 어서 잠에서 깨어 신 목사로 거듭나라, 그대들이 여전히 구 목사로 남아있는 한, 그대들은 어디까지나 개혁의 걸림돌일 뿐이다. 만일, 신 목사로 다시 나지 아니하면 하나님은 그대들을 제거해 버리실 것이다.

6. 아, 문익환 목사님(1)

◇ 차원이 달랐던 목회 생활

목사란, 누구인가 그는 목회하는 사람이다. 그러면 목회란, 또 무엇인가 그것은 교회 안에서 신자를 돌보기 위한 모든 일이다. 이런 관점에서 보기 때문에 일부 보수적인 교단에 속한 사람들은 문익환 목사님을 정상적인 목회자로 여기질 않고 있다. 그러나 참된 의미에서 목회란, 양떼(하나님의 백성)을 돌보는 일이다.

그러므로 교회 안의 양떼를 돌보는 일만 목회인 것은 아니다. 교회 밖의 유리방황하는 양떼를 돌보는 일도 목회인 것이다. 누구나 알고 있다시피, 선한 목자이신 예수님께서 목회하실 때에 어디, 성전 안이나 회당 안에서만 하셨던가? 오히려, 성전 밖과 회당 밖의 이스라엘 전부를 대상으로 찾아 다니시면서 그의 목회를 이루셨던 것이다.

진보-자유주의-니, 보수-근본주의-니를 떠나서 문익환 목사님은 이 시대의 진정한 목회자였음을 우리는 인지하여야 한다. 다만, 차원이 다른 목회를 하셨다는 점이 대다수의 목회자들과 판이하였을 뿐이다. 우선, 문익환 목사님의 목회는 어느 한 교회에 국한되지 않았다. 또한 기독신자에게만 제한되지 않았다. 그의 목회지는 조국이었고, 그의 목회 대상은 전체 민족이었다.

그리고 그의 「목회철학」은 요즘 흔해빠진 교회성장이나 세계선교가 아닌 「살롬」(평화)이었고, 그의 「목회목표」는 분단된 조국의 통일이었다. 이런 맥락에서 그의 「목회실천」은 민주화운동이 아닐 수 없었다. 남·북한 예외없이 소외되고 압제받는 민중의 해방 없이는 조국통일은 허구일 따름이며, 통일없이 이 땅의 평화는 반신불수의 몸에 지나지 않기 때문이다.

그렇다. 문익환 목사님은 평화를 위한 통일목회를 반평생 자기 자신을 예레미야처럼 희생하신 분이시다. 이제 떠나셨으니 하는 말이지만, 우리는 언제 또다시 이 같은 현장목회의 거인을 만날 수 있을까 하는 아쉬운 마음을 갖게 한다. 교계를 대표하는 보수교단의 지도자들, 불의한 독재정권 앞에 입 한번 뻥긋 못하고, 심지어는 아부조차 서슴치 않았던 목회자들에 비하면 문익환 목사님은 얼마나 위대한가.

성철보다 위대하신 우리의 목사님

서슬 퍼런 유신정권과 군화발로 끔찍했던 5공정권을 지나오면서 12년간 다섯 차례의 옥고를 치러내신 문익환 목사님, 오직 민중해방(민주화)과 조국해방(통일)을 위해 선한 싸움을 싸워오신 분이시다. 그의 혁혁한 공로를 따진다면야 단연코, 노벨평화상 후보에 일순위로 오를 만하다. 그러나 현실은 너무나 무지몽매하다. 이 시대와 이 민족은 그를 알아보지 못하고 있는 것이다.

고작, 관운을 타고 실세정권의 충실한 시녀였던 어느 브르주아의 상대역인 프로레탈리아 정도로 퇴색시켜 보였다. 교계 언론들도 마찬가지였다. 누구의 눈치를 보아서인지 인색한 보도는 세속 일간지와 다를 바 없었다. 불교의 성철 중이 죽었을 때가 생각난다. 언론들이 얼마나 「침소봉대」하였던가? 심지어 교계의 어느 잡지에서는 성철을 사도 바울과 같이 동등한 위치에 놓고 비교 연구한 것을 보았을 정도이다.

늘봄 문익환 목사님은 성철보다 탁월하면 탁월했지 못한 것이 없는 분이셨다. 성철은 산중에 틀어박혀서 빌어다 주는 밥을 먹고 앉아서 「산은 산이요, 물은 물이로다」하는 어린애 같은 소리만 지껄이다 갔다. 그런 그를 뭐 그리 대단하다고 온 나라가 떠들썩할 정도로 그야말로 야단법석을 떨었다.

그런데 이게 뭔가? 칠순노구를 조국의 평화를 위해 이끌다 쓰러져 가신 목사님의 주검에 대해서는 어찌 이리도 감동이 없단 말인가? 조국을 위해 목숨을 바친 결과가 이뿐이란 말인가? 교계는 어찌 이리도 잠잠한가? 교리가 다르다고 교단이 다르고 신학이 달라서 아무런 상관이 없어서 그러한가? 전국의 불자들은 성철의 죽음을 애도하여 가슴에 「검정 리본」을 달았다는데…

천주교회의 김수환 추기경이 죽는다면 어떠할까? 세계적인 뉴스로 언론매체들이 소란을 떨 것은 보나마나 뻔하다. 반면에 한경직 목사님이 돌아가신다면 전국은 어떠할까? 성철처럼, 텔레비전 특집으로 연일 보도될까? KBS, MBC에서는 「에벤에셀」(주식회사 신원)의 「주일은 쉽니다」라는 광고문을 특정종교 용어라고 보도 금지시킨 것처럼 방영불가를 결정하지 않을까?

전혀 그렇지 않다고 장담할 수 없다. 왜 그런가? 이 땅에서 하나님의 사자인 목사가 중이나 신부에 비해 푸대접을 받는 원인이 무엇인가? 이를 확대하여 이 나라의 개신교회가 불교나 천주교회에 비해 지명도가 떨어지는 까닭은 무엇이란 말인가? 그야 대답은 너무나 자명하다.

불교나 천주교회나 개신교회는 한국의 삼대 종파임은 틀림없다. 차이점은 무엇인가? 불교나 천주교회는 제법 한덩어리로되, 우리 개신교회는 개밥의

도토리들처럼 너무나 따로 따로라는 사실이다. 뭉쳐 있는 것은 힘을 쓰고 있지만 흩어져 있는 것은 힘을 못쓰는 것과 같다.

◇ 통일의 길은 교회갱신의 길

예수 그리스도를 주님으로 믿는 사람은 누구나 한몸된 형제요 자매이거늘, 교단이 다르다, 교리가 다르다, 교파가 다르다 하여 하나가 되지 못할 뿐만 아니라, 내가 옳으냐? 네가 옳으냐? 하는 집안 다툼에 정력을 소모하니, 어디에서 무슨 힘이 나오겠는가? 그러면서도 교회는 모일 때마다 국가의 민족의 통일을 위하여 기도한답시고 하는 것을 보면, 어처구니가 없을 따름이다.

도대체, 저희들끼리도 하나가 되지 못하는 주제에 무슨 나라와 민족의 통일을 위해 기도한다는건지 하나님을 만홀히 여겨도 이만저만이 아니다. 제발, 이런 장난을 하지 말자. 정녕, 통일을 위해 기도했으면, 그 기도회가 끝나자마자 식당이나 호텔로 쫓아갈 것이 아니라, 휴전선으로 향해야 할 것이다. 그래야 그 기도가 진실한 기도지, 그렇지 않으면 외식에 지나지 않은 위선이다.

그래도 문익환 목사님은 조국의 통일을 위해 설교하시고, 통일을 위해 기도하신 후 통일을 위해 북한까지 다녀오셨다. 바로 이런 것이 선교이고, 기도이지 설교한 것을 행하지 않으면 설교가 아닌 것이요, 기도한 것을 믿고 가지 아니하면 그것은 기도가 아니다. 그런데 우리는 어떠했는가? 엉터리 설교와 기도는 너절맞게 해놓고는 통일을 위해 무슨 일을 하였는가?

이북의 동포들은 굶주리고 있다는데 여전히, 나만 행복하기 위하여 신앙생활을 하고 남의 교회는 그만두고서라도 우리 교회만 성장되기 위하여 기를 쓰고 있는 것이 한국 개신교회의 실상이 아닌가? 솔직히 오늘날 교회가

"통일, 통일" 하는데 통일을 위해 무엇을 하고 있는가? 오늘 당장, 통일이 온다해도 감당할 준비가 되어 있는가? 이대로는 도무지, 어림도 없다는 생각이 든다.

그러면서도 문익환 목사님이 북한을 다녀오자, 한국교계는 미쳤다느니, 공산주의자라느니, 실정법을 위반했다느니 등등 세상주관자들과 똑같은 소리를 낸 자들이 적지 않았다. 그러나 누가 뭐래도 문익환 목사님은 위대하다. 한국교계의 어떤 지도자도 북한을 찾아가 원수 김일성을 예수님의 사랑으로 품에 안은 이는 이제껏 없었기 때문이다. 진정, 조국의 통일을 위해 교회가 먼저 하나가 되는 길, 이 길이 늘봄 문익환 목사님이 제시하여 주고 가신 교회의 갱신의 길로 보인다.

7. 아, 문익환 목사님(2)

◇ 잠시 생각하는 것으로는

단 한 번만으로 얘기하고 넘어가기엔 너무나 아쉽다. 아니, 단 한 번만으로 얘기하고 넘어가기엔 그분의 인격과 생애가 우리의 세대 가운데 너무나 크게 자리를 하고 있었다. 정작 그분이 살아계셨을 적에는 이 사실을 깨닫지 못했었다. 우리 곁을 떠나시고 나서야 그분이 그처럼 위대하신 분이신 것을 깨달은 것이다.

우리는 언제 또다시 이와 같은 위인의 출현을 볼 수 있을까? 한 세기가 지나면 또다시 나타날 것인가? 그것은 아무도 알 수 없는 일이다. 어쨌든 우리는 큰 인물을 잃은 것이다. 그러기에 우리는 그분의 가심에 대하여 이토록 아쉬워하고 있다. 문익환 목사님의 소천이 알려지자 교계신문들 보도가 인색했다는 섭섭함을 피력한 적이 있었다.

그러나 그것은 필자의 성급한 판단이었다. 곧 이은 다음 주간의 교계신문들에 한결같이 문익환 목사님의 소천에 대한 애도와 함께 그 뜻을 기리는 기사, 기사들로 채워져 있었던 것이다. 보수와 진보의 신학이념을 초월하여 어느 기독신문—물론, 일반신문에서는 여전히 인색하였지만 문 목사님의 실천하는 신앙과 그 업적에 대하여 긍정적으로 보도하고 있었다.

그 동안 한국교회는 두 분의 소중한 지도자를 모시고 있었다. 한경직 목사님과 문익환 목사님이 그분들이시다. 여기에 대하여 이의를 제기하는 이들이 없지 않을 줄은 알지만 진보적인 사람들은 한 목사님에 대하여 이의를 제기할 것이고, 보수적인 사람들은 문 목사님에 대하여 이의를 제기할 것이다. 그래도 대부분의 기독인들은 거의 동감(同感)하리라고 믿어진다.

한 목사님이 성전목회의 거성(巨星)이시라면, 문 목사님은 광야목회의 거성(巨星)이시라고 할 것이다. 그런데 한국교회에는 성전목회의 거성이라고 할 만한 분들이 한 목사님 말고도 여러 분들이 계시다. 세계적인 교회가 한국에 있고 그 교회를 담임하는 목사님들이 세계적이기에 손색이 없는 까닭이다. 그러나 광야 목회의 거성이라고 할 만한 분들은 손가락을 꼽아보기가 어려운 형편이다.

◇ 광야 목회자와 성전목회자

바로 이 때문에 문익환 목사님을 떠나보낸 한국교회의 손실은 크나큰 것이다. 대부분의 목회자들은 성전목회를 지향한다.(또는, 일부의 목회자들은 강단목회-신학대학교수-를 지향한다.) 그렇게 하는 것이 목회의 정석이라고 여겨지기 때문이다. 사실, 광야목회는 정석이 아닌, 비상수단이라 할 것이다. 그러나 어찌하랴! 세상은 정석으로만이 아니라, 비상수단을 써야 할 때가 많다.

하나님은 예수님의 길을 예비하는 자로서 성전목회자인 「가야바」나 「안나스」를 사용하지 않고, 광야목회자인 「세례요한」을 사용하셨다. 물론, 성전목회자는 필요하다. 하지만 시대가 열악할수록 요구되는 인물은 광야의 목회자이다. 성전 안에서 외치는 설교만이 아니라, 「광야에서 외치는 자의 소리」가 절실한 상황이 바로 오늘날이기도 하다.

밖에 나가선 입도 뻥긋 못하는 이가 집안에서만 큰 소리 친다면 그는 큰 인물이 아니다. "크게 외치라, 아끼지 말라, 네 목소리를 나팔같이 날려 내 백성에게 그 허물을 '야곱'의 집에 그 죄를 고하라"(사 58:1)고 말씀하신 것 처럼, 이 시대는 성전 안에서와 성전 바깥에서도 민족의 죄와 그 허물을 고 하여 외치는 광야의 목회자가 요청되는 때이다.

성전 안에서는 신자들 앞에서 대제사장이요, 장로라는 신적 권위를 한껏 내세우며 큰소리를 치지만, 세상의 '헤롯'과 같은 폭군 앞에서는 그의 허물 을 꾸짖기보다는 오히려, 아첨이나 하는 자들이 얼마나 종종거리는가? 이런 자들은 실로, 애꿎은 강아지만 팰 줄 알고, 밖에 있는 늑대에 대해서는 무서 워서 꼼짝도 못하는 어리석은 아이와 같다.

성전목회만이 능사가 아니다. 신자를 구름떼같이 모으고 성전을 태산같이 세운다고 해서 잘하는 목회라 할 것이 아니다. 광야목회를 잘해야 이 땅에 하나님의 목회가 온전히 이루어진다. 그런 차원에서 문익환 목사님은 한국 교회의 광야목회를 훌륭히 담당하신 하나의 축과 같으신 분이셨다. 따라서 이 땅에 하나님의 목회를 이루기 위해서는 성전목회나 광야목회가 절실한 것이다.

목회란 성전목회나 광야목회 모두 쉬운 일이 아니다. 그러나 이 둘 중에서 더욱 어려운 일은 광야목회이다. 일정한 거처와 터전이 없는 까닭이다. 성전 목회는 주어진 여건 속에서 하는 것이지만, 광야목회는 "여우도 굴이 있고, 공중의 새도 거처가 있으되 오직 인자는 머리 둘 곳이 없다"(마 8:20)하셨던 예수님의 신세와 같은 목회이다. 그러나 어느 누가 이렇게 쓸쓸하고, 가난한 목회에 선뜻 나서겠는가?

◇ 물욕 없이, 명예욕도 없이

세례 요한이 그랬던 것처럼, 예수님도 성전목회를 하시질 않고, 광야목회를 하셨다. 사도 바울 역시 일정한 목회지에 정착하지 않고, 새로운 개척지를 찾아다니는 광야목회를 하였다. 이는 종교적 기득권층의 독선 때문이기도 하였지만, 실상은 잃어버린 자들을 찾아 스스로 광야목회를 선택한 것이었다. 세례 요한, 예수님, 사도 바울, 세 분의 공통점은 무엇인가?

다시 말해, 광야목회자들의 특징은 무엇인가? 그것은 물욕이 없고, 명예욕이 없다는 사실이다. 문익환 목사님 역시, 물욕이 없는 분이셨고, 명예욕이 없는 분이셨다. 그런 욕심을 가진 사람이 이 땅의 진정한 자유와 평화를 위해 그처럼 자기 자신을 희생할 수 있었겠는가? 일부 보수주의 목회자들과 장로들이 문익환 목사님을 비판하겠지만, 그분들은 진정, 물욕과 명예욕을 버리셨는지 묻고 싶다.

교단 안에서의 부끄러운 이해 다툼으로 열 갈래, 스무 갈래로 분열시키는 교계의 제사장들, 담임목사의 권위에 도전하여 아옹다옹, '파워게임'을 일삼듯 하는 성전 안의 어떤 장로들, 그들 중의 한 사람이라는 것이 심히, 죄스럽다. 부르심 받은 목사로서 물욕을 버린 이들은 얼마이며, 세움 받은 장로로서 명예욕을 버린 이들은 얼마나 있을까? 교회의 본질적 사활은 이 점에 있는 것이 아닐까?

목사는 물욕을 버리고, 장로는 교만을 버린다면, 우리나라 교회는 개혁을 운운할 필요가 없을 것이다. 목사가 물욕을 버리지 않으면 영계는 흐려지고, 장로가 교만을 버리지 않으면, 교회는 언제나 시끄럽고 불안하다. 그리하여 개혁의 소리는 이곳 저곳에서 귀 따갑게 들려온다. 이제 개혁이라면 생각만 해도 신물이 날 때도 되었다.

이제 그만 제발 개혁이라는 소리는 내 입으로 안 했으면 좋겠고, 안 들어도 되었으면 좋겠다.

그러나 우리는 어찌하여 여전히 개혁을 논해야 하고, 또한 들어야 하는 것인가? 물욕과 명예욕을 버리지 못한 연고이다. 이를 버리지 못하는 한, 우리는 개혁과 갱신의 소리를 도무지 피할 수가 없을 것이다.

방법은 있다. 시각을 바꾸는 일이다. 성전목회에만 편중했던 시각적 방향을 광야목회로 돌리자는 뜻이다. 성전목회의 성공은 굉장하게 생각하고 광야목회의 성공은 평가절하시켰고, 심지어는 이단시 했던 그동안의 생각을 바꿔야 한다. 성전목회 성공보다는 오히려, 광야목회 성공을 더 가치 있게 생각하는 풍토가 조성되어야 한다.

그런 관점에서 문익환 목사님은 광야목회에 대단한 성공을 거두신 분으로 평가되어야 함이 마땅하다. 그럼으로써 한국교회는 성전목회뿐만 아니라, 광야목회에도 과감하게 뛰어 들어 사회구원을 이루는 역사 속의 민족교회로 거듭나는 계기로 삼아야 한다. 이렇게 하는 것이 앞서 가신 '늦봄 문익환 목사님'에 대한 최소한의 사랑이 아니겠는가!

제3장

1. 교회의 목적을 묻는다

◇ 파열된 도덕과 윤리의 브레이크

인간은 어느 정도까지 추악해질 수 있는 것일까? 가공할 소설과 영화의 스토리가 아니라 실제 상황에서 말이다. 그 깊이는 아직도 헤아려지지 못한 것 같다. 이는 마치 운동경기에서의 최고기록이 깨어져 신기록이 세워지듯이, 그리고 그 신기록 또한 자꾸만 깨어지듯이 인간의 추악성은 날이 갈수록 더해만 가기 때문이다.

열한 살의 소녀가장을 주민 열네 사람이 상습적으로 폭행한 일을 비롯하여 차마 입에 담기도 당혹스런 일이 우리 주변에서 일어난 것이다. 차라리 그뿐이라면 다행일까? 부끄러워 말 못하는 피해자들은 더욱 많을 것이라는데 인간으로서 우리의 양심은 참담하고 괴롭기 짝이 없다.

유황불의 심판으로 불타 없어진 「소돔」과 「고모라」 성이 우리 시대에 다시 부활한 것인가? 그 추악함에 진저리가 솟는다. 어느 누가 과연 발정기에 이른 염소처럼 광란하는 이 세대를 진정시킬 수 있는 것일까? 고삐 풀린 망아지는 고사하고 「아웃 브레이크」의 폭주열차처럼 굉음을 지르며 이 세대는 지옥의 유황불을 향하여 치닫고 있는 까닭이다. 어쩌다가 이 지경에 이르게 되었는가? 국민소득(GNP) 일만불이 가져온 결과가 이것인가? 무엇이 잘못된 것이며 누구의 책임인가?

일찍이 예수께서는 당신의 제자된 무리들에게 「너희는 세상의 소금이요,

세상의 빛이라」고 말씀하셨다. 너무나 잘 알려진 말씀이라서 사람들은 (비그리스도인까지도) 「빛과 소금」「빛과 소금」하면서 잘도 입에 올린다. 그러면서도 오늘날 예수 그리스도의 제자된 그 교회와 신자들은 사실상, 이 세상의 소금과 빛의 역할을 수행하지 못하고 있는 형편이다. 바로 여기에서 나날이 추악스러워 가는 이 세대에 대하여 교회는 그 책임을 추궁받게 된다.

◇ 교회의 목적은 무엇인가

이와 같은 단말마적인 현실에 동기를 부여 받았음인지 혹은 아니받았음인지 이 땅에는 도시마다 시골마다 수많은 교회가 여전히 존재하고 있다. 뿐만 아니라 그도 부족할세라, 더 많은 교회들이 새로이 세워지고 있는 중이다. 그렇다면 도대체 교회는 왜 존재하는가? 무슨 목적으로 세워지는 것인가? 근원적으로 하나님께서는 어떠한 의도에서 세상에 교회를 세우시는 것일까? 여기에 대한 대답은 너무나 자명 하다. 그것은 다름 아닌 「예수 그리스도를 통한 하나님의 구원 역사를 위하여」이다. 이 대답이 옳다는 사실을 우리는 원시교회인 「예루살렘교회」가 탄생한 직후에 선포된 설교와 나타난 결과로 확증할 수가 있다. 「너희가 이 패역한 세대에서 「구원」을 받으라」「하나님을 찬미하며 또 온백성에게 칭송을 받으니 주께서 「구원」 받는 사람을 날마다 더하게 하시니라」(행 2:40,47).

이로보건대 교회가 세워진 목적은 하나님께 대하여 패역한 세대 속의 인간을 구원하기 위함이다. 교회는 물론 교육과 봉사와 기도와 전도를 주된 일로 한다. 그러나 그것들이 목적은 아니다. 결국은 구원을 받고, 구원을 지키고, 구원을 이루기 위한 수단으로써의 경건이다. 이는 예수께서 세상에 오셨던 목적과 동일하다. 예수께서는 「내가 온 것은 잃어버린 자를 찾아 구원하려 함이니라」(누가복음 19:10)고 천명하셨던 까닭이다.

이처럼 말씀하신 예수님과 관련하여 말할 때 교회란 과연 무엇인가? 에베소서 1장 23절은 대답하기를 「교회는 그리스도의 몸」이라고 하였다. 또한 「그리스도는 교회의 머리」라고 하였다.

교회가 그리스도의 몸이라 함은 그의 일을 행동하는 지체라는 말이다. 몸은 임의로 행동하지 않는다. 반드시 머리의 지시를 받아 행동한다. 그러니까 몸은 몸의 일을 하는 것이 아니라 머리의 일을 한다는 말이다. 이와 같이 교회는 교회 자체의 일을 하지 않는다. 오직 그의 머리되신 그리스도의 일을 한다. 그렇다면 그리스도의 일이란 무엇인가? 이미 밝힌 바와 같이 잃어버린 자를 찾아 구원하는 일이다. 그러므로 교회의 목적은 오직 구원인 것이다.

◇ 구원이 절실함을 시사하는 사건

교회의 목적이 구원이라고 할 때 그 구원의 대상은 구체적으로 누구, 혹은 무엇인가? 이는 세 가지인데 첫째는 개인 구원이요, 둘째는 가정구원이며, 셋째는 사회구원이다. 앞서 언급했던 「소녀가장을 성추행한 천인공노할 사건」 속에서 우리는 그 조건들을 발견하게 된다.

먼저, 하늘이 무너지는 것과 진배 없는 피해를 입은 그 소녀와 추악한 행동을 저지른 가해자들은 동시적으로 그리스도의 구원이 절실한 개인들이다. 다음으로 그 소녀의 비극의 시작은 소녀가 세 살 적에 가출한 어머니와 아버지의 돌아가심 때문이라 할진대 그 가정에 구원이 절실한 것은 사실이다. 그리고 이처럼 험악한 일들이 종횡무진한 이 사회 역시 구원의 대상임에 틀림없는 것이다.

세상에서 교회가 그 존재의 목적으로 수행해야 할 그리스도의 구원은 우선 개인이 그 대상이다. 더 나아가 그 구원은 가정에까지 이른다. 사도 바울이 빌립보 감옥에서 「주 예수를 믿으라 그리하면 너와 네 집(가족, 가정)이 구원을 얻으리라」(행 16:31)는 말씀이 바로 그 사실을 증명한다. 그러므로 구원은 개인으로 끝나는 것이 아니라 나아가 가정에도 영향을 미친다.

뿐만 아니라 그 구원은 사회에까지 이른다는 사실은 너무나 당연하다. 한국 교회는 얼마 전까지만 해도 사회구원을 주장하면 좌경시하는 경향이 없지 않았다. 그러나 사회구원은 최초로 예수께서 주장하셨기에 결코 그릇된 복음이 아니다. 마태복음 5장 14~16절에서 「너희는 세상의 빛이라... 이같이 너희 빛을 사람 앞에 비취게 하여 저희로 너희 착한 행실을 보고 하늘에 계신 너희 아버지께 영광을 돌리게 하라」고 하신 가르침이 곧 사회구원에 대한 말씀이기 때문이다.

이제 우리 교회들은 오늘의 추악한 현실에 대하여 한탄만하고 정죄만 할 것이 아니다. 최근, 경악을 금치 못하게 하는 「일련의 사건들」은 교회의 목적이 무엇이며, 우리의 교회가 지금 힘써야 할 일이 무엇인가를 일깨우는 경종이 아니고 그 무엇이겠는가? 이제는 교세만 확장하고 교회만 키우고 교회만 치장할 때는 아니다. 그리스도의 구원을 위하여 교회가 가지고 있는 모든 것을 가지고 세상 속으로! 세상 속으로! 힘차게 뛰어들어야 할 때인 것이다.

2. 경건의 모양과 경건의 능력

◇ 한눈만 팔았던 비참함

충격이라는 말도 경악이라는 말도 지금 우리 사회에 일어나고 있는 비인간적 현상을 표현함에 있어서는 적절하지 못하다. 더 이상 무슨 말이나 글로도 형용하기 어려운 아니 당혹스러운 일이 순식간에 벌어지고 있는 까닭이다. 그것도 그럴 만한 기성세대 가운데서 일어나는 것이 아니라. 아직은 (?) 순수해야 할 청소년들 사이에서 일어나는 일이기에 더욱 참담하다는 사실이다.

차라리 언급하기 조차도 싫은 이야기이지만 문제를 풀어 보자니 언급하지 않을 수 없다. 청소년들의 학교내 조직폭력과 그 철없는 어린 것들이 스스로 포르노 테이프를 제작하였다는 것은 이는 갈때까지 다 간 것이 아닐까?

오늘의 기성세대인 우리가 온갖 일(할 짓과 못할 짓 등)을 힘써 온 것이 모두 누구를 위함이었는데, 이제 그 소망스러운 자녀들이 걷잡을 수 없는 타락의 수렁에 빠져들고 있다니! 도대체 이를 어쩐단 말인가.

이 나라의 정치 지도자들이 대권에 치중하는 동안에 우리의 아이들은 조직폭력배의 마수에 사로잡혔고, 이 나라의 어버이들이 돈, 돈 하는 동안에 우리의 자녀들은 패륜적 향락에 물들어가고 있었다. 그리고 이 나라의 소금이요, 빛으로서의 기독교회, 특히 우리의 개신 교회는 성장, 성장에만 눈독을 들이고 있는 사이에 우리의 청소년들은 점점 거룩하신 하나님에게서 멀어지고 있었던 것이다.

누구를 탓할까? 누구에게 책임을 물을까? 정치인들에게? 경제인들에게? 법조인들에게? 아니면 교육자들에게? 물론, 그들에게 탓을 돌리며 이 사회의 엄청난 죄와 흉악에 대하여 책임을 물을 수 있다. 그러나 우리는 그럴 수 없다. 다른 일들이라면 몰라도 그리스도인으로서의 우리는 그럴 수 없단 말이다. 왜냐하면 그 탓은 오히려 우리 그리스도인에게 있고 그 책임은 우리의 한국교회에 있기 때문이다.

◇ 상실된 경건의 능력

어느 사회나 국가가 부도덕함으로 천인공노할 노릇이라면 그 책임은 무조건적으로 그 시대 속에 병존하고 있는 기독교회에 있다. 하나님으로부터 멀어진 세상이 타락과 범죄로 칠흑처럼 어두움은 물론이요, 그 어둔 세상을 의로써 밝게 하라는 말씀이 교회를 향한 예수 그리스도의 선교적 명령이 아니었던가. 그러므로 세상의 빛인 교회와 그 신자들의 숫자가 자꾸만 늘어나는 이 마당에 상상도 못했던 해괴망칙한 범죄가 거침없이 일어난다는 사실은 교회와 그 신자들 (이하 한국교회)의 유명무실을 탓하게 만든다.

한 마디로 한국교회는 오늘날 그 존재의 기능이 약화되었거나 아니면 아예, 상실한 것이 아닌가 싶다. 교회의 존재적 기능이란 다름 아닌, 경건의 능력을 일컬음인즉, 오늘의 한국교회는 이른바, 「경건의 모양은 있으나 경건의 능력은 부인하는 자」(딤후 3:5)가 되었다는 의미로운 말이다.

여기에서 우리는 잠깐 오늘날 한국교회는 기독교회의 경건을 어떻게 이해하고 있는가를 살필 필요가 있다. 우선적으로 한국교회의 경건에 대한 이해는 빗나간 화살 같은 것으로 보여진다. 직언하자면 잘못된 것이라고 하겠다.

예를 들어 한국교회의 경건이란, 열심히, 더 자주, 더 많이 「모여서」 기도하고 찬송하고 헌금하는 일로만 생각하는 경향이 있다. 그리하여 감동적으로 찬양을 하고 오래오래 기도를 하며 헌금을 많이 하면, 매우 경건한 그리스도인으로 인정해 준다. 거기다가 성령의 은사를 체험하여 방언을 말하고 환상과 묵시를 보며, 귀신을 쫓아내고 병을 고치기라도 하면 그것이 다름 아닌 경건의 능력이라고 칭송을 보태는 것이다.

그러나 경건이란 또는 경건의 능력이란 예배당을 열심히 다니고 찬송과 기도와 헌금을 많이 하며, 방언과 환상과 축사의 치유와 기적을 나타내는 것이 아니다. 굳이 말한다면 그것들은 경건의 모양일 따름이지, 경건도, 경건의 능력도 아니다.

◇ 어둔 세상의 빛이 되어

참된 경건과 그 능력에 대해서 사도 야고보는 이렇게 말했다.

「하나님 아버지 앞에서 정결하고 더러움이 없는 경건은 곧 고아와 과부를 그 환난 중에 돌아보고 또 자기를 지켜 세속에 물들지 아니하는 이것 이니라」 (약 1:27).

경건이란 종교적인 형식(기도, 찬송, 헌금)이나 현상(방언, 예언, 환상, 이적)이 아니다. 삶속에 신앙이 인격적으로 혹은 도덕적으로 나타나는 것이다. 그리하여 세상을 변화시키는 것을 「경건의 능력」이라 한다.

따라서 어느 교회가 교인의 숫자를 수백, 수천, 수만 늘렸다는 것은 경건이 아니다. 또한 어느 교회가 예배당을 굉장하게 건축하고 기도원이나 수양관 및 공원묘지를 수만평씩이나 마련하였다 해도 그것 역시 경건이 아니요,

경건의 능력도 아니다(자기들은 그렇다고 주장할지 모르지만) 말하자면 경건의 모양일 따름이다.

참된 경건과 능력은 그런 것이 아니다. 어둔 세상에 빛을 밝히므로 그 빛 때문에 사람들이 범죄할 수 없게 만드는 그것이다. 그러므로 한국 교회여! 경건의 모양으로써 모이기를 힘쓰는 만큼, 경건의 능력으로써 세상으로 나아가 그리스도의 빛을 밝히어 오늘의 우리 세대와 우리 사회를 새롭게 변화시키는 데 주력하고 또 주력하자.

3. 성장주의 교회론을 경계한다

◇ 이득삼실(二得三失)

섬뜩 다가온 추위에 얼어죽었거나 아니면 북쪽으로 도주했을 가능성이 짙었던 무장공비 두 명이 26일 만에 우리 군의 수색작전에 발각된 나머지 발악 끝에 사살됐다. 그러나 아군 세 사람이 공비와의 교전 중 목숨을 잃었으며 장병 14명이 부상을 입는 등, 전과에 비해 손실이 컸으므로 너무나 안타깝다. 쥐새끼 한 마리를 잡느라 귀중한 장독을 깨뜨리듯이 무장공비 두 놈을 잡느라 귀중한 아군 세 사람을 잃었으니 여간 우울한게 아니다. 삼가 애도의 뜻을 표함은 물론, 그 유족되시는 분들께 심심한 위로를 드린다.

동시에 우리 국군의 이번 작전은 전(全) 국민들로 하여금 많은 아쉬움을 갖게 하였다. 말하자면 「이득삼실」 – 둘을 얻기 위해 셋을 잃음 – 의 작전이 되고 말았기 때문이다. 셋을 얻기 위해 둘을 잃는다는 생각까지는 할 수 있어도 이득삼실, 곧 얻은 것보다 잃는 것이 많은 작전이라면 그 결과는 승리가 아닌 패배일 따름이다.

하기야 우리 국군의 이번 작전은 지금 당장의 손익을 따질 일은 아니다. 삼실(三失)만이 아닌, 헤아릴 수 없을 정도의 다실(多失)을 예방하기 위한 어쩔 수 없는 일이 아니었던가? 다만 현재 상황으로 보아서는 우리 국군의 희생이 컸다는 생각 때문에 착잡해서 그런 것이다.

이제 마지막 남은 한 명의 무장공비는 아군이 손상을 입는 일 없이 생포하거나 사살하길 바란다. 만일 그렇지 않다고 하면 스스로 죽었거나 이미 월북(越北)해버렸다면 좋겠다. 하지만 우리 국군의 이번 작전이 낳은 「2득3실」이라는 결과는 모든 면에서 시사(示唆)하는 바 의미가 큰 것은 사실이다.

◇ 현대 교회가 잃어버린 것들

세기말의 전투적 교회로서 오늘의 한국 교회는 그 동안 많은 것을 얻었으나 실은 더 많은 것을 잃었잖나 싶다. 특히 성장주의(成長主義) 일변도로 치달아 온 결과 표면적으로는 많은 것을 얻은 것 같지만, 이면적으로는 더 많은 것을 잃은 감이 없지 않다는 말이다.

그렇다면 오늘날 우리 교회가 세상과 그 배후 세력인 마귀와의 싸움에서 얻은 것은 무엇이고 잃은 것은 또 무엇들인가? 먼저 얻은 것 두 가지만 생각하면 첫째로는 신자 숫자의 물량적 증가요, 둘째로는 대형화(大型化)된 지교회(支敎會)들의 등장을 들 수 있다. 이를 일컬어 세계 교회 역사상, 유래가 드문 일이라고 하였던가? 이로 인해 몇몇 지교회들은 그 위세가 「바티칸제국」 못지않아 당회장이 맘만 먹으면 못할 일이 없는 것처럼 당당하다.

그러나 실상은 「종이 호랑이」에 지나지 않는다. 겉으로만 얻은 것이 많아 보일 따름이지 속으로는 잃은 것이 더 많기 때문이다. 이름하여 「이득삼실」이라고 할까?

다음으로 오늘날의 한국 교회가 잃은 것 세 가지만 생각하면, 이것들은 각각 무엇인가? 첫째로는 거룩과 경건의 상실이다. 둘째로는 지상주의(至上主義)로 인한 천상주의(天上主義)의 상실이요, 셋째로는 겸손과 일치의 상실이 그것들이다.

보라, 오늘날 한국 교회에서는 초대 교회의 순수성을 찾아보기 어려울 정도로 세속화(世俗化)되어 세상인지, 교회인지 분간하기가 어렵잖는가? 천국의 소망보다는 지상에서의 성장과 성공이 오늘날 교회의 목표가 되어 있지 않은가? 분파와 분열로 얼룩진 것이 한국 교회의 역사가 아니던가? 그야말로 둘을 얻었는가 했더니 셋을 잃고만 꼬락서니가 우리의 한국 교회라고 한다면, 몰매 맞을 소리일까?

◇ 사역인가, 사업인가

세상과 그 배후 세력인 마귀와의 싸움에서 한국 교회는 오늘날 이긴 것이 아니다. 교회 숫자의 증가와 대형 교회들의 등장으로 승리한 듯 보이나 실상은 패배한 것이다. 성장주의의 이론(교회성장학)과 그 실천(목회)으로 인한 대형 교회의 출현은 세상과의 싸움에서 승리했다기보다는 타협의 결과, 곧 패배했음을 가리키는 상징일 수도 있다는 사실이다.

엄밀히 말해서 지교회의 대형화(大型化)는 기형화(奇形化)에 가까운 것이지 정형화(正刑化)에 가까운 것이 아니다. 자아 도취에 빠져 주관적으로만 보지 말고 객관적으로 보고 판단하자. 대형화된 지교회는 교회라기보다는 기업이기가 쉽다. 왜냐하면, 대형 교회에서는 이미 목회(牧會)가 통하지 않기 때문이다. 거기서는 경영(經營)이 통할 따름이다.

분명히 알고 있도록 하자. 교회에서 하는 일과 기업에서 하는 일은 엄연히 다르다. 교회에서 하는 일은 사역(Ministry)이라면, 기업에서 하는 일은 사업(Business)이다. 그런데 대형 교회에서 하는 일을 보면, 「미니스트리」, 곧 목회적이라기보다는 「비즈니스」 곧 경영적이라는데 교회론적(敎會論的)문제가 제기된다.

최근 가정사역자들의 외침을 들어보면, 「가정은 교회처럼, 교회는 가정처럼」이라는 말을 자주한다. 매우 지당한 말이다. 교회는 그리스도의 형제와 자매들이 모인 영적 가정인 까닭이다. 가정이란 단란함이 특징이지, 그렇게 시장처럼 와글와글한 곳이 아니다.

물론, 교회의 대형화가 무조건 다 나쁘다는 뜻은 아니다. 좋은 면도 얼마든지 있다. 그러나 2득3실을 기억하자는 말이다. 삼가고 주의하여야 한다. 짧은 소견으로 예견(豫見)컨대, 우리의 한국 교회가 이제껏처럼 성장주의를 지양(止揚)하지 않는다면 본질마저 상실케 되는 비참한 때를 맞게 될 것이다. 그때를 대비하여 사랑하는 한국 교회여, 그야말로 본연의 모습을 다시 찾도록 하자!

4. 작은 교회도 지향하자

◇ 한국 교회의 대형주의

이것을 기적이라고 해야 할까? 개교회의 장년예배 출석 인원이 수백명에서 수천명으로, 수천명에서 수만명으로, 혹은 수만명에서 수십만명이 모이는 교회가 있을 정도인, 이는 분명히 성령의 축복이 아니라고 하기는 어려운 일이다. 그러나 이 같은 회중의 호황은 지극히 적은 일부 교회들일 뿐, 대부분의 교회들은 그렇지 못한 것이 한국교회의 현실이다.

1984년 〈한국교회 1백년 종합조사연구〉〈현영학 편〉에 의할 것 같으면, 약 4만 5천여 교회 중에 주일 예배 참석 수가 2백명 이하의 교회가 82.6%로써 전체 교회의 4분의 3을 웃돌고 있다. 그 나머지는 2백명 이상의 교회로써 그 중에 2천명 이상의 초대형교회는 0.08%뿐으로 조사되어 나타났다. 십 여년전쯤의 조사연구인지라, 금년도와는 차이가 있을 것으로 보여지나 대동소이하리라고 생각된다.

문제는 모든 교회가 다 대형 지향적이라는 데 있다. 모든 목회자가 다 수백, 수천, 수만 명의 교회를 희구하고 있다는 사실이다. 주일예배 참석 수가 백 명을 넘지 못한 교회가 전체 교회의 61.09%를 차지하고 있는데 이들 교회는 출석인원 백 명을 넘지 못해 여간 안타까운게 아니다. 그런데 보시라! 서울의 K교회는 금년도 장년예배 출석자가 5만명이나 된다. 그런데 금년 말까지 그 교회의 목표는 7만명이다. 만일, 뜻한 대로 7만명을 달성하면, 내년에는 10만명이 목표가 될 것이 뻔하다.

여기에서 필자는 한 가지 의문을 가져본다. "도대체 그렇게 많이 끌어 모아서 무얼 어떻게 하겠다는 건가? 천하의 신자란 신자는 다 모아서 무얼 어떻게 하겠다는 건가? 천하의 신자란 신자는 다 모아서 무슨 왕국이라도 세워 볼 작정이란 말인가? 아니, 그곳은 이미, 한 목회자의 왕국이 아닐까" 그렇다. 수천, 수만 명, 또는 그 이상의 회중을 지향하는 저들은 목회를 한다고 보기 어렵다. 결국은, 예수의 이름을 빙자한 자기의 왕국을 세우고 있는 것이다.

◈ 억울하면 큰 교회를 만들어라

교회개척 13년만에 장년출석 3만명, 특별새벽기도 1만 5천명, M교회 K목사의 설교집이 출판되었다. 전체 5집이 첫선을 보였는데 지방의 서점가에는 나오기가 바쁘게 팔려나갔다. 한 권의 값이 9천원씩이나 되는데도 말이다. 그 책을 출간한 P출판사는 수지를 맞는 중이겠다. 그렇게도, 내용이 좋고 대단한 설교인가? 물론, 그럴 것이나, 그보다 내용이 좋고 영감이 있는 설교집은 얼마든지 많다. 그런데 왜, K목사의 설교집이 인기이고, 베스트셀러인가? 다른 것이 아닐 것이다. 그가 교회개척 13년만에 3만명 이상의 교회를 이끌어 가고, 세계에서 제일 많은 새벽기도회 숫자를 이끌어가고 있어 그러할 것이다.

이거 정말, 기가 죽을 노릇이다. 교계가 이 지경이니, 요즘 와서 기백명정도의 교인을 목회하는 목사들은 어디가도 부끄러워 명함도 못내밀 정도이다. 이쯤되면, 기천명이 모이는 목사라도 시기나서 안달이 생길 법하다. 그러니, 1백명도 안되는 신자들 목회하는 목사들은 원통해서 어찌 살거란 말인가? 부흥강사도, 세미나 강사도, 연합집회 강사도, 대형교회 목사들만 강사로 나와 설쳐대고 소형교회 목사들은 그들보다 더 훌륭한 지식과 신선한 영감을 가지고 있어도 들러리 노릇만 해야 하는 꼴을 누구에게 하소연 할까?

억울하면 출세하란 말인가? 교계의 소식을 알리는 신문에도 "당신도 천명 이상의 목회자가 될 수 있습니다"라는 격려문과 함께 〈중형교회 성장개발 프로그램세미나〉가 가끔씩 광고되어 겨우 가라앉힌 「대형교회 콤플렉스」를 심술맞게 도져놓는다. "제기랄, 큰 교회 목사들이 강사로 나와 하는 일인데, 무료로 실시하면 어디가 덧나나?" 작은 교회, 그것도 미자립교회의 목회자로서는 등록비 12만원은 가족의 생계를 위협하는 커다란 부담이다, 그러나 주최측의 등록담당은 「샤일록」인가 보다. 등록 후에는 반환하지 않는다고 엄포를 놓고 있다. 이렇게 되면 하나님의 사업(목회)이란 것도 결국 "돈 놓고, 돈 먹기"의 놀음이란 말인가.

◇ 작은 교회는 아름답다

큰 교회가 무조건 나쁘다는 주장은 아니다. 큰 교회는 큰 교회대로 작은 교회로서는 도저히 할 수 없는 유익한 일을 많이 할 수 있어서 좋은 것이다. 그렇다고 해서 작은 교회는 어쨌든 큰 교회가 되어야 한다는 식의 「킥 앤드 런」은 삼가야 한다는 주장이다. 작은 교회가 할 수 없는 일을 큰 교회가 할 수 있듯이, 큰 교회가 할 수 없는 일을 작은 교회는 할 수 있기 때문이다. 또한 큰 교회는 알아야 한다. 큰 교회 없는 작은 교회는 있을 수 있지만, 작은 교회 없는 큰 교회란 있을 수 없다는 사실을 말이다.

오늘의 큰 교회는 작은 교회에 대하여 감사해야 한다. "재주는 곰이 부리고, 돈은 뛰놈이 번다"는 말이 적절할는지는 모르나, 오늘날 한국교회의 풍토는 작은 교회가 눈물로 씨를 뿌리면, 큰 교회가 기쁨으로 단을 거두는 실정이다. 선전은 작은 교회가 하고 수익은 큰 교회가 보고 있는 것이다.

성격상, 작은 교회는 미래 지향적이다. 그러나 큰 교회는 현재 완성적이다. 인간 세계에서의 아름다움은 완성된 것에 있지 않다. 오히려 미완성 즉, 완성을 향해 나아가는 데 있다. 왜냐하면, 세상에서의 완전은 "불완전한 완전"이기 때문이다. 따라서 큰 교회는 큰 교회대로의 위대함이 있는 것이 사실이지만, 작은 교회는 작은 교회대로의 아름다움이 있다. 큰 교회의 위대함과 작은 교회의 아름다움, 이들은 동등함으로 조화로워야 한다.

교회가 지나치게 대형 일변도로 지향하는 나머지 작은 교회의 아름다움을 포기해서는 아니 된다. 이 말을 하는 뜻은 두 가지 이다. 첫째로 대형교회의 관계자들은 소형교회를 멸시하지 말라는 뜻이다. 둘째로, 소형교회 관계자들은 대형교회와 비교하여 열등의식을 갖지 말라는 뜻이다. 진실로 성경적인 교회는 큰 교회가 아닌, 작은 교회임을 다시한번 확인해 볼 것이다(예루살렘교회가 수천, 수만 명의 대형으로 될 때, 하나님은 그 교회를 작은 교회로 흩으셨다). 그리스도 예수님의 재림이 가까운 종말의 때인 지금, 우리들은 큰 교회를 지향할 때가 아니라고 생각된다. 작은 교회는 작은 교회대로의 아름다움을 지켜나가고, 큰 교회는 오히려, 작은 교회를 지향할 때임을 깨달아야 한다. 작은 교회 목자들과 작은 교회 성도들이여, 자부심을 가지고, 아름다움을 지켜가라, 그리고 큰 교회들이여, 그대들이 너무나 크다보니 옛날의 바벨탑 같고, 요즘의 대형기업 같으며, 사이비와 이단의 왕국 같으니, 작으나 아름다운 교회를 지향하자.

5. 기도가 변해야 교회가 변한다

◇ 기도는 만사를 변화시키는가

그리스도인의 명언 가운데 「기도는 만사를 변화시킨다」는 말이 있다. 이 말이 얼마나 지당하고 은혜로운지, 어느 기도원에서는 「아나운스먼트」할 때마다 화두(話頭)로 사용하는 것을 들은 적이 있다. 그러므로 설교자들은 누구든간에 기도에 대하여, 기도 생활에 대하여 강조하는 것이다.

그러나 우리는 이렇게 반문해 본다. 「기도는 과연, 만사를 변화시키는가」 독자들은 이 물음에 대하여 어떻게 대답하실까? 긍정으로 답하실 분도 있을 것이다. 그러나 필자가 독자들의 대답에 동감하면서 할 수 있는 말은 「기도는 분명, 만사를 변화시킨다. 하지만 기도도 기도 나름이다」라는 변증법적 발언이다.

실례를 들어 보라. 오늘날 우리나라 교회(이하 한국 교회)처럼 기도를 많이 하는 교회가 그 어디에 있겠는가? 가히 「기도의 본산지」라 할 수 있을 정도로 한국 교회의 기도는 세계적이다. 이러한 기도로 인하여 한국 교회는 세계 교회사에 보기드문 획기적인 성장을 이룬 것도 사실이다.

그러나 이제 와서 우리는 뒤늦은 의문을 제기하게 된다. 「한국 교회의 성장은 정상적인가? 혹시 기형적인 성장은 아닐까?」 이에 대한 답변은 교계의 저명인사로 여겨지는 적잖은 분들의 걱정스런 말씀에서 엿들을 수 있다. 그

분들은 한결같이 「교회의 갱신」을 간절하게 훈계하고 있다. 이로 보아 한국 교회는 언제, 어디에서 부터인가는 몰라도 기형적 성장, 곧 비정상적으로 성장했다는 뼈아픈 자성을 아니할 수 없다.

어찌 이런 일이 있을 수 있는가? 기도는 만사를 변화시키는 능력이 있으며, 그 같은 기도를 어느 교회보다도 한국 교회는 많이 하였고 지금도 계속하고 있잖은가? 그런데 어찌하여 오늘날의 한국 교회는 부패한 사회처럼 변화와 개혁이 요청되는 것일까? 까닭은 둘 중의 하나일 것이다. 한국 교회의 그 수많은 기도가 잘못된 것이든지, 아니면 기도가 만사를 변화시킨다는 말이 거짓이든지 할 것이다.

◇ 한국교회의 기도는 어떠한가

기도가 만사를 변화시킨다는 말은 분명, 거짓이 아니다. 왜냐하면 예수님의 말씀에 「너희가 내 안에 거하고 내 말이 너희 안에 거하면 무엇이든지 원하는 대로 구하라 그리하면 이루리라」(요 15:7)고 하셨기 때문이다.

문제는 우리의 기도가 잘못되었다는 데 있다. 예수님의 말씀하신 대로, 우리가 예수님 안에 거하지 아니하고, 예수님의 말씀이 우리 안에 거하지 못한 상태에서 하는 기도였기 때문에 그 기도는 만사를 변화시키지 못했던 것이다.

기도는 「성령으로 하는 것」(유 1:20)이어야 한다. 성령으로 기도한다 함은, 내 뜻대로가 아닌 하나님의 뜻대로 하는 기도(롬 8:27)를 일컫는다. 그러나 오늘날 한국교회와 그 교인들의 기도는 성령으로 하는 것이라기 보다는 자기의 뜻으로 하는 것이 대부분이었다고 보여진다.

이런 관점에서 한국교회의 기도를 진단해보면, 첫째로 감사의 기도와 참회의 기도보다는 요구하는 기도가 많다. 요구하는 것이 많다는 사실은 아직은 어리기 때문이고, 아니면 욕심이 많아서일 것이다. 아직도 어린 신앙, 아직도 그 신앙의 동기가 탐욕의 단계를 벗어나지 못한 신앙, 이것이 한국교회를 부끄럽게 하는 요소이다.

둘째로, 요구하는 기도라고 해서 무조건 잘못된 기도라고 할 수는 없다. 왜냐하면 예수님께서는 「구하라 그러면 너희에게 주실 것이요」(마 7:7)라고 말씀하신 까닭이다. 문제는 구하는 것이로되 신령한 것을 구하기 보다는 신령하지 않은 것을 구하는 데 있다.

예를 들면 육신의 건강이니, 재물(사업이나 직장의 형통)이니, 출세와 성공과 같은 것들을 구한다는 사실이다. 그리고 그 구하는 바가 지극히 이기적이라는 데에도 문제가 된다. 나 아닌 다른 사람에게는 그와 같은 복들을 주지 말라는 식으로 기도하는 것이다(실제로 수능생, 또는 입시생 자녀들을 위한 축복기도회 같은 행위는 자칫 하면 내 자식 입학시키기 위해 남의 자식은 낙방시켜 달라는 기도가 되기 쉽다). 그럼에도 불구하고 한국교회는 때마다 이런 기도회를 공공연히 개최하고 있으니 이 무슨 유치한 소행인가!

◇ 기도에 변화를 주자

그리고 세 번째로는 육신적이고 이기적인 것이 아닌 신령하고 고상한 것들을 구한다 해도 이미 받은 것을 또 구하는 어리석음을 범하고 있다.

제목이 「기도와 응답」이라는 우화가 있다. 「쫓기는 듯이 살고 있는 한심한 나를 살피소서/ 늘 바쁜 걸음을 천천히 천천히 걷게 하시며/ 추녀 끝의 풍경 소리를 알아 듣게 하시고/ 거미의 그물짜는 마무리들로 지켜보게 하소서, 꼭 다문 입술 위에 어린 날에 불렀던 동요를 얹어 주시고/ 굳어 있는 얼굴에는 소슬 바람에도 어우러지는 풀밭 같은 부드러움을 허락하소서. 책 한 구절이 좋아 하늘을 한참 우러르게 하시고/ 차 한잔에도 혀의 오랜 사색을 허락하소서. 돌 틈에서 피어난 민들레꽃 한송이에도 마음이 가게 하시고/ 기왓장의 이끼 한낱에서도 배움을 얻게 하소서」

기도를 마친 그에게 들려 오는 소리가 있었다. 「그것들은 내 도움 없이 네가 할 수 있는 일이다. 그리하면 나는 네게 감사의 은혜를 주겠노라」-정채봉의 「생각하는 동화④」에서-

이와같이 그리스도인에게는 하나님께로부터 필요한 모든 것이 주어졌다. 그 외의 또 필요한 것이 있다면, 하나님 아버지께서는 구하기 전에 미리 아시고 주실 것이다(마 6:7). 우리는 다만 이미 받은 것에 대한 감사를 드릴 뿐이며 또한 그 받은 것을 가지고 기쁘게 활용할 따름이다.

그럼에도 오늘날 한국교회의 수많은 교인들은 여전히 「주시옵소서, 타령」뿐이다. 이미 받은 것도 감당하지 못하고 있는 주제에 더 달라고 욕심만 부린다.

교회의 수준과 성향이란, 그 교회를 구성하는 신자 개개인의 질에 의해 결정된다. 오늘의 한국 교회가 개혁이 요청되는 원천적 요인은 성숙되지 못한 기도를 무차별적으로 쏟아대는 신자들 각자에게 있는 것이다.

그러므로 기도를 바꾸자, 기도의 제목을 「주시옵소서」에서 「받으옵소서」로 변화를 주자, 그리하면 마음이 달라지고, 생활이 달라지고, 그리스도의 인격이 변화되면서 한국 교회 역시 변화될 것이다.

6. 집회의 위기는 교회의 위기

◇ 해마다 명절이 오면

설날이든 추석이든 해마다 명절이 되면 평소에 비해 썰렁해지는 곳이 있는데 그곳은 다름 아닌 기독교회의 예배당이다. 지난 추석에도 예외는 아니어서 「아무리 명절이래도 그렇지, 우리 기독 신자들이 이래서야 되겠는가」하는 의구심을 갖지 않을 수가 없었다. 목요일부터 주일까지(9월 26일~29) 이어졌던 추석연휴는 도시 곳곳의 예배에 많은 차질을 빚고 말았다.

우선은 연휴전날의 수요일 저녁예배의 집회율이 여느 때보다 현저히 떨어졌다. 다수의 교우들이 고향길을 일찍이 서둘렀기 때문이었다. 다음으로는 구역예배와 금요심야기도회마저 생략된 교회들이 태반이나 넘었을 것이라고 짐작이 된다. 그리고 연휴끝날인 주일예배 역시 앞서와는 반대로 각자의 집으로 돌아오기에 바빠서 그만 본의는 아니었으면서 빼먹고 말았다.

그러나 우리는 그리스도인의 솔직한 양심으로 묻게 된다. 「우리의 성도들이 하나님께 예배해야 하는 마땅한 본분이 과연 명절이라는 이유 때문에 유기(遺棄)시켜도 되는 것인가」 여기에 대한 답변은 당연히 「아니요」가 맞다.

예를 들어 도시 교회가 교우들이 고향을 향했기에 썰렁했다면, 그대신 시골이나 지방의 교회는 후끈했어야지 않겠는가. 그러나 도시 교회의 수많은 교우들이 고향을 찾은 것은 사실이었지만 고향교회 역시, 썰렁하기는 예전이나 다를바 없었다고 한다.

그렇다면 그 많은 교우들은 다 어디로 간 것일까. 적당한 핑계야 있겠지만 각자의 양심으로는 떳떳하지 못한 것이 보다 솔직한 심정이다.

아무리 교통체증을 빙자한다 해도 조금만 더 일찍 서둘든지, 아니면 조금만 더 늦추든지, 하였다면 하나님께 예배하는 성전이 그처럼 허허롭진 않았을 것이다.

◇ 모이기를 폐하는 자들

안 그래도 한국 교회는 지금 집회의 위기를 맞고 있는 터이다. 그것도 초대교회와 오늘날 중국의 가정교회나 북한의 지하교회(확신하긴 어려우나 존재하고 있다는 정보도 전해진 바 있음을 참조)처럼 세상의 박해를 받음으로 말미암음이 아니라는데 염치가 없다. 말하자면 한국 교회 스스로가 악하고 게을러진 까닭에 집회의 위기를 맞고 있다는 사실이다.

이미 대도시와 중소도시의 교회를 대부분은 주일저녁예배를 드리지 않고 있다. 그들은 시간을 앞당겨서(오후 2~3시부터 4~5시) 드리는 것뿐이지, 저녁예배를 안드리는 것은 아니라고 변명을 한다. 하지만 어쨌든 간에 주일 저녁 예배가 폐지된 것만은 사실이다.

이런 교회는 그래도 양호한 편에 속한다. 신자들로 하여금 주일에 두 차례의 예배를 드릴 수 있도록 배려하니 말이다. 다부제 예배를 자랑하는 대형교회의 경우 사실상 모이기를 폐하는 일에 앞장선 결과를 낳았다. 그들의 예배 시간 게시판은 새벽기도회를 1부예배로 하여 저녁찬양예배를 7~8부예배, 혹은 9~10부 예배로 하여 주일 하루 중 단 한 번만 예배에 참석만 하면 소위 주일성수를 했다고 간주하는 것이다.

한 가지 실례는 예배당 가까운 곳에 살고 있던 어느 여집사가 이사를 했다. 애석하게도 자신이 몸담아 왔던 교회와는 거리가 너무나도 멀었다. 두어 달 다니던 끝에 그녀는 담임목사에게 자신의 뜻을 알리고 집 가까이에 있는 같은 교단의 교회로 옮기고자 하였다.

「새벽기도도 그렇고 주일낮예배만 겨우 참석하고 마니, 저의 신앙이 말이 아닌 것 같습니다. 아무래도 가까운 교회로 나가야 되겠습니다. 목사님 섭섭하지만 그리 알고 허락해 주십시오.」

그러나 그 담임목사의 반대는 단호하였다.

「o집사, 무슨 소리를 하는거야. 아무리 멀어도 본교회로 나와야지. 일주일에 한 번씩 주일낮예배만 나와도 잘하는 신앙생활이야. 십일조만 잘내면 집사의 자격도 충분하니 말이야. o집사가 다른 교회로 가면 내 마음은 너무나 섭섭해. 주의 종의 마음을 아프게 하면 어떻게 되는 줄 알지? 괜히 저주받을 생각 말고 무슨 일이 있어도 이 교회를 떠나면 안돼! 알았지?」

물론, 한 사람의 신자에 대한 그 같은 애착은 어떤면에서는 감읍할 일이다. 그러나 신앙생활을 더 잘하겠다고 하는 신자의 뜻을 그렇게 일방적으로 몰아붙여서는 안될 일이다. 더구나 이단으로 가는 것도 아니고 같은 교단으로 옮긴다는 데도 그처럼 붙잡아서 「주일 한 번 신자」로 만들어서야 되겠는가?

◇ 비상시도 평상시처럼

이제와서 생각하면, 우리 한국 교회는 「처음 사랑」을 상실한 것이 분명하다. 불과 십수년 전만해도 모이기를 힘써왔던 교회가 아니었던가? 주일 낮예배는 물론, 주일밤예배와 삼일밤예배까지, 그리고 구역(속회) 예배며 새벽기도회까지 세계적인 열심이었잖은가?

하지만 그때라고 해서 예배에 불참하는 신자들이 없었던 것은 아니다. 그때에도 그런 신자들은 적지 않았다. 그러나 예배불참의 이유가 오늘날과는 달랐다. 그때에는 정말 부득이한 사정으로 예배에 참석지 못하는 경우가 대부분이었다. 그러나 오늘날의 경우에는 놀러가는 것 아니면, 집안에서 멀쩡하게 텔레비전을 보고 있으면서도 예배에 불참한다는 데 심각함이 큰 것이다.

결국, 무엇을 말하려는 것인가? 오늘날 우리 한국교회는 하나님을 사랑하는 열정이 식어가고 있다는 슬픈 현실을 말하고자 하는 것이다. 그처럼 뜨거웠던 사랑이 요한계시록의 에베소교회처럼 싸늘하게 식어가고 있다는 말씀이다.

신앙이란 평상시엔 알 수 없는 것이 아닌가 싶다. 평상시에야 누구든지 잘 믿는 것 같아 보인다. 그러나 비상시에 처해 보자. 본색이 들어나는 법, 참과 거짓이 거기에서 드러난다.

아무리 추석 아니라, 그 이상의 명절이라도 우리 아버지, 하나님께 예배하는 주일(主日)만큼 큰 명절은 있을 수가 없는 것이다. 그럼에도 불구하고 금년 추석에 우리 한국교회와 그 성도들이 주일보다 세상 명절을 더 중히 여긴 나머지 하나님의 성전들이 평소보다 허허로웠음은 교회현존의 위기임에 틀림없다.

교회는 성도들의 모임으로 형성되는 예수 그리스도의 공동체, 집회 없이 교회는 없다. 그러므로 교회의 입장에서 「집회의 위기」는 곧 교회존립의 위기인 만큼, 어떤 일이 있어도 우리 그리스도인들은 모이기를 폐하지 말아야 한다.

7. 부끄러운 해외 입양, 교회가 막자

◇ 부끄러운 고아수출국 1위

국민소득(國民所得)이 일만 달러—식당에서 주문한 음식을 3분의 1은 먹고 3분의 2는 먹다 버리는 배부른 시절, 아직도 입을 만한 옷가지들이나 싫증이 났다거나 유행이 지났대서 입지 않고 버리는 호화로워진 세대, 가구와 가전제품을 새것으로 쉽사리 바꿔제끼는 첨단적으로 문명화된 백성들—라고 하는 시대에 여전히 고아를 세계로 수출하는 나라는 우리나라뿐이 아닐까? 언젠가 어느 신문에서 우리나라가 「고아수출국 1위」라는 기사를 읽은 기억이 난다. 아니, 지금와서는 1위가 아니라도 요즘처럼 여전히 아이들의 해외 입양(海外入養)이 성행되고 있다면 이는 국가적 수치, 국민적 수치가 아닐 수 없다.

더구나, 세계제일의 성장과 부흥을 자랑하는 기독교회가 엄연히 존재하는 시점에서 「버려진 아이들」의 부모가 되어줄 사람이 없어 외국인 양부모를 찾아 떠나게 하다니, 도대체 어떻게 자복하고 회개해야 마땅할런지, 부끄러움은 고사하고 극심한 죄책감(罪責感)이 앞선다. 과거 「6 · 25한국전쟁」 이후의 우리나라는 고아들을 해외로 입양시켜야 할 형편이었다. 그렇게 하는 것이 그 아이에게 있어서도 불행중 다행(不幸中多幸)이었기 때문이다. 그러나 지금은 형편이 달라졌다. 이제는 해외입양이 아닌, 국내입양이 가능할 정도로 국력신장(國力伸張)을 이룩했기 때문이다.

조금만 노력한다면, 우리나라는 우리보다 어려운 나라에서 고아들을 입양할 수도 있을 것이다. 우리보다 훨씬 못사는 나라와 민족이 얼마나 많은가? 그들의 아이들을 입양해야 할 형편에 있는 우리나라가 오히려, 우리 아이들을 해외에 입양시키다니! 이 무슨 「뻐꾸기 남의 둥지에 알낳기 꼴」인가? 진실을 말하자면, 우리나라는 벌써, 외국에서 고아들을 입양했어야 했다. 그아이들은 다른 누구가 아닌, 「라이 따이한」-월남전쟁 때 파병된 한국 군인들로 말미암아 출생된 월남여인의 아이들-이다. 그 아이들은 우리가 낳은 우리의 자식들인 것이다. 그러나 우리들은 「라이 따이한」을 공식적으로 입양하지 않았다. 벌써, 이삼 십년의 세월이 흘러 이제는 그 기회도 흘러가 버렸지만…

◇ 교회의 「어린이주일」 유감

어린이날인 지난 5일, 고아가 아니면서도, 사실은 미혼모(未婚母)로부터 버려진 장애아요, 미숙아인 네 명의 아이들이 양부모(養父母)가 기다리는 미국으로 떠났다. 시설기관에서는 국내입양을 주선해 보았으나, 예쁘지 않대서 거절당한 아이들이라고 했다. 그러나 미국의 부동산업을 하는 바인더부부, 회사원인 보헬부부, 대학교수인 웰키부부, 전기회사를 경영하는 클리우스부부 등은 그 아이들의 양부모로 나선 것이었다.-그들은 현재 미네소타에 거주하고 있는 독실한 크리스천들이라 했다-우리가 싫다고 팽개친 아이들을 그들은 영접하여 들인 것이다.

이렇듯 우리가 세계에 고아가 아닌 고아들을 수출(?) 하고 있는 이상, 우리나라는 국민소득이 몇천불 아닌, 몇만불, 몇억불이 된다 해도 우리는 여전히 세계의 부끄러운 민족이라는 오명(汚名)을 벗을 수는 없다. 바꿔 말해, 이렇듯 우리가 고아 아닌 고아들을 세계로 입양시키는 한, 한국교회는 천이백만이 아닌, 오천만 모두가 기독교인이라 할지라도, 「교회다운 교회」일 수가 없는 것이다. 그러면서도 우리들 교회는 오월 첫 주일을 어린이 주일이라 하여, 해마다 의미있게 보내려고 프로그램을 다양화하기에 심혈을 기울이고 있다. 그리고 설교의 주제도 「어린아이를 영접하는 것은 예수님을 영접하는 것」이라고 애써 전파한다.

그러면서도 교회는 「버려진 아이들」이 계속해서 버려지고 있는데도 그아이들 중 하나라고 거두어들이려는 구체적 결단과 행위가 부족했다. 물론, 교회는 그 동안 「버려진 아이들」을 위한 보호시설운영(保護施設運營)에 앞장서 온 것이 사실이다. 이점에 있어서 교회는 국가적으로나 사회적으로 칭찬받고 존경받을 만하다. 그러나 보호시설을 운영하는 것만으로는 안 된다. 그 아이들의 부모가 되어주는 일이 필요하다. 오늘날 한국교회의 어린이주일 실시는 재고(再考)되어야 한다. 개교회 안의 어린이들에게 꽃이나 달아주고, 선물이나 나누어 주는 것으로 끝나서는 안된다. 교회 밖의 「버려진 아이들」을 입양하는 운동을 일으키는 주일이 되었으면 한다.

◇ 우리 아이들, 두 번 버리지 말자

미혼모로부터 버려진 아이들, 또는 부모의 이혼으로 버려진 아이들을 해외입양이라는 국치행위(國恥行爲)로 두 번 버리는 일은 중단되어야 한다. 우리나라가, 또는 우리 교회가 가난하고 못산다면 몰라도, 걱정 않고 밥술께나 먹을 수 있는 처지라면, 그 아이들은 분명 우리가 맡아야 한다. 왜냐하면, 그 아이들은 우리의 자녀들이기 때문이다. 같은 민족이면서도 분단된 이북정부

(以北政府)는 아이들을 굶겨 죽이는 한이 있어도 아이들을 외국으로 입양보내다는 말은 못 들어 보았다. 그런데 그들보다 살림형편이 몇 십배나 낫다고 하는 우리 남한은 여전히 고아를 수출하는 꼴이라니… 이 어찌 말이라고 하겠는가!

내 자식을 내가 낳았으면 내가 기르는 일이 당연지사(當然之事)이거늘, 남의 집 대문 앞에 버리고, 심지어는 쓰레기통 속에 버리다니! 천벌(天罰)받을 노릇이 아닐 수 없다. 그러나 이를 어찌 개인윤리(個人倫理)의 문제로만 닦달하겠는가? 국가윤리(國家倫理)의 차원에서도 그 책임은 추궁되어야 한다. 아니, 그 보다는 교회윤리(敎會倫理)의 차원에서 추궁되어지는 책임은 더욱 준엄하다. 「아프리카」의 난민구호를 위해 「돈을 보내고 식량을 보낸다」고 나팔을 불고 있지만, 정작 국내에서는 버려진 아이들을 입양할 사람이 없어 국외로 입양시킨다니, 도대체 무슨 수작인지 알다가도 모를 노릇이다.

"누구든지 자기 친족, 특히 자기 가족을 돌아보지 아니하면 믿음을 배반한 자요, 불신자보다 더 악한 자니라"(딤전 5 : 8)고, 하였는데 우리 한국교회가 바로 그 장본인이 아닐까? 우리의 남매를 입양한 스위스의 양어머니는 두 아이를 훌륭하게 키우기 위해 자신의 직업인 변호사를 포기하였다고 한다. 또한, 미국의 흑인 할아버지는 현지에서 입양한 우리 한국의 아이를 정상적으로 양육하기 위해 자신의 양로원행을 포기하고 거리에서 궂은 일을 하며 온갖 고생을 다한다는 TV 방영이 있었다. 남의 나라 자식들을 데려다가 저토록 희생적으로 양육하고 있는데 우리는 무엇을 하고 있는가? 교회는 무엇을 하고 있는가? 버려지는 아이들-이제는 국내입양(國內入養)에 한국교회가 앞장서야 한다고 본다.

제4장

1. 사도신경, 절대적 신앙고백인가

◇ 정통과 이단의 잣대

꽤 오래 전의 체험담이다. 새로 부임한 교회에서 심방하는 도중에 생긴 일이었다. 내용인즉, 「이번에 새로운 목사는 이단이 아니냐?」 하는 소문이 들려온 것이었다. 깜짝 놀라서 진원을 알아보니, 심방중 예배를 드릴 때에 사도신경을 하지 않았대서 생겨난 소문이었다. 함께 심방을 다니시던 권사님 한분이 그 나름대로 수상쩍다는 생각에 「이단운운」을 하였던 것이었다.

이렇듯 한국교회는 예배순서(대표적으로 주일낮예배) 가운데 사도신경을 하지 않으면 이상하게 생각할 뿐만 아니라, 극단적으로는 이단이라고 생각하는 것이 고착화되어 있는 것 같다. 아닌게 아니라 이단 연구가로 유명했던 탁명환 씨는 「이단분별의 기준」의 첫 번째 기준을 「사도신경의 신앙고백 여부를 가지고 이단 여부를 판별할 수 있다」(기독교이단연구: 1990.11 국종연구소 p.75)고 주장했을 정도니까 말이다.

그러므로 대부분의 지역교회들은 사도신경을 당연한 신앙고백으로 하는 것은 물론, 이단이 아닌 정통교회임을 자인(自認)하는 뜻에서도 늘상 고백하여 오게 되었다.

그러나 사도신경을 제대로 이해하며 고백하는 신자들은 몇이나 될까? 그냥, 고백하자니까 밑도 끝도 없이 암송하는 신자들이 뜻밖에 많다는 사실에 매우 걱정스럽다(특히, 저리로서의 「저리」가 무슨 말인지도 모르는 교인이 많다. 참고로 「저리」란, 「거기로부터」라는 말이 옳다).

그리고 집회 중에 사도신경을 고백하지 않는다고 해서 여호와증인, 말일성도예수그리스도교회(몰몬교), 안식교, 통일교, 박태선천부교 등이 이단이라고 한다면, 사도신경을 고백하는 천주교회(로마가톨릭)는 무엇인가?

정통신앙을 가지고 있다 하는 개신교회 지도자들(목회자, 신학자) 가운데는 천주교회를 이단이라는 사람도 있고, 이단이 아니라는 사람도 있다. 그렇다면 천주교회는 무엇인가? 사도신경을 고백하니 이단이 아니라고 해야 할까? 아니면, 그럼에도 불구하고 이단이라고 해야 할까? 만일, 그렇다면 사도신경은 정통과 이단의 잣대, 곧 「이단분별의 기준」이 될 수 없는 것이다.

◇ 사도신경의 기원과 전승(傳承)

교리사적인 연구에 의할 것 같으면 사도신경의 기초가 될 만한 신앙고백이 2세기 초부터 존재하였다고 한다. 그러나 오늘날 우리 교회들이 고백하고 있는 사도신경의 모체(母體)가 된 것은 5세기경의 「로마교회신조」라는 것이다. 그러다가 8세기 무렵에 로마교회를 비롯한 서방의 여러 교회들이 사용하는 신조들을 지금의 사도신경과 같은 내용으로 사용하기 시작했다고 한다.

이와 같은 고대교회의 전승을 「티란니우스 루피누스」라는 사람은 사도신경의 사도적인 근원을 다음과 같이 증명하고자 하였다. 12사도들이 성령강림 이후 온 세상을 향하여 '선교하고자 결단했을 때' 그들은 선교를 위한 하나의 신앙규범을 공동으로 일치시킨 것이 오늘의 사도신경의 내용이라고 밝혔다.

첫째로, 베드로가 말했다. 「나는 전능하신 천지의 창조자 하나님 아버지를 믿는다.」

안드레는 말했다. 「예수 그리스도, 하나님의 아들, 우리의 유일한 주를 믿는다.」

계속해서 야보고가 「그는 성령으로 잉태되었고, 동정녀 마리아에게서 태어나셨다.」

요한은 「본디오 빌라도에게 고난을 당하시어 십자가에 죽으셨고, 죽어 장사지냈다.」

도마는 「그는 지옥으로 내려가 삼일만에 죽은 자들 가운데서 부활하셨다.」

다른 야고보는 「하늘에 오르셔서 선한 하나님의 오른편에 앉으셨다.」

빌립은 「그곳에서 그는 살아 있는 사람들과 죽은 자들을 심판하려 오신다.」

마태는 「거룩한 교회와 성도들의 교제를 믿는다.」

다대오는 「육신의 부활을 믿는다.」

마지막으로 맛디아가 말했다. 「영원한 삶을 믿는다.」

이렇게 하여 사도신경이 만들어졌다는 것이다.

그러나 동방교회(희랍정교회의 원조)는 예나 지금이나 사도신경을 공식적인 신앙고백으로 채택하지 않았다고 한다. 이는 내용상의 문제가 없지 않았기 때문이다. 예를 들면, 도마가 말했다고 하는 「그는 지옥으로 내려가 삼일만에…」와 같은 내용은 많은 문제를 야기시키는 까닭이다.

그대신 동방교회가 함께 전통성을 인정하는 「니케아신조」(325년)를 신앙고백으로 사용하여 왔다고 한다. 그렇다고 희랍정교회가 이단인가? 다른 무엇 때문이 아닌, 오직 사도신경을 신앙고백으로 하지 않는다는 이유만으로 말이다.

◇ 사도신경을 절대화하지 말자

예배시간에 사도신경을 신앙고백으로 하지 않는다고 해서 이단이 되는 것은 결코 아니다. 더구나 「오직 성경」을 근간으로 하는 신앙을 주장하는 개신교회의 입장에서는 더욱 그러하다. 왜냐하면, 사도신경이란 문자적으로 성경에 기록되어 있는 것이 아니기 때문이다. 그러므로 우리는 예배드릴 때 사도신경으로 고백하지 않아도 아무 잘못이 없다. 또는 희랍정교회처럼 「니케아신조」를 신앙고백으로 한다 해도 이단이 되는 것이 아니다.

개인적인 느낌이기는 하지만, 사도신경을 외울 때마다 늘 불만스러운 내용의 한 부분이 있는데 그것은 「본디오 빌라도에게 고난을 받으사」라는 구절이다. 거룩한 신앙고백의 순간마다 「본디오 빌라도」의 이름을 언급하게 되는 것이 늘 찜찜하게 생각되는 것이다. 보다 중요한 것은 「본디오 빌라도에게 고난을 받으사」라기 보다는 「내 죄를 인하여서 고난을 받으사」가 아니겠는가? 그런데 왜 우리는 언제나 「본디오 빌라도」의 핑계를 대는 것인가? 라는 만족스럽지 못하다는 생각이 든다.

그리고 스스로 공교회(共敎會)를 탈퇴하여 독립교회(아무 교단에도 속하지 않은) 사실상의 사교회(私敎會)를 이루고 있는 어느 교회들이 사도신경을 신앙으로 고백하는 것을 보면, 참으로 웃긴다. 사도신경 안에는 분명 「거룩한 공회(公會)와 성도가 서로 교통(交通)하는 것」을 믿는다고 하건만은 실상은 탈퇴하여 자기들 멋대로 신앙생활을 하고 있기 때문이다 (대표적 개교회로는 서울의 H교회의 경우이다).

그럼에도 불구하고 사도신경은 분명, 기독교회의 중요한 교리임에 틀림없다. 그렇다고 해서 그것이 절대적인 것은 아니다. 사도신경을 고백한다고 해서 정통이고, 고백하지 않는다고 해서 이단이 되는 것은 아니다. 사도신경을 고백하면서도 이단일 수가 있고, 사도신경을 고백하지 않고서도 정통일 수가 있다. 문제는 그렇게 고백하는 것이 입술만이 아닌, 진정한 마음의 신앙고백이냐는 것이며, 나아가 그대로 살고있느냐는 것이다.

2. 이단(異端)에 對한 小考

◇ 이단의 의미

여호와 하나님께서 혼미케 하는 영을 내리셨는가? 짧은 역사의 우리 한국 교회가 이단 교파들과 종파들로 끊임없이 어지럽기 때문인 까닭이다. 뚜렷한 신학적 소양을 가졌거나 확고한 교리적 신념을 가진 사람들은 괜찮겠지만 순진한 양무리와 같은 신자들은 치명적 피해를 입을 위험이 너무나 커서 걱정이다. 심지어 일부 목회자들 가운데는 「이단의 의미」조차도 정확히 알지 못하고 있을 뿐만 아니라, 대부분의 평신도들은 더욱 모르고 있다(본보 103호: 개신교문제연구소)하니, 이는 매우 위험천만한 일이다.

도대체 이단이 무엇인가? 먼저 우리말 사전을 보면 다음과 같다.

① 자기가 따르는 이외의 도(道) ② 전통이나 권위에 반항하는 주장이나 이론 ③ 정통으로 인정되지 않는 교의나 교파 ④ 유교에서 다른 사상, 곧 제자백가를 일컫는 말 ⑤ 불교에서는 외도(外道)라고 한다.

다음으로 한자(漢字)를 분해해 보면, 이단(異端)-다를 異, 끝 端-이니, 이단이란 처음이나 시작은 그런대로 같았으나 나중과 끝은 전혀 다른 것을 의미하고 있다.

그러나 가장 중요한 것은 성경이 이단을 어떻게 말하고 있느냐이다. 신약성경에서 이단이란 용어는 「하이레인」(선택하다)인데, 다른 의견을 취하는 것으로 풀이되는 말이다. 따라서 사도 바울은 갈라디아서 5장 20절에서 이 용어를 「하이레시스」, 곧 당파심으로 뜻하였는 바, 「종교적 공동체 안에서의 파벌(派閥) 및 당파(黨派)를 이루는 것」을 이단으로 가르쳤다.

다시 말해 이단이란, 종교적으로 고유의 전통과 권위를 부정하고 거부하는 교리와 신념을 나타내는 용어를 뜻했다는 것이다.

이와같이 우리말과 한자와 그리고 신약성경이 말하는 이단의 의미는 「정통으로 인정되지 않는 신조(信條), 출발은 비슷하나 지향하는 바 결말이 다른 교리, 그에 따라 분리와 분당을 형성하는 무리」를 뜻한다고 하겠다. 이로 보건대 이단의 가장 큰 문제점은 공동체를 파괴한다는 점이다. 신앙하는 바 서로의 생각이 달라도 성령의 하나되게 하신 것을 힘써 지켜야 할(엡 4:3) 성도들이 말이다.

◇ 정통과 이단의 문제

청교도의 영향을 받았음인가? 오늘날 한국 교회에서는 이단이라고 하면, 종교적 사형선고를 받는 것과 다름없기 때문이다. 결국, 이단으로 판결받은 사람은 이제껏 동고동락했던 자신의 공동체에서 발붙일 곳을 잃어 추방되고 만다. 그러나 문제는 거기에서부터 시작된다. 순순히 죽어주는 사람이 있는가 하면, 억울하다며 죽지 않는 사람도 있다. 거기다가 그를 동정하거나 그의 주장에 설득되어 추종하는 사람들로 인하여 집단이 형성될 때, 이단은 또 하나의 종교적 선택의 대상으로 사회 속에 뿌리를 내리는 것이다.

이 같은 현실을 목도하면서 아쉽게 느껴지는 것이 있다. 첫째로 자칭, 정통교회라고 하면서 이단을 규명하고 그 이단이란 것을 주장하거나 따르는 자들을 성급하게 판결하는 일 때문이다. 실례로 우리나라의 유수한 교단들이 이단을 규정하여 판단하는 일들을 보면, 매우 위법적(違法的)이다. 왜냐하면, 대부분이 피고 없는 판결인 까닭이다. 또한 피고가 변명 내지는 항소할 기회도 부여하지 않는 독재적 재판으로 끝내버린다. 이런 일은 그 악명 높은 「중세교회 종교재판」에서도 드문 일이었기에 어처구니가 없다.

둘째로 소위, 정통교회로부터 이단이라는 견제를 받은 당사자들의 독선적 태도 때문이다. 개인이든 교단이든 어느 누가 자기와 자기들에게 이단이라고 시비를 걸면, 무슨 순교자라도 되려는 양, 어찌 그리 투쟁적이 되는지... 「개는 짖어도 기차는 간다」는 식으로 교만을 추스르는 것이 정말 유감스럽다.

중요한 것은 대화(對話)이다. 타종교(他宗教)와도 대화하자는 마당에 같은 예수를 믿는다고 하면서 대화 못 할 일이 무엇인가? 백 가지 교리가 다 틀리다면 몰라도 그 중에서 얼마라도 같은 것이 있다면 대화는 언제든지 가능하지 않겠는가?

◇ 진정 무엇이 이단인가

새삼스럽지만 누가 과연 이단인가를 언급해보자.

예수님께서 「열매를 보아 그 나무를 알 수 있다」 하셨듯이, 이단이란 그 나타나는 것으로 쉽게 알 수 있다. 이름하여 이단은 오반적(五反的)이다. ① 반기독 ② 반성경 ③ 반교회 ④ 반윤리 ⑤반인격이란 말이다.

대표적 이단으로는 통일교가 그렇다. 통일교는 ① 반기독적(反基督的)이다. 문선명이 예수라고 주장하기 때문이다.

② 반성경적(反聖經的)이다. 성경 외의 「원리강론」을 경전으로 하기 때문이다.

③ 반교회적(反教會的)이다.

정통교회를 부정하기 때문이다.

④ 반윤리적(反倫理的)이다. 음행교리(피가름)를 실천했기 때문이다.

⑤ 반인격적(反人格的)이다. 교주의 지시에 따라 이혼 내지는 짝짓기를 하는 등 개인의 인격이 무시되기 때문이다.

이 어디 통일교뿐이랴? 여타의 교단이나 교파들도 이 다섯 가지 중 한 가지라도 걸려 있다면 이단 아니면 이단적(異端的)임이 틀림없다. 대개의 이단들이 거의가 다 그러하기 때문이다. 그렇다면 이미 이단이라고 알려진 집단들 외에 정통이라고 하는 기성 교단들 역시, 이단 아닌 교단이 어디 있을까? 「알버트 슈바이쳐」 박사는 이런 말을 남겼다.

「최대의 이단은 교의상(敎義上)의 이단에 있는 것이 아니다. 형제를 사랑하지 않는 것이 최대의 이단이다. 기적을 믿는다든가 안 믿는다든가, 삼위일체의 하나님이냐 일위(一位)의 하나님이냐, 이런 것이 중대한 문제가 아니다, 하나님은 곧 사랑이시다.」

내친김에 이런 제안을 하고 싶다. 스스로 정통이라고 하는 우리 자신들은 눈 밖의 이단을 가려내기 이전에 눈 안의 이단을 먼저 가려냈으면 한다(마 6:3~5).

「알버트 슈바이쳐」 박사의 말처럼 「하나님이 삼위일체냐」를 가지고 이단이니, 정통이니 따지기보다는 사랑이신 하나님의 자녀로서 「형제를 사랑하느냐, 사랑하지 않느냐」에 신앙의 중심을 세워보자는 것이다.

삼위일체를 믿노라면서도 예수님처럼 형제를 사랑하지 않는 것과 삼위일체는 못믿어도 예수님처럼 형제를 사랑한다면, 어느 쪽이 과연 정통이고 이단이겠는가? 자칭, 정통이라고 자부하는 우리들 한국 교회여, 하나되지 못하고 사랑하지 못하고 예수 닮지 못한 우리 안의 이단을 먼저 척결하여 나가자!

3. 「삼박자 구원」과 「요한삼서 2절」

◇ 성경의 잘못된 인용

참으로 이해 못할 일이다. 세상의 모든 이단이나 거짓 종교, 그리고 악한 사상의 대부분이 성경을 근간으로 하고 있다는 사실 때문이다. 심지어 유럽이나 미국의 팝(Pop)계를 사로잡고 있는 「사단종교들」마저 그 근거를 성경에 두고 있다고 하니 도무지 이해하기 어렵다.

어떻게 이런 일이 있을 수 있단 말인가? 하나님의 거룩하신 말씀이 어떻게 사단의 도구가 될 수 있단 말인가? 이래서야 어떻게 성경을 하나님의 말씀이라고 확신할 수 있단 말인가? 그러나 우리는 너무 어리둥절할 필요는 없다. 성경은 이미 이런 일을 밝히고 있는 까닭이다. 특히 예수님을 시험한 사단 역시 성경을 인용하였던 까닭이다.

「이에 마귀가 예수를 거룩한 성으로 데려다가 성전 꼭대기에 세우고 가로되 네가 만일 하나님의 아들이어든 뛰어내리라 기록하였으되 저가 너를 위하여 그 사자들을 명하시리니 저희가 손으로 너를 받들어 발이 돌에 부딪히지 않게 하였노라 하였느니라(마 4:5~6)

이와같이 사단은 예수님에게도 성경을 들고 와서 시험을 하였으니 오늘날 우리에게는 오죽하겠는가? 그러므로 우리는 어느 누가 성경을 인용한다고 해서 무조건 「아멘!」하면 안 된다. 사도행전에 나타나 있는 「베뢰아 사람들」

(17:11)처럼 「이것이 그러한가」하여 날마다 성경을 상고해야 한다.

　아무리 좋은 약(藥)이라도 바로 사용하지 않으면 독(毒)이 되는 법, 이는 성경도 마찬가지이다. 옳게 사용해야 뭇 영혼을 살리는 「생명의 양식」이 되는 것이지 잘못 사용했다가는 뭇 영혼을 죽이는 「사망의 양식」이 되는 것이다.

◇ 요한삼서의 주제는 무엇인가

　앞서 언급한 바, 하나님의 거룩하신 말씀인 성경이 오용되거나 악용되는 원인은 대부분 주제를 파악 못한 까닭이다. 이와 마찬가지로 오늘날 「삼박자 구원론」의 핵심구절이 되고 있는 「요한3서 2절」이 문제가 되는 것은 주제 파악을 잘못했기 때문이다. 원칙적으로 「영혼이 잘됨같이 범사에 잘 되고 강건하게 됨」이 나쁘다고 할 수는 없다. 또한 그렇게 되기를 믿고 바라는 일도 잘못된 일은 아니다. 문제는 그 「잘 되고 잘 되는 일」이 현세적(現世的)이라는데 있고 더 분명한 문제는 성경을 오용했다는 데 있다. 그렇다면 요한삼서는 무엇인가? 요한삼서는 우선, 사도 요한이 가이오라는 성도에게 보낸 편지이다. 그 내용은 (이상근: 신약주해 참조)

　(1)첫인사와 축복(1~4)

　(2)권면과 경계(5~12)

　① 전도자를 후대할 것(5~8)

　② 디오드레베에 대한 경계(6~10)

　③ 데메드리오의 추천(11~12)

　(3) 끝인사(13~15)로 분해된다. 그렇다면 가장 중요한 것으로써 주제는 무엇인가? 독자들이 읽어보면 아는 사실이지만 「형제를 사랑으로 대접하라」가

주제이다. 끝으로 핵심구절은 11절 상반의 「사랑하는 자여 악한 것을 본받지 말고 선한 것을 본받으라」는 말씀이 바로 그것이다. 이로 보건대 요한삼서 2절의 「사랑하는 자여 네 영혼이 잘됨같이 네가 범사에 잘 되고 강건하기를 내가 간구하노라」는 말씀은 주제도 아니요 핵심구절도 아니다. 다만 축복이요 기원일 따름이다. 요즘말로 하면 「날씨도 쌀쌀한데 건강하게 잘 지내라」는 정도의 인사말인 것이다. 그런데 이 한 구절을 가지고 「나는 모든 설교와 목회의 기초를 이 말씀의 터전 위에 두었다」(조용기「삼박자 구원」p. 18)는 것은 스스로 성경적 무지(聖經的無知)에 빠진 결과이다.

　삼박자 구원론이란, 나름대로는 그럴듯한 신학이라고 볼 수 있다. 하지만 요한삼서 2절을 성경적 근거로 삼았다는 것은 억지이다. 요한삼서 전체를 통하여 볼 때 그것은 핵심 구절이 아닌 지엽적인 말씀에 지나지 않는다. 성령께서 사도 요한을 통하여 강조하고 싶었던 내용은 소위, 삼박자 축복이 아니라 진리 안에서 행하는 것, 곧 악한 것을 본받지 말고 선한 것을 본받으라는 것이었다.

◇ 한국 교회의 성경적 무지

　건전한 신학자들이 늘 강조해온 말이지만, 성경을 볼 때에는 가지만 볼 것이 아니라 숲을 보아야 한다. 전체를 보지 않고 어느 부분만을 보고 그것이 전체인양 할 때 이단과 같은 무지에 빠지는 것이다.

　「나는 끝없는 눈물의 통곡 가운데 생명을 내어 놓고 부르짖었습니다. 많은 간구의 시간이 지나고 나자 하나님께서 나의 마음 속에 따사롭고 소망이 넘친 말씀을 심어 주셨습니다」 그것은 바로 「요한삼서 2절」에 기록된 「삼박자 구원의 말씀」입니다(조용기「삼박자 구원」p. 18; 이용섭 지음「목사님 정신차리소」재인용 p. 99).

이와 같은 체험이 한 사람의 주관적인 신앙으로 끝나는 것이라면 은혜스러운 간증이 될 수도 있다. 하지만 이와 같은 한 사람의 신앙체험을 전체화(全體化)시켜 신학화(神學化) 내지는 교리화(教理化) 시킬 때에는 문제가 될 수 밖에 없다. 왜냐하면 「요한삼서 2절」이 아무리 진한 감동을 준다 해도 그것이 요한삼서 전체를 대표하는 뜻은 아니기 때문이다. 분명히 짚고 넘어가야 할 것은 요한삼서에 나타난 저자(성령)의 의도는 삼박자 구원이 아니라는 사실이다.

다만 진리 안에서 행하는-악한 것을 본받지 아니하고 선한 것을 본받는 것-일을 독자에게 가르치고 있는 것이다. 그러므로 삼박자 구원론은-원인이야 어쨌든간에-요한삼서를 「주객전도」시킴으로써 성서파괴(聖書破壞)의 결과를 낳고 말았다.

한국 교회여! 성경적 무지에서 깨어나자. 무식한 자들과 굳세지 못한 자들이 「억지로 풀어대는」(벧후 3:16) 해석에 더 이상 미혹되지 말자. 억지로 푼다는 뜻은 「교묘하게」라는 말이기도 하지만, 원어에 의할 것 같으면 「비틀다」의 뜻이라고 한다. 이는 성경을 「아전인수격」으로 잘못 해석한다는 말이다.

「요한삼서 2절」을 「삼박자 구원론」의 근간으로 삼은 것은 그야말로 성경을 비틀어버린 무지임으로 다시는 거기에 대하여 「아멘!」 하지 말아야 한다.

4. 나만 잘 믿는다고 말자

◇ 그칠 줄 모르는 이단시비

기독교회가 탄생된 이래 2천여년 가까운 역사를 지내는 동안 이단 및 사이비에 관한 논쟁과 시비, 심지어는 재판까지 어제와 오늘 일이 아닌 것은 자명하다.

그러므로 최근 우리 나라 교계에서도 쉴 사이 없이 일어나는 이단 및 사이비에 관한 시비와 논쟁은 새삼스러운 일이 아니어서 차라리 염두에 둘 가치조차도 없어 보인다 하면서도 이 같은 사실에 대하여 재차 언급해 보려는 연유는 어디에 있는가.

그것은 오늘날 우리의 한국 교회가 당면한 과제는 진정 무엇인가를 분명히 하고 싶어서이다.

결론부터 얘기한다면 우리의 한국 교회는 이단이나 사이비의 문제로 소중한 정력과 아까운 자원을 소비할 때가 아니라는 사실이다.

그것은 어쩌면 어린 아이들의 철없는 싸움과 같은 유치한 일이 되는 까닭이다.

그리고 어느 개인이나 신앙의 집단에 대해서 이단이라 규정하고 사이비라고 단죄하는 것은 종교권력집단의 일방적인 횡포일 수도 있기 때문이다.

이처럼 어처구니 없는 일은 영적으로 문맹했던 중세적 교회의 일로 족하다.

굳이 이단과 사이비에 대한 시시비비를 가리고 싶다면 논쟁으로 말고 행쟁(行爭)으로 하자고 제안하고 싶다.

말꼬리를 붙잡는 일로 말고 행동으로 자라나는 열매로 그 시비를 가리자는 뜻이다.

이제까지 이단 및 사이비에 관한 문제가 논쟁으로 해결된 적이 몇 번이나 있었는가. 결국은 분열된 사실밖에 없었던 것이 교회사의 증거일 따름이다.

논쟁으로는 승부가 나지 않는다. 설령 승부가 난다 해도 패배했다 싶은 쪽은 죽어도 승복하질 않는다.

그 결과로 나타난 교단이 김재준 목사의 기장교단이요, 김기동 목사의 페뢰아 연합교단, 나운몽 장로의 오순절 성결교단이며, 이재록 목사의 연합성결교단이다.

이들의 공통점은 자신이 속한 교단에서 이단 또는 이단성향으로 경고나 주의, 더 나아가 단죄를 받음에 대하여 불복하고 떨어져 나와 교단을 세웠다는 점이다. 그러므로 논쟁으론 안 된다.

◇ 절실한 것은 말이 아니고 행동이다.

이 시대에 우리의 한국교회에서 요구되는 것은 말이 아니고 행동이다.

말을 잘 한다는 것은 이미 안 믿는 사람들에게까지도 인정받은지 오래잖은가? 그러나 행동으로는 아직도 인정을 받지 못하고 있는 것이 우리의 현실이다.

실례로 우리 기독교회가 타종교에 대하여 미신이다. 우상숭배라고 혹독하게 비판하고 공격해 왔고 지금도 계속하고 있는 경향이 없지 않다. 물론 성서적으로 백 번 옳은 말이기는 하다.

그런데 우리 기독교회가 그들 종교보다 더 나은 행동이 무엇인가. 별로 나은 것이 없지 않은가. 오히려 어떤 부분에서는 더욱 못하지 않는가.

또한 일종의 내분으로써 똑같이 예수님을 믿노라는 우리끼리도 「너는 이단이다, 너는 사이비이다」라고 비판하지만, 그러면 이단이 아니고 사이비가 아닌 우리는 그들보다—말은 옳았는지는 몰라도— 더 나은 행실이 무엇인가.

물론 보다 나은 점이 없지 않아 다행일 수 있겠지만 어떤 면에서는 더 나은 점은 없고, 심지어는 더 나쁜 점이 있지 않은가.

이제는 말로써 진부를 가르고 승패를 나누는 때는 벌써 지났다.

행동으로 가르고 나눌 때가 된 것이다.

네가 옳으냐, 내가 옳으냐, 온갖 지식과 학문을 동원하여 따져봤자 결국은 골만 깊어지고 담만 높아지는 까닭에 아무런 유익이 없다.

예수님께서 「이러므로 그의 열매로 그들을 알리라」(마 7:20) 하신 말씀대로 참되고도 올바른 신앙인지, 아닌지는 그자라는 행실로 알 수 있을 뿐이다.

아이러니컬하게도 우리나라의 교계는 정통교단으로부터 이단이라고 정죄받은 사람들은 실제적으로 죄범한 형제를 용서하라는 그리스도의 사랑을 실천하는데 소위, 정통신앙을 가졌다고 하는 사람들은 범죄한 형제에 대하여 그리스도의 사랑으로 감싸기 보다는 모든 인권을 박탈함으로써 「이것이 하나님의 기뻐하시는 뜻이다」라고 심판해 버리는 경향이 없지 않다.

같이 한번 물어보자. 이런 것이 과연 정통신앙인가.

◈ 깨뜨려 버려야 할 신앙의 독선

기도원에 가서 어느 강사가 포효하는 소리를 듣건, 복잡한 도시 속의 네거리에서 노방전도를 하는 외침을 듣건, 목회세미나에서 확신에 찬 강의 듣건, 한결같이 자기만 잘 믿고 그 말을 듣는 사람들은 모두 잘못 믿는 것처럼 매도하는 느낌을 받는다.

잘 믿는다는 데에야 무슨 유감이 있겠는가. 본받을 만한 좋은 일이 아니겠는가. 그런데 문제는 자기만 잘 믿는다고 독선을 부리는 데 있다.

우리 시대에 이단이 되는 것은 달리 되는 것이 아니다. 다른 사람들의 믿음은 다 틀리고 자기만 옳다고 할 때에 이단이 되는 것 같다. 특히 여호와증인과 같은 사이비교단들이 그렇지 않은가. 그리고 요사이 끊임없는 이단 시비에 말려들고 있는 유광수 씨도 그런 맥락에 서 있는 까닭이 아니겠는가. 뿐만 아니라 구원과 계열의 박옥수(죄사함 거듭남의 비밀의 저자) 씨, 4단계 회개를 주장하는 박무수 씨 등도 시비거리가 되는 것은 자기만 잘 믿는다고 하기 때문이다.

자기만 잘 믿는다는 뜻은 무엇인가. 이를 뒤집어 말하면 남은 다 잘못 믿는다는 뜻이 아닌가. 세상에 잘 믿는 이가 어디에 있겠는가. 모두가 실수투성이인 인간인 주제에! 우리 모두 이런 생각을 챙겨두자. 아무리 잘 믿는 사람일지라도 어딘가는 잘못 믿는 구석이 있는 것이고, 아무리 잘못 믿는 사람일지라도 어디인가는 잘 믿는 구석이 있게 마련이다.

이 같은 사실 앞에서 겸허할 것이며, 잘못 믿는 상대방일지라도 잘 믿는 부분이 있을 터인즉 그 점을 존중해주며 피차 보완한다면 오늘날 우리의 한국교회는 서로 물고 뜯는 진부한 일이 사라질 것이라고 확신하는 바이다. (하고보니 이 글 역시 나만 잘 믿는다고 떠든 것이 아닌가 싶어 염려스럽다. 그러나 존경하는 독자제위께서는 필자의 심정을 이해하시리라고 믿는다.)

5. 다종교시대와 한국 교회

◇ 기독교는 종교인가

　땅 위에 현존하는 기독교회는 종교인가? 종교가 아닌가? 여기에 대하여 종교 일반의 견해는 기독교회도 분명히 종교라고 한다. 그러나 기독교회 자체는 생각을 달리하고 있다.

　첫째로, 교회는 종교가 아니라는 주장이다. 종교란 「초인간적 내지는 초자연적인 존재와 그 힘에 대해 인간들이 경외, 존중, 신앙하는 일의 총체적 체제」로서 「제도적 조직체」를 말함인데, 교회는 제도적 조직체가 아니라는 뜻이다. 교회는 「유기적 조직체」이다. 교회가 만일, 제도적 조직체, 곧 종교화되었다면 그것은 교회가 타락했기 때문이라고 한다.

　둘째로, 기독교회를 정녕, 종교라고 할진대 불교와 유교는 종교가 아니라는 견해이다. 이른바 세계의 4대 종교로서 「불교, 유교, 이슬람교, 기독교」 중, 이슬람교와 기독교는 종교라 하겠지만, 불교와 유교는 종교라고 할 수가 없는 집단이다. 오히려, 종교라기보다는 불교는 철학단체요, 유교는 윤리단체라고 일컬음이 지당하다. 왜냐하면 거기에는 하나님도, 구속자도 없기 때문이다. 불교의 부처님은 하나님이 아니요, 깨달은 자기자신이다. 유교의 제사를 받는 신도 하나님이 아니요, 죽은 조상의 귀신으로서 인간일 따름이다.

　비교적 장황하게 늘어 놓았지만, 요점은 다른게 아니다. 기독교회는 불교와 유교와는 다르다는 사실이다. 만일, 그렇지 않다면 기독교회는 존재할 필요조차도 없다. 이 땅에는 이미, 수백 년 전부터 같은 의미에서의 종교가 존재해왔지 않았는가?

종교란, 다 같은 것이다(요즘 어떤 종교인들이 주장하는 것처럼)라고 할진대 굳이 또 하나의 종교를 수입할 까닭이 무엇이겠는가 백화점 하나만 있어도 적당한 지역에 둘, 셋씩 세워서 장사를 그르치듯 할 필요가 뭐 있겠는가? 그럼에도 불구하고 이 땅에 기독교회가 존재할 필요가 절실한 것은 오직, 기독교회만이 참된 종교로써 인간을 구원하는 복음을 전파하기 때문인 것이다.

◇ 세속속의 종교적 현실

그러나 이 같은 주장은 우리의 주장일 뿐, 우리의 교회가 발붙이고 있는 세상은 그렇게 보아주질 않는다. 종교일반(기독교도 불교나 유교나 마찬가지)의 시선으로 보고 있다는 사실이다. 우리는 이 사실을 솔직히 시인해야 한다.

내용적으로야 우리 기독교회의 절대성을 확신하는 바지만, 그 사실을 세상에 온전히 나타내어 그들의 인식을 변혁시키기 전까지는 동일 선상에 놓여있음을 인정해야 한다는 뜻이다. 바로 여기에서 우리 기독교회는 「다종교시대」에 현존하고 있다는 논거를 갖게 되는 것이다.

다종교시대에 있어서 종교와 종교 사이에는 두 가지 가능성을 생각할 수 있다. 하나는 조화요, 다른 하나는 반목이다. 불교는 교리적으로 종교 간의 조화를 설법하지만 실제로는 반목과 경쟁(특히 기독교회에 대하여)이다. 유교는 불교에 대해서는 어느 정도 조화적이지만, 제사문제로 인하여 기독교회에 대해서는 반목적이다.

그러면 우리 기독교회는 어떠한가? 기독교회는 타종교에 대하여 반목적이다. 교리가 그렇고, 전통이 그랬다. 하나님 외에 다른 신을 숭배하는 미신과 이교에 대하여 타협을 불허하는 것이 기독교회의 핵심적 진실이다.

또한 여러 소리를 늘어 놓았지만, 종교의 고상한 진리 운운하는 것은 차치하고 현실은 종교 간의 경쟁하는 시대요, 좀더 심하게는 대립과 영적 싸움의 치열한 시대임이 분명하다. 이 싸움의 승패여하에 따라 객관적 입장의 수많은 영혼들은 기독교회의 전파하는 복음을 믿어 구원에 이를 것이고, 불교와 유교의 설파하는 교리를 믿어 불교의 어느 중이 열반에 올랐다면서 음산한 장작불에 태워지듯이 지옥불에 사라질 것이다. 이렇듯 생사의 기로에 있는 수많은 심령에 대하여 구원의 사명을 부여받은 기독교회는 이제 어찌해야 되겠는가?

◇ 변화되어야 할 전도방법

가장 절실한 것은 두말할 나위도 없이 전도하는 일이다. 이를 위해 교회는 전도지를 배부하고, 초청잔치를 벌이며 전도자들 훈련시켜 복음을 전파하는 일이 중요하다. 이 방법은 주님께서 재림하실 때까지 계속할 만한 일이다. 그러나 오늘날 가장 시급한 전도방법은 이런 것들 이상의 것이 요청된다. 즉, 기독교회가 기독교회다워지고, 기독교인이 기독교인다워져서 각각, 다웁게 행동하고 살아가야 한다는 것이다.

이제 전도의 구조는 달라져야 한다. 예수님을 믿으면 복을 받고, 병낫고, 문제가 해결되고, 영생을 얻고, 천국엘 가고, 하는 등등의 지극히 개인적인 전도 구호에는 식상해가고 있는 까닭이다. 예수님을 믿으면 구원을 얻어 「이런 복을 받는다」가 아니라, 예수님을 믿으면 구원을 얻고 「이렇게 산다」는 구호로 바꿔져야 한다. 지금이 어느 때인데 보리고개 넘던 시절의 얘기만 하고 있는가?

우리가 믿는 기독교회의 신앙이 절대적으로 참된 것이라 할진대 불교와 유교를 신봉하는 이들보다 「그 믿는 바의 실천적 삶」이 월등히 탁월함을 어둠 속의 빛처럼 드러내어야 한다.

과연, 그리스도인으로서 이기적이지 말고, 분쟁적이지 말고, 세속적이지 말고, 탐욕적이지 말고, 배타적이지 말고, 사치와 향락적이지 말고, 회색적이지 말고, 냉소적이지 말고, 무관심적이지 말고, 핑계적이지 말고, 무사안일적이지 말고, 폭력적이지 말고, 위선적이지 말아야 한다. 종교 간에 벌어지고 있는 치열한 영적 싸움의 승부는 이론의 우열에서 판가름 나는 것이 아니다.

그렇다면 불교가 가장 우세할 것이 뻔하다. 불교의 교리가 그 얼마나 논리적이고 합리적인가. 그에 비해 기독교는 그 얼마나 비논리적이고 비합리적인가. 중요한 것은 교리의 실천과 신자의 삶이다.

오늘날 한국교회의 성장과 발전의 관건, 아니 그리스도 예수님의 부여하신 바 귀한 사명의 성공적 수행은 그리스도인 한 사람 한 사람이 부패하는 세상에서 녹아지는 소금이 되느냐에 있으며, 지상에 세워 주님의 몸된 지 교회들이 죄로 어둔 세상에 진리와 생명이신 그리스도의 빛을 발하느냐에 있는 것이다. 보라, 지금은 지식과 이론의 시대가 아니요, 사랑과 실천의 시대로다.

6. 불교를 어떻게 볼 것인가

◇ 최근, 급부상된 불교적 관심

작년, 성철 중의 타계 이후부터인가 최근 우리나라의 정황은 불교계에 대한 관심이 상당히 고조되어 있음을 느끼게 한다. 전 국민적 관심사로 급부상되었다고 할까? 뭐 그렇다고 해서 전 국민이 호감을 가지고 불교에 귀의(歸依)하려는 뜻을 가지고 있다는 것은 아니다. 물론, 그 관심의 일부는 호감에서 비롯한 것이기도 하겠으나, 더 많은 관심은 한국 최대의 종교임을 자처하는 불교가 일으킨 정치와 사회에 연루된 물의 때문이라 하겠다. 이에 때가 때인 것으로 석가탄신일과 맞물려 그 분위기는 높아질 수밖에 없었다.

어느 「시사주간지」에서는 현정부(現政府)가 마찰을 빚고 있는 불교계에 대하여 「돌아 앉은 불심」이라고 표현하였다. 그에 따라 현정부는 그 돌아앉은 불심을 다시 돌아앉히기 위해 고심하고 있다는 평론이었다. 하고 보니, 그동안 불심(佛心)은 물심(物心)과 정심(政心)에 너무 깊이 빠졌었던 모양이다. 그 대표적인 사실이 국고금(國庫金)을 끌어가 수십억만원이 넘는 불상(佛像)을 공공연하게 세운 일이다. 불교가 한국의 국교가 아닌 현실에서 어찌, 이런 일이 있을 수 있겠는가? 그러나 불심은 그렇게 타락됐던 것이다.

그런데도 불교에 대한 일반인들의 관심은 지대하다. 우선 기독서점이 아닌, 일반서점을 둘러보면, 특정 종교의 진열대가 아닌, 일반진열대에는 불교의 중들이 쓴 책들이 범람(汎濫)하고 있다. 시(詩)에서 수필과 산문, 그리고 소설까지, 몇몇 중들은 이미 베스트셀러 작가로 유명하다. 대중들은 왜, 중들의 글을 선호하는 것일까? 하는 의구심을 가지면서도 기독인(基督人)인 나로서는 솔직히 부럽기도 하다. 왜, 우리 목사님들은 중들 못지않은 베스트셀러를 펑펑 펴내지 못하는 것일까? 내는 것이라고는 겨우 설교집 몇 권이라니-한정된 독자뿐이다.

◇ 불교를 어떻게 인정하란 말인가

지난번, 석가탄신일에 즈음하여 곳곳에는 「부처님 오신 날」이라는 현수막이 걸리어 나붙기 시작했다. 그런데 어느 곳에서 누구의 소행이었는지 모르지만, 그 현수막을 찢거나 먹칠을 했다고 하여 뜻있는 언론인이 그의 사설문에서 개탄을 하였다. 그는 이 일이 짐짓, 타종교인-불교 아닌, 다른 종교-의 소행으로 일관지어 논술하였는데, 자격지심인지 모르겠으나 기독교회를 염두에 둔 듯하여 뒷맛이 씁쓸했던게 사실이었다. 그의 논조 중에 "…우리 종교만이 지고지선(至高至善)이라고 믿는 확신은 자칫 배타적이고 공격적인 형태를 유발하기 쉽기 때문에…"라는 내용은 사뭇 반론(反論)을 생각케 한다.

기독교회의 입장에서의 신앙이란, 절대신(絶對神)을 신봉하는 절대신앙(絶對信仰)이기에 지고지선(至高至善)의 신앙이 아닐 수 없다. 이로 인하여 그리스도인은 그 신앙에 있어서 독선적(獨善的)일 수밖에 없다. 「참되고 유일하신 하나님을 믿는 내 신앙이 좋은 만큼, 우상을 숭배하는 네 신앙도 좋다」는 식의 종교관(宗敎觀)이 그리스도인에게는 용납될 수가 없는 것이다. 그렇다면 왜 우리는 타종교로부터 개종(改宗)한 것이며, 자신의 믿는 바의 신앙으로 인한 불이익과 순교를 각오한단 말인가!

그러기에 기독교회와 그 신자들은 타종교와 그 신앙에 대해서 배타적인 것이다. 비(非)그리스도인들은 이해 못하겠지만, 그리스도인들의 입장에서는 그것이 정상적이기 때문이다. 만일 불교의 중이 주리고 있다면 우리는 그에게 먹을 것을 줄 것이다. 만일, 불교의 중이 나그네로 있다면 우리는 그를 영접하여 들일 것이다. 만일, 불교의 중이 병들어 앓고 있다면 우리는 돌아볼 것이다. 만일, 불교의 중이 옥에 갇혀 있다면 우리는 그를 찾아볼 것이다. 그러나 우리는 그들의 우상숭배(偶像崇拜)하는 일에는 함께하지 않을 것이며, 적극적으로 그들에게 우리의 신앙을 갖도록 권유할 것이다.

◇ 불교는 적대자가 아닌, 선교의 대상

소위, 불자(佛子)들은 적대할 대상이 아니다. 오히려, 사랑으로 선교해야 할 대상들인 것이다. 우리 그리스도인들 중에 어느 누가 「부처님 오신 날」이라는 현수막을 찢어 대거나 먹칠을 한다거나 또는 불상(佛像)에다가 빨간 페인트로 십자가(十字架)를 그려 넣는다고 해서 신앙생활을 용감하게 하는 것으로 알고 있는 이가 있다면 그런 사람들은 참으로 지혜롭지 못하다. 물론, 그의 충정은 이해할 만하다. 그러나 그것은 어리석은 행위에 지나지 않는다. 왜냐하면 그 같은 일은 전도를 하는 것이 아니라 전도의 문을 막는 일이기 때문이다.

좀더 성숙한 자세로 그들을 대면할 수 없을까? 그렇다고 해서 「타종교 간의 대화」니 「종교 간의 공존」이니, 하는 시도는 무의미하다. 자칫 혼합주의(混合主義)의 영적 간음을 유발하기 때문이다. 문제는 덕으로 나타나는 행동이다. 기독교회가 정녕, 타종교들보다 절대적 우위에 있는 종교일진대 타종교가 감히 흉내도 낼 수 없는 절대적인 사랑의 실천이 앞서야 하는 것이다. 그렇지 못하고 자기 자신마저도 추스르지 못하는 기독교회라면, 타종교가 우상종교라고 나무랄 처지가 못되는 것이다.

불교에서는 석가탄신일을 기념하여 연례행사로 치뤄지는 연등행렬이 있다. 금년에도 이 행사는 어김없이 치러졌으나 예년에 비해 그 길이가 짧아졌다는 평판이었다. 뿐만 아니라, 절을 찾은 사람들도 그 숫자가 훨씬 줄었다는 것이다. 까닭인즉 근자에 일어났던 조계사에서의 종권투쟁(宗權鬪爭) 때문이다. 그로인해, 많은 사람들의 마음이 멀어졌던 것이다. 그러므로 우리는 불교의 어떠한 분위기에 근심할 필요가 없다. 요즘 김영삼정부(金泳三政府)에서는 「불심 돌리기」에 한참이지만, 더욱 중요한 것은 민심(民心)이요, 천심(天心)이다. 따라서 우리 기독교회의 관심 역시, 불심(佛心)이 아니요, 백성들의 마음을 얻는 일이요, 하나님의 마음을 얻는 일이다. 이를 위해 우리는 그 무엇보다도 교회다운 교회와 그리스도인다운 그리스도인의 모습을 견지(堅持)하는 일이 중요하다.

7. 거짓 선지자를 분별하는 법

◇ 주의 종을 비판하면 죄가 되는가

오늘날 우리나라 교계에는 이른바, 선지자로 인정되고 있는 목회자가 팔만사천 명이 훨씬 넘는다고 한다(기독교연감:1992현재).

어디 그뿐인가? 각급 신학교에서 양육되고 있는 선지자 후보생들은 또한 얼마인가? 금년에도 신학대학교의 입시생들은 정원초과가 되었다. 어쨌거나 이들은 모두 목회자들이거나 목회자가 될 사람들로서 한결같이 선지자의 사명이 있는 사람들이다. 그러기에 교회에서는 이 사람들을 가리켜 선지자 후보생이라고 한다.

선지자의 사명이란 무엇인가? 「사람들에게 하나님의 말씀을 선포하는 일」이다. 그러므로 그리스도인들은 선지자의 사명을 수행하는 목회자에게 「주의 종」이라고 존대하여 이른다. 원래 종(노예)이란 가장 낮은 자로서 천대를 받아왔는데 한국교회에서는 「주의 종님」으로 존대를 받고 있다. 이는 주의 종들을 천대하거나 반대해서는 안 된다는 성경의 가르침을 잘 받아 왔기 때문이다.

첫째는 예수께서 그 제자들에게 「너희를 영접하는 자는 나를 영접하는 것이요」(마 10:40)라고 가르치신 말씀 때문이고, 둘째는 여호와 하나님께서 모세를 비방한 아론과 미리암에 대하여 「너희가 어찌하여 내 종 모세 비방하기를 두려워 아니하느냐」(민 12:8)는 말씀 때문이다.

그러나 이 같은 말씀은 「신실한 주의 종」에 해당되는 말씀이지 「거짓된 주의 종」에 해당하는 말씀은 아니다. 왜냐하면 예수께서는 「거짓 선지자를 삼가라」(마 7:15)고 말씀하셨기 때문이다. 그리고 사도 요한은 「영을 다 믿지 말고 오직 영들이 하나님께 속하였나 시험하여 보라 많은 거짓 선지자가 세상에 나왔음이라」(요일 4:1)고 경계하였기 때문이다. 그러므로 마지막 때를 살고 있는 오늘의 그리스도인들은 선지자들을 비판(분별)할 필요가 당연히 있다.

◇ 어떤 목회자가 거짓 선지자인가

여기에서 우리들은 「비판하지 말라」(마 7:1) 하신 주님의 말씀이 걸리게 된다. 그러나 이 말씀은 영문성경(英文聖經)으로 보면, 판단(judge)하지 말라는 뜻이지 비판(critical)하지 말라는 뜻이 아님을 알아야 한다. 그렇다면 판단(判斷)과 비판(批判)은 무엇이 다른가?

판단이란 자기 자신이 기준이나 법도가 되어 남을 심판—정죄—하는 것이요, 비판이이란 남을 비방하고 반대하는 것을 능사로 함이 아니라, 사물을 옳게 가려 보자는 의미에서의 분별과 식별을 뜻하는 말이다. 그런 의미에서 우리 그리스도인들은 선지자들의 영(靈)을 반드시 시험(Test)해 보아야 한다.

그렇다면 거짓 선지자는 누구이며, 그는 또한 어떠한 사람인가?

① 거짓 선지자는 「탐심으로 지은 말을 가지고 교인들로 이(利)를 삼는 자」(벧후 2:3)이다. 곧 「경건을 이익의 재료로 생각하는 자들」(딤전 6:5)이다. 그 옛날 이스라엘의 거짓 선지자들이 돈을 위하여 점을 쳤던 것처럼(미 3:11) 오늘의 거짓 선지자들은 돈을 위해 목회(기도, 심방, 설교)를 한다고 볼 수 있

다. 따라서 목회자이면서 수억만원(數億萬圓)대 이상의 사유재산을 소유하고 있다면 그는 십중팔구(十中八九) 거짓 선지자가 아니면 그에 가까운 사람이다.

② 거짓 선지자는「평강이 없으나 평강이 있다고 예언하는 자」(렘 6:14, 겔 13:10~16)이다. 이는 성경에서 하나님의 진리를 선포하기 보다는 사람들이 듣기에 좋아하는 것만을 골라서 말한다는 뜻이다. 쉽게 말해 아첨하는 설교를 한다는 것이다. 그러므로 세속적인 의미에서 강건이니, 형통이니, 성공이니, 축복이니 하는 설교의 주제들은 거짓 선지자들의「단골 메뉴」임을 식별해야 한다. 그런 설교를 해야 자기도 배부르고 인기도 끌 수 있기 때문임을 분별해야 한다.

③ 거짓 선지자는「헛된 자만으로 하나님의 백성을 미혹하는 자」(렘 23:32)이다. 한마디로 거짓 선지자는 교만하다는 것이다. 입술로는「주의 이름」을 빙자하지만 실제로는 자기 이름을 높이고 널리 알리려 한다. 그리하여 개가 X을 밝히듯 감투를 밝히고, 학식(學識)을 기뻐하기보다는 학위(學位)를 기뻐하며, 실력은 맹탕이면서 골난 맹꽁이 부픈 배처럼 권위만 내세우는 것이 거짓 선지자의 생리라는 것이다.

◈ 거짓 선지자는 왜 나타나는가

속을 보아야지 겉만 보아서는 모른다. 나무만 보아서도 아니된다. 그 열매를 보아야 한다. 그래야만 선지자들의 진위여부(眞僞與否)를 옳게 분별(distinction)할 수 있기 때문이다. 진실로 재물에 탐욕을 부리지 않고 인간에게 아첨하지 아니하며, 사나 죽으나 오직 주님만 존귀케 하는 목회자라면 그는 정녕 참 선지자임이 틀림없다. 그러나 그와는 정반대의 태도를 가진 목회자라면, 거짓 선지자가 아니라면, 거기에 가까운 자이니 조심해야 한다.

　이렇게 비판(critical)을 하면 한가지 분명한 사실이 드러난다. 그것은 모든 목회자(물론, 예외도 있음)는-필자 자신을 포함하여-참 선지자가 될 수 있는 반면에 거짓 선지자도 될 수 있는 반반(半半)의 가능성을 가지고 있다는 사실이다. 문제는 목회자 자신의 「경건한 의지」가 어떠하냐에 있다. 하지만 한 사람의 목회자가 거짓 선지자가 되는 것은 그 자신에게만 문제가 있는 것은 아니다. 그 목회자를 청빙하여 옹립하고 있는 교회와 교인들에게도 부인할 수 없는 문제가 있다. 가차없이 말한다면 오늘날 목회자들 가운데 거짓 선지자가 나타나는 까닭은 교회와 교인들이 그렇게 만들었기 때문이다. 이는 무슨 소리인가? 교회와 교인들이 거짓 선지자를 만들어 내다니!

　교회여, 한국 교회의 교인들이여! 생각이 있으면 생각해보자. 목회자가 회개와 고난의 설교를 하면 외면하여 압력을 가하므로 물질의 축복과 세상의 평강을 설교하게 만들지 않았는가? 축복권과 저주권을 함부로 휘두르며 공갈을 일삼는 「군림형의 목회자」는 하늘같이 떠받들면서, 주님을 본받아 온유하고 겸손하게 노력하는 「섬김형의 목회자」는 멸시하지 않았는가? 큰 교회, 외국학위, 그리하여 유명한 목회자를 존대하고 존경하는 것처럼 작은교회, 외국학위 없고, 그리하여 무명한 목회자를 균등하게 존대하고 존경하였는가?

　정녕 그리하지 아니했기 때문에 신실하던 목회자가 아첨하는 설교자로 변질되고, 「섬김형의 목회자」가 「군림형의 목회자」로 표변하고, 큰 교회 짓기 위해 이성을 잃고 거금을 짜내서 박사학위를 사들이고, 유명해지기 위해서 주님보다 제 이름 날리려고 주의 종답지 못한 온갖 꼴값을 다 떠는 거짓 선지자로 타락하는 것이 아니더란 말인가!

아아, 누가 참 선지자이고 거짓 선지자인지 종잡을 수 없는 이때에 우리는 먼저 나 자신의 그릇된 신앙을 준엄히 판단(judgement)하여 바로 정립시키자. 그리고 이 땅에서 참 선지자인 양 내노라고 「신출귀몰」하는 거짓 선지자를 비판(critical)하고 분별(distinction)하여 미혹되지 않도록 다같이 정신차리자!

제5장

1. 설교는 물질문명의 시녀인가

◇ 베스트셀러에 대한 유감

불교의 중이 쓴 수필집이 출간 3주만에 베스트셀러 1위를 차지했다. 제목은「새들이 떠나간 숲은 적막하다」로「샘터社」에서 출간하였고, 저자는 앞서 말한 대로 법정(法頂)이라는 불교의 중이었다. 책의 분량이 3백46쪽에 달하는 그 내용은 한마디로 물질문명의 화려함 끝에 돌아오고 있는 환경의 파괴와 정신적 황폐를 경계함과 그 대안을 제시해 본 설법(設法)으로 보여진다.

공해에 찌들고 있을 뿐만 아니라, 그 위험이 엄청난 불행으로 코앞에 다가온 시점에서 물질문명의 탐욕을 경고하고 사심(私心) 없는 수려한 삶을 제안하는 명상적설법(瞑想的說法)은 마치「산골짜기에서 온 편지」로 유명한 대천덕 신부의 목소리를 듣는 듯하다. 그렇다고 해서 이 책이 출간 3주만에 장안의 베스트셀러 1위를 차지하였다는 사실에는 약간의 미묘스러운 유감을 갖지 않을 수가 없다.

물론, 그 책이 베스트셀러가 되기까지는 충분한 배경이 있다.

첫째는 전국적으로 명망 있는「샘터출판사」가 펴냈기 때문이다.

둘째는 넉넉한 재원을 바탕으로 하여 충분한 광고를 하였기 때문이다.

셋째는 비교적 인기 작가의 작품이기 때문이다. '법정' 하면 불교의 중이기는 하지만 일찍이「무소유」(범우문고)라는 수필로 필명을 얻었고, 그 후

「월간샘터」에 발탁되어 고정 칼럼을 담당함에 따라 「서 있는 사람들」 「버리고 떠나기」 「텅빈 충만」등을 출간하여 잘 알려진 작가가 된 것이다.

넷째로 계본 및 장정의 아름다움과 품위로움이다.

다섯째는 뭐니뭐니 해도 내용이 좋기 때문이다.

그러나 금번의 「새들이 떠나간 숲은 적막하다」가 베스트셀러가 된 가장 결정적인 원인은 독자들, 곧 현대인들의 공허한 마음 때문이다. 물질문명의 풍요로움을 좇아 놀고먹고 소유하고 즐기는 마당이지만, 정신적으로 빈곤함과 황폐함으로 말미암은 공허감(空虛感)을 느끼는 현대인의 심성에 맞닥뜨렸기 때문이란 것이다.

◈ 그렇다면야 목사의 설교가…

바로 여기에서 필자는 그 베스트셀러에 대한 유감을 갖고 있다. 물질문명의 풍요로움을 좇은 나머지 정신적으로는 극심한 궁핍으로 허허로운 현대인들, 그들의 공허한 마음을 채워주는 일은 마땅히 기독교회의 몫이 아니던가! 따라서 중의 설법보다는 목사의 설교가 더 현대인들의 빈 마음을 채워줄 수 있어야 하는 것이고, 능히 채워줄 수 있는 것이 아니던가! 그런데 실제는 그렇지 못한 것 같다는 데 가슴 아픔이 있다.

오늘의 출판계에는 저명한 목사들의 설교집(說敎集)이 무수히 출판되고 있지만 그 설교집 중의 어느 하나가 독서계의 베스트셀러에 오르는 일이 없다는게 그 증거이다.

설교집이 팔린다고 해야 그 목사가 담임하고 있는 교인들이 사 주는 것일 뿐, 그 외에는 몇몇 목사들이 참고하기 위해 사가는 것이 전부이다. 그래도 설교집은 사시사철 교회력에 맞추어 홍수처럼 쏟아지고 있다. 그러나 팔리는 것은 어쩌다가 한두 권, 기독서점은 물론, 일반서점에서의 설교집 코너는 파리만 날리는 형편이다.

비그리스도인은커녕, 그리스도인조차도 설교집을 외면하는 판에 어느 설교집이 베스트셀러를 꿈이나마 꿀 수 있을까? 반면에 중들이 쓴 설법집(說法集)들은 베스트셀러에 제법 오르고 있다. 법정은 언급할 필요도 없거니와 이청담의 「마음」, 성철의 「자기를 바로 봅시다」, 석용산의 「여보게, 저승갈 때 뭘 가지고 가지」 하는 책들이 그것이다.

불교인들의 서가(書架)에는 당연한 듯, 목사의 설교집이 꽂혀 있지 않으나 기독인의 서가에는 중들의 설법집이 꽂혀 있음은 무엇을 의미하는 것일까?

이와 같은 중들의 저서(著書)는 한결같이 풍요로운 물질문명의 반작용으로 궁핍해진 정신문명의 공허로움을 채우는 역할을 자처하고 있다. 그러나 「산은 산이요, 물은 물이로다」는 식의 법어(法語)가 어찌 현대인의 「빈영혼」을 만족하게 할 수 있으랴!

「오직 하나님의 입에서 나오는 모든 말씀으로 살 것이니라」(마 4:4)의 선포대로 영생하게 하시는 하나님의 말씀, 즉 예수 그리스도의 복음(福音)만이 인생을 만족케 하는 것이 아니던가!

◇ 왜곡된 한국 교회의 설교

그리스도 예수님의 영생하는 복음이 담겨 있는 설교, 설교집의 역할을 엉뚱하게도 어느 산 속 수류산방(水流山房)에 머물고 있는 중의 수필집이 대신하고 있는 것 같아 허탈하게 느껴진다. 그렇다면 왜 오늘날 한국교회의 설교는 정신적 궁핍으로 공허로운 현대인의 영혼에 만족을 주지 못하고 있는가? 어찌하여 저명하신 목사들의 설교는 정신문명의 탕아인 현대인들의 메마른

가슴을 시원하게 적셔주지 못하고 있는가?

그 까닭은 너무나 자명하게 나타나 있다. 오늘날 한국교회의 설교는 궁핍한 정신문명의 공허와 영적 문명(靈的文名)의 허허로움을 채워주기보다는 오히려, 물질문명의 팽창을 이바지하려는 데 힘써 왔기 때문이다.

천국복음으로서 설교는 「가난한 영혼」을 그 대상으로 삼아야 하는데, 「가난한 육체」를 그 대상으로 하여서 문제가 생기고 말았다.

결국, 주 예수 그리스도의 이름으로 선포된 설교는 그만 영생하는 영혼의 풍성함을 선포하는 대신, 썩어져 버릴 물질의 풍성함을 선포하는데 급급하였다. 그 때문이었을까? 의식주의 문제가 해결된 오늘의 한국인들은 더 이상, 기독교회의 설교에 귀를 기울이지 않게 되었다. 배부른 사람에게 「밥 먹으라」는 소리가 귀에 들어오겠는가? 그 대신 정신적으로, 사실은 영적으로 주리기 시작한 영혼들은 영생하는 하나님의 말씀이 그리워지기 시작한 것이다.

이제는 「범사가 잘되고 육신이 건강하리라!」의 설교는 때가 지났다. 아니, 애초부터 그런 설교는 하지 말았어야 했다. 그것은 설교도 아니었으니까. 차라리 「영혼이 잘됨!」만을 설교해야 했다. 왜냐하면 예수님의 설교 주제가 바로 그것이었기 때문이다.

예수께서 불쌍해서 주린 자들은 먹이고, 병든 자들은 고쳐주셨지만 어디 그것이 설교의 주제였던가? 오직, 영생(永生)과 하나님의 나라(天國)가 그 주제였다.

이제껏 우리 한국교회의 설교는 대부분이 물질문명의 시녀(侍女)노릇을 해왔다. 이제라도 우리의 설교는 정신문명, 곧 영적 문명을 풍요롭게 하는 「본래의 자리」를 다시 찾아 지켜가야만 한다.

2. 설교자여 아멘을 강요 말라

◇ 아멘이 없으면

예수 그리스도는 아멘이시오, 충성되고 증인이시오, 하나님의 창조의 근본(계 3:14)이시다. 또한 모든 그리스도인은 예수님 안에서 「아멘」함으로써 하나님께 영광을 돌리게 된다(고후 1:20). 그러므로 그리스도인의 삶에서 반드시 아멘이 있어야 한다.

그렇다면, 아멘이란 무엇인가? 우리 모두가 잘 알고 있는 바지만 논리의 올바른 전개를 위해 다시 한번 상고해 보자. 아멘은 「그렇게 되어지이다」의 뜻으로 「진실로」 또는, 「확실히」라는 뜻이기도 하다. 이를 우리말 사전에서는 「기도나 찬미의 끝에 그 내용을 찬동한다는 뜻으로 쓰는 말」이라고 풀이했다.

그러나 아멘은 기도나 찬미의 끝에만 하는 것은 아니다. 설교의 중간 중간에도 할 수 있으며, 예수님의 경우에는 말씀하시기 전에 「아멘」을 먼저 하시기도 했다(요 3:3,5,11).

이렇듯 아멘은 기독교회의 신앙에 필수적이다. 때문에 흔히 해온 말대로 아멘이 없는 신앙은 병이 들었거나 죽은 상태의 신앙이라고 하는 것이다. 반면에, 기도 중에 아멘이 간절하고, 찬송 끝에 아멘이 뿌듯하며, 설교의 중간 중간에 아멘이 샘물처럼 터져나온다면, 그 신앙은 분명히 건강하게 살아 있는 신앙이라 하겠다.

또한, 교회도 예외는 아니다. 아멘하는 소리가 우렁차면 우렁찰수록 그 교회는 지금, 부흥 중에 있음이 틀림없다. 그러나 아멘이 죽어 있는 교회는 역시, 병들어 졸고 있거나 죽어 가고 있음이 분명하다.

진실로 그리스도인은 「아멘의 사람」이어야 한다. 따라서 그 교회도 「아멘의 교회」이어야 한다. 왜냐하면, 「아멘」하는 것이야말로 살아 있는 증거요, 건강한 표징이 되는 까닭이다.

그렇다고 해서 아멘을 억지로 해서는 안 된다. 습관적으로 하는 아멘도 그렇지만, 〈강요된 아멘〉이어서는 아니된다는 말이다. 강요된 아멘은 신앙이 아니다.

그럼에도 불구하고 오늘의 교회 안은 강요된 아멘으로 시끄럽다. 언제, 어느 때에 그러하던가? 모든 예배 중에 특히, 설교 시간에 그러하다. 그 비근한 예를 차례로 들어 본다면 다음의 몇가지 경우가 그렇다. 이는 설교자가 사용하는 「아멘 유도용들」이다.

◇ 아멘을 강요하는 것들

첫째는, 〈믿습니까?〉이다. 이는 설교자가 증거한 바 말씀에 대한 회중(會衆)의 확신을 묻는 일인데, 회중의 주의를 집중시킴에 매우 효과적이다. 이는 바람직한 일이다. 그러나 논리상 맞지 않는 대목에서, 또는 물어볼 필요가 없는 대목에서 〈믿습니까?〉를 연발하는 경우는 삼갈 일이다. 〈믿습니까?〉도, 한두 번이지 여러 번 계속하면 아멘을 유도하는 강요로 밖에 들리지 않는다.

둘째는, 〈믿어지면 아멘하시오〉이다. 이것은 믿습니까? 보다 더 노골적이다. 그러면 안 믿어지면 어떡하란 말인가? 아멘하지 말라는 뜻인데 사실은 그렇지 않다. 그 자리(예배당)에 나와 앉았으면서 안 믿어진다고 하면 그 신도는 뭐가 되겠는가? 그 사람은 맹물이 된다. 그러니까 믿든지, 아니 믿든지 상관없이 덮어 놓고 「아멘!」하게 되는 것이다. 참으로 아멘을 유발시키는 방법도 여러 가지인 셈이다.

셋째로, 「축원합니다」이다. 한국교인들은 설교 중에 졸다가도 「축원합니다!」 하면, 눈을 번쩍 뜨고 「아멘!」하는 사람들이다. 그만큼 축복을 좋아한다는 말이다. 그래서 어떤 설교자는 특히 부흥강사의 경우는 축원합니다를 세 번씩이나 연거푸 외쳐댄다, 그러면 회중들도 아멘, 아멘, 아멘, 하면서 역시, 빠른 속도로 세 번씩이나 응답을 한다.

그래서인지 한국교회의 설교는 대부분이 〈축원합니다〉로 결론을 맺는다. 정말이지, 유명하다는 분들의 설교집을 보아도 끝맺는 말은 거의 〈축원합니다〉이다. 그러나 설교는 교육이요, 선포요, 증언이지, 축원이 아니다. 축원은 축도시간이 있잖은가? 물론, 설교를 하다보면 회중에 대한 불타는 사랑이 있어 축원하지 않고는 못견디는 경우가 있다. 그런 심정이라면 얼마든지 축원할 수도 있다는 것이다. 하지만 그럴 경우도 설교는 축복을 비는 일이 아님을 명심해야 한다. 축복을 남발하는 설교는 아멘을 강요하는 허튼 수작에 불과하다.

어느 신학교에서 어느 교수가 설교학을 가르칠 때, 축원합니다를 연발하거나, 축원합니다로 끝을 맺으라고 가르쳤던가? 전혀, 그렇지 아니했다. 그러므로 설교 중에 축원합니다. 라고 하는 것은 설교의 기초도 모르는 무식한 소치일 따름이다.

넷째로, 〈할렐루야〉이다. 할렐루야는 문자 그대로 하나님을 찬양함이다. 그렇다면 할렐루야는 「할렐루야!」이어야 한다. 그런데 설교자가 설교 중에

틈틈이 할렐루야를 외치는 것이 「할렐루야!」가 아니고,「할렐루야?」일 때가 많다. 왜, 할렐루야에 느낌표(!)가 아닌, 물음표(?)가 따라 붙는가, 회중을 향해 「아멘!」으로 대답하라는 속셈이 우러나서 그렇다.

그리하여 어떤 부흥사는 말도 안되는 부분에서 할렐루야를 외쳐 놓고는 회중이 아멘을 안하면 「어째서 아멘이 안 나오느냐?」고 앙탈을 부린다. 한심하기 짝이 없다. 언제부터 할렐루야가 하나님을 찬송함에서 아멘을 강요하는 노리개로 전락되었던고!

◇ 강요보다는 감동을

아멘은 필수적이다. 기독신자의 생활은 아멘이어야 하기 때문이다. 아멘의 풍년을 맞이해야 심령은 만족함을 누리고, 교회는 부흥에 부흥을 거듭하게 된다. 우리 중에 아멘이 없거나 인색하다면 가슴을 치며 회개해야 한다. 아멘이 없는 심령은 흉년을 만난 것이다. 또 아멘이 없는 교회는 침체일로에 있는 것이다.

그렇다고 해서 아멘을 강요해서는 안 된다. 강요된 아멘은 모조품이어서 아멘을 하지 않음만 못하기 때문이다. 아멘은 자발적이어야 한다. 진실로 성령에 감동된 설교자의 설교에 감동이 되어 저절로 터져 나오는 샘물 같은 아멘이 되어야 한다.

이와 같은 사실에서 우리에게 요구되는 것은 무엇인가? 설교자가 「믿습니까? 믿어지면 아멘하시오. 주의 이름으로 축원합니다. 할렐루야?」 등을 남발하여서 회중의 아멘을 반강제적으로 요구할 것이 아니다. 참으로 요구되는 것은 듣고 있는 바, 말씀의 한 문장, 한 문장이 끝날 때마다 아멘!으로 화답지 아니하고는 못견딜 정도의 감동어린 설교가 요구되는 것이다.

우리 주님 예수께서 산상설교를 마치고 나서 회중들의 반응이 어떠했는가? 사도 마태는 「예수께서 이 말씀을 마치시매, 무리들이 그 가르치심에 놀래니 이는 그 가르치시는 것이 권세 있는 자와 같고 저희 서기관들과 같지 아니함일러라」(마 7 : 28, 29)고 증거하였다.

참으로 그러하다. 놀라움으로 아멘하지 아니할 수 없는 권세 있는 설교를 하지 않고는 회중은 커녕, 한 사람도 변화시키지 못한다. 강요된 아멘에 「아멘, 아멘」하고 두꺼비 파리 잡아먹듯하는 신자는 예배 시간이 끝나고, 교회당 밖을 나서면 그만인 것이다.

설교자들이여, 아멘을 강요 말자. 그 대신 자신의 설교가 듣는 이들로 아멘하지 않고는 견딜 수가 없는 성령의 영감이 가득하도록 하자. 어찌하여 내용없는 빈약한 설교를 가지고 속들여 보이게 아멘만 강요하는가? 「아멘하라」 아니해도 아멘을 터지게 하는 권세 있는 설교자가 되도록 하자.

교인들에게도 한 마디 당부하고 싶다. 아멘을 함부로 하지 말았으면 좋겠다. 되지도 못한 설교에 아멘을 남발해서는 아니된다. 제발, 마음에도 없는 아멘을 하지 말자. 강요에 의해서가 아닌, 참으로 감동이 되어 아멘을 하는 은혜가 충만한 성도가 되자. 그리고 아멘을 했으면 그 아멘에 책임을 지도록 하자.

3. 학력인가 실력인가

◇ 신학대학은 탈 없을까

입시정부의 부패한 사건이 봇물 터지듯 보도됨을 보면서 경악을 금할 수가 없다, 신성해야 할 교육의 전당이 황금만능주의 풍조에 밀려 복마전의 꼴이라니… 교육 자체에 대한 회의마저 느끼게 한다.

문득, 자신을 돌아보면서 화들짝 놀라게 된다. 교회는 어떠한가. 입시 부정으로 부패한 세상에 대하여 떳떳한가? 우리의 신학 대학교마저 입시 부정의 전말이 터져 나올까 두렵다. 사실상 우리들은 매우 조마조마하고 있다. 지난해 일어난 〈시험지 도난사건〉이 다른 곳 아닌, 신학대학교에서 일어났었기 때문이다. 이유야 어쨌든 세상 보기 낯부끄러운 명백한 부정이요, 죄악이었다.

언젠가 명문신학대학에 세미나가 있어서 참석한 일이 있었다. 십수년만에 다시금 앉아 보는 감회는 실로 무량하기까지 했다. 그러나 이게 웬일이랴! 책상바닥에는 시험답안인 듯한 깨알만한 글씨가 까맣게 쓰여 있는 것이다. 책상 하나만 그런가 싶었는데 자리를 바꾸어 앉은 책상마다 거의 그랬다.

도무지 상상하기 어려운 일이 눈앞에 나타나 있는 것이다. '설마 신학생들이 그럴리야 있겠나' 생각해 보았지만 세상 사람들 앞에 부끄러운 일이다.

이왕 말나온 김에 조금만 더 말해보자. 웬만큼 성공했다는 목회자들 중에 어느 날 갑자기 박사님이 되셔서 〈학위취득 감사예배〉를 드린다고 한다. 그럴듯한 논문집을 증정본으로 받지만 어쩐지 쓴웃음을 짓게 한다. 여러 사람이 그 이를 알기로는 그만한 논문을 써낼 정도의 실력이 못미치는 줄 알고 있는 터이기 때문이다. 또 그만한 실력은 고사하고 평소에 그의 행동거지를 보아서는 그 정도의 논문을 쓸 만한 시간형편이 못돼 보였던 것이다. 그런데도 금박 글자의 학위논문이 편집되어 나왔다. 그것도 외국명의(外國名義) 박사학위를 말이다. 더 이상 말로 하지 않아도 내용은 뻔하다. 남이 연구해 주었거나, 이미 발표된 논문집에서 표절했거나 짜집기를 했을 것이다. 물론 적지 않은 돈을 들여서 말이다.

◇ 학력위주 사회 속의 교회

억만금을 주고서라도 내 자식을 대학에 입학시키려는 왜곡된 모정은 그렇다 치자. 부정한 방법인 줄 뻔히 알면서도 돈에 눈이 멀어 신성한 대학을 '강도의 굴혈'로 만든 관계자들은 해도 너무 했다고 본다. 하지만 그것도 그렇다 치자. 소위 성직자가 되겠다고 신학교에 들어온 사람이 컨닝을 수단으로 하여 학점을 따려 했던 것이나, 필요 이상의 학위를 매수하듯 취득함은 어찌하면 좋단 말인가?

대학을 나오고 안 나와도 그만인 사람들이 얼마나 많은가? 평소에 그렇고 그런 사람이 무슨 학위를 땄다 해서 특별히 달라지는 것도 아니다. 문제는 실력에 있는 것이다. "꿩잡는 게 매"라는 속담이 있다. 요즘와서는 이 말이 부정적으로 쓰여지는 감이 없지 않다. 그러나 이 말은 틀린 말이 아니다. 매가 아니어도 꿩을 잡는다면 매와 다를 바 없다. 그러나 진짜 매라고 해도 꿩을 잡지 못한다면 진짜 매라는 인정을 받을 수가 없다. 그러므로 문제는 실력에 있는 것이다.

교계신문에 담임 목사를 청빙하는 광고의 내용이 생각난다. 출신학교 및 연령과 경력을 조건으로 제시한 것까지는 좋다. 그런데 또 하나의 조건이 있는데 대학원 이상 수준의 〈석사학위〉〈박사학위〉 소지자로 못을 박고 있다. 그렇다면 그 교회가 속한 교단은 애시당초, 박사학위자가 아니면 목사안수를 주지 말았어야 했다. 목사가 되는 조건에서는 그러한 조건이 없었는데 정작 목회지에서는 그 이상의 어떤 학위를 요청한다면 거기는 교회인가? 아니면 무슨 대학인가?

교역자들이 목사보다도 박사를 선호한다고 비난하는 신자들이 있다하지만, 그렇게 만든게 누구였나 생각해 보자. 신자들이여! 그대들이 목사의 순수한 설교보다는 무슨 무슨 박사의 혀꼬부라진 강의를 선호하지 않았는가. 여기에서 분명히 해둘 것이 있다. 설교는 목사가 하는 것이지 박사가 하는 것이 아니다. 그러므로 박사를 선호한 목사들이 가짜 학위에 유혹받아 시험에 빠지게 되는 것이다.

중요한 것은 실력이다. 그렇다고 해서 학력이 필요없다는 말은 아니다. 단, 실력을 뒷받침하는 학력이라면 학력 없는 실력보단 백 번 낫다. 그러나 실력 없는 학력이라면 그 무슨 소용이 있겠는가? 아무런 의미조차 없다. 그런데도 이 사회는 아무짝에도 쓸데없는 학력이라는 휴지 조각을 그처럼 소중히 여긴다. 그래서 사람까지도 그의 능력이 아닌, 출신학교와 취득학위에 따라서 차별하고 대우한다. 이 어디 사회뿐이랴! 순수한 주님의 교회 안에서도 학력 위주의 풍조가 밀려들어 왔다는데 심각함이 있다.

◇ 더욱 중요한 것은 인격이다

교계의 행정에 뜻있는 어느 장로님들이 하시는 말씀을 들은 적이 있다. 장로의 자격요건 중에 고졸 이상의 학력으로 제한하자는 의견들이었다. 국졸이나 중졸 정도의 사람을 장로로 세우면 무식하고 교양머리가 없어서 일이 어렵다는 것이었다. 물론 나름대로의 일리는 있겠다 싶었지만 실로, 아연하지 않을 수 없었다.

신앙의 정도를 학력으로 평가하겠다니…국졸자라고 해서 다 무식하고 교양머리가 없는 것이 아니요, 고졸자, 또는 그 이상의 학력자라고 해서 다 유식하다고 교양머리가 있는 것은 아니잖은가? 어느 교회의 장로님들을 보면, 대졸자 장로님은 교회의 문젯거리라고 해서 눈살찌푸림을 당하는 반면에 국졸자 장로님은 모든 신자들의 본이 되어 존경을 한 몸에 받고 있다.

무엇을 나타내는가? 문제는 그 장로님의 신앙이요, 인격에 있는 것이다. 이 같은 사실은 목사님들의 경우도 마찬가지다. 학력이 출중하시다면야 좋은 일이겠지만 그렇다고 해서 꼭 좋은 목사님인 것은 아닐게다. 그 흔해 빠진 외국의 꼴통학위 하나 없이도 존경받는 목사님들이 계신가 하면, 내노라는 학위를 자랑하는 목사님들 가운데는 쫓겨나는 목사님들도 없잖아 있다.

학력이란 좋은 것이다. 그것은 곧 학력(學力)일 수도 있으며 학력은 또한, 실력이 되는 까닭이다. 그러나 학력주의(學歷主義)가 되어서는 안 된다. 실력 여부에 관계없이 학력만 높다고 해서 무조건 환영해서는 안 될 일이라는 것이다. 황차, 세속사회가 아닌, 교회 안에서는 더욱 그렇다. 교회 안에서조차 학력이나 학벌을 따라 목사님을 우대하고, 장로님이나 권사님이나 집사님들을 내세운다면 이게 사회이지, 어디가 교회이겠는가? 교회란, 참된 신앙인이 존경받고, 진정한 인격자가 존경받는 곳이어야 한다.

오늘도 입시부정의 보도는 그치질 않고 터져 나오고 있다. 인격 위주의 사회가 학벌 위주의 사회로 전도된 데서 나타나는 몰염치한 단면이다. 그러한 부정 중에 소위, 기독신자가 가담되어 있을까봐 심히 조바심스럽다. 이 문제를 우리는 어떻게 받아들이고 어떻게 해결해야 할까?

교회가 앞장서야 한다. 다른 어느 곳 말고 교회부터 학력 위주의 학벌주의를 추방시켜야 한다. 대학을 안 나와도 그 실력이 인정받고, 그 인격이 존경받는 윤리의 순수성을 회복시켜야 한다. 그러기 위해서는 우리 그리스도인들 자신부터 학력이라는 계급장을 떼어 버리고 학벌이라는 복장을 벗어 버리는 회개운동이 참으로 절실하고 절실하다.

4. 세미나, 세미나, 세미나

◇ 세미나의 흥왕은 바람직한가

초창기 한국교회의 성장은 사경회가 주도하여 왔다. 그 다음에는 부흥회가 한국교회의 성장을 주도하다시피 하였다. 그리고 오늘날에는 세미나(seminar)라는 집회가 한국교회의 성장 및 성숙을 주도하는 것처럼 보인다. 봄, 여름, 가을, 겨울을 가릴 틈도 없이 한국교계의 이곳 저곳에서는 세미나가 흥왕하고 있기 때문이다.

원래, 세미나란 종교집회가 아니고 학술집회인데, 오늘날 교계에서는 신앙집회까지도 세미나라는 학구적인 간판을 내세우는 바람에 약간은 어리둥절하다. 당연히, 신학적인 문제를 연구하고 발표하고 토의하는 것이라면 세미나라고 함이 마땅하다. 그러나 무슨 부흥집회나 영성훈련과 같은 신앙적인 모임을 세미나라는 이름으로 개최함은 무지의 소산일 따름이다.

세미나를 세미나라고 하는 것은 당연하지만, 세미나가 아닌 것을 세미나라고 하면 세미나에 대한 오용일 뿐만 아니라 남용이 아니겠는가? 전도세미나, 성령세미나, 치유세미나, 설교세미나, 성장세미나, 은사세미나, 가정세미나, 능력세미나, 목회세미나, 개척세미나, 성막세미나, 부흥세미나, 영성세미나, 목회자세미나, 사모세미나 등등 교계의 그럴듯한 모든 모임은 거의가 세미나라고 이름하여 나온다.

왜 이러는 것일까? 이 같은 모임 중에 어떤 모임은 세미나라기보다는 사경회, 혹은 부흥회이거나 수련회인 경우가 대부분이던데... 하필이면, 세미나라고 해야만 사람들이 많이 모이는 것일까? 다시한번 확언(確言)하거니와 세미나는 그 용어 자체부터가 학문적인 것이지, 신앙적인 용어가 아니다. 그러므로 예수님의 이름으로 모이는 집회는 성회(聖會)이기에 세미나라고 하면 안된다.

기도회를 많이 열었던 우리 한국교회, 이제는 모여서 기도회보다는 세미나를 많이 하고 있다. 물론 그 세미나들 중에는 기도를 많이 하는 세미나도 있을테지, 그렇다면 기도회라 할 것이지 세미나라고 할 것이 뭐람.

요즘와서 세미나란 무엇인가? 세 – 세상의 성공과 출세에/ 미 – 미쳐서/ 나 – 나돌아다니는 사람들의 집회/ 가 아닐까 하는 억지 생각이 든다.

◇ 한국에서 성령은 역시하시지 않는가

잘 되긴 잘 되는 모양이다.

한차례의 세미나에 수천 명이 모이고, 그것도 수차례를 거듭하여 오는 세미나라면, 이건 확실히 성공적인 사업이다. 얼마나 잘되는지 어떤 세미나는 해외에 원정까지 떠날 정도이다. 수십 명, 또는 수백 명의 회원을 모집하여 미국이니, 캐나다니, 영국이니, 하면서 일주일의 경비로만 최소한 몇 백만원이 넘는 참가비를 거둬들인다. 그런 세미나의 「커리큐럼」에는 대부분 관광 과목도 필수인 듯하다.

마침, 가정의 달인 5월을 맞아 기독교 oo연구소에서는 가정세미나를 「꽝」이라는 섬에서 선착순 60쌍을 대상으로 하여 4박5일 동안 열린다고 K일보에 하단 전면광고를 실었다. 1인당 76만원의 회비는 없는 사람에게는 엄두도 못낼 금액이요, 있는 사람에게는 큰 부담이 아닌 금액이어서 뭐라할 바 아니지만, 하필이면 해외에 나가서 한다는 것이 좀 그렇고 그렇게 생각된다.

빈야드능력세미나, 토론토기적세미나, 성앤드류능력사역세미나들도 마찬가지이다. 한국에서 적지 않은 회원을 모집하여 떠나는 모양인데 그런 사람들에게 묻고 싶어지는 질문이 있다. 「한국에서는 하나님의 성령께서 역사하지 않으셔서 미국이나, 캐나다나, 영국으로 쫓아 가는가?」 문득 「열왕기하 1장 3절」의 「이스라엘에 하나님이 없어서 너희가 에그론의 신 바알세붑에게 물으러 가느냐?」는 말씀이 생각난다.

미국과 유럽에서 역사하시는 하나님은 우리 한국에서도 역사하신다. 예수님께서는 일찍이 「그리스도가 여기 있다, 혹 저기 있다 하여도 믿지 말라… 보라, 그리스도가 광야에 있다 하여도 나가지 말고 보라, 골방에 있다 하여도 믿지 말라」(마 24:23, 26)고 경고하셨다.

미국과 유럽에서 열리는 세미나에 참석하여 좋은 결과를 얻으면 다행이겠지만 아차 잘못해서 미국 귀신, 캐나다 귀신, 영국 귀신을 끌고 올까 염려된다. 한국에는 이미 한국 귀신만으로도 골치를 앓고 있는 중이니까.

◇ 문제의 원인은 어디에 있는가

그렇다고 해서 오늘날 교계에서 끊임없이 열리고 있는 세미나와 그와 같은 성격의 모임들이 모두 나쁘다는 주장은 아니다. 매우 유익한 세미나들도 많은 것은 사실이다. 그러나 그렇지 못한 세미나도 적지 않은 것도 사실이다. 근자에 이르러 이단 시비가 그치지 않는 베뢰아의 김○동, 레마의 이○범, 다락방의 류○수, 그리고 빈야드운동 등은 모두 세미나라는 형식에서 말썽을 빚고 있는 경우들이다. 또한 별 무리가 없는 유수한 세미나라 해도 강사들을 보면, 그 사람이 그 사람인 경우도 많아서 식상하다. 「여기 세미나」에서 하던 강사가 「저기 세미나」에서 강사 노릇을 하고, 「저기 세미나」에서 하던 강의를 「여기 세미나」에서 반복하기 때문이다. 늘 알려진 그 사람들이 한국교회의 세미나를 주름잡고 다닐 뿐, 신선한 맛이 전혀 없는 것이다.

어느 세미나(자기가 주최자고 자기가 강사노릇 하는)에서는 「우리를 슬프게 하는 것들」 중의 하나에 지나지 않는 발언을 서슴치 않는다. 참가비가 공짜라서 가난한 교회 살림에 겸손한 마음으로 참석한(개척교회, 미자립교회와 여타교회) 교역자들은 그 자리에서 한순간 매도되는 자격지심을 느낀다. 그 주최자이며 동시에 강사인 그 사람은 「수천 명이나 되는 자기 교인들을 목회하기에도 피곤해 죽겠는데도 이 일을 한다」는 것이다. 그래도 자존심 꽉! 눌러 놓고 천하가 모두 제것인 양, 천정부지(天井不知) 떠들어대는 강사의 호령 앞에 시간 시간 앉아 있는 모습이란, 겸손인지 아니면 멍청인지 정말 모르겠다. 적어도 한 교회의 지도자라고 한다면, 이제는 세미나에 참석하는 교육생이 아니라, 교육자가 되어야 한다. 하는 소리가 다 그게 그것인데 내 자신이 연구하지 않아서 그렇고, 실천하지 않아서 못하고 있는 것이 아니던가?

오늘날 교회의 지도자들인 목회자들만이라도 세미나에 참석해서 뭘 좀 배우겠다고 하는 마음보다는 자기 자신도 세미나를 인도하고도 남음이 있는 목회자가 되어야겠다는 결심을 해보는 건 어떨까? 언제까지 신학생처럼 받아먹을 작정이고, 언제까지 스스로 농사하지 않고 빌어 먹을 작정인가? 오늘날 한국교회에 세미나가 필요 이상으로 흥왕하는 까닭은 목회자들의 대부분이 「스스로 깊은 연구와 깊은 기도」를 아니해서 그렇다면 지나친 말일까?

5. 설교의 편식과 그 위험(1)

◇ 설교(說敎)란 무엇인가

오늘날 교회의 강단에서 설교로 행하고 있는 것 중에는 설교의 옷만 입었을 따름이지, 사실은 「설교라고 할 수 없는 설교」가 많다고 한다. 그런 의미에서 설교는 설교하는 목회자들 뿐만 아니라 그들에게 설교를 듣고 신앙생활을 하는 평신도들 역시, 바로 알고 있어야 할 중요한 문제이다.

그렇다면 설교란 무엇인가? 먼저, 설교란 일반적으로 말하는 것처럼 웃사람이 아랫사람에게 하는 훈계(訓戒)가 아니다.

이 같은 훈계는 자칫, 잔소리로 들리기 쉬운데 하나님의 말씀으로 하는 설교는 결코 잔소리일 수가 없다.

설교는 또한 자기의 성경지식을 다른 사람에게 전달하는 강의(講義)이거나 신앙적인 연구발표(硏究發表)도 아니다. 그리고 성경을 설명한다거나, 지도자가 성경공부를 인도하는 것도 설교는 아니다. 설교란 「하나님께로부터 위탁된 말씀을 선포하는 행위」이다. 이를 다른 말로 구약성경은 「예언(豫言)이라고(겔 36:1) 하였다. 그러나 여기에서 우리는 주의할 점이 있다. 예언이라고 해서 「미래의 일을 미리 밝히어 말함」을 뜻하는 것은 아니라는 사실이다.

설교의 본질로써 예언이란, 「하나님의 말씀을 사람들에게 전파하는 행위」

를 뜻하는 말이다. 여기에는 물론, 미래의 내용도 없지 않지만, 보다 중요한 것은 「죄인들을 향한 하나님의 진노와 심판, 그리고 구원의 길」을 제시하는 일이다. 그런데 혹자들은 예언을 「말세론」에만 국한시켜 오도(誤導)하는 경우가 있어 그 역시 염려스럽다.

어쨌든 설교는 하나님의 말씀을 선포하는 행위로써 예언의 성격을 띠고 있음을 밝혔다. 그런데 이 예언의 성격이라는 것이 막무가내이다. 훈계나 강의나 연구발표나 설명하는 모든 일들이 듣는 사람들의 입장을 매우 고려하지만, 예언은 그렇지 않기 때문이다. 다시 말해 예언은 하나님의 입장에서 선포하는 행위이기에 「듣든지 아니 듣든지」(겔 2:5,7) 고(告)한다는 것이다.

◇ 귀가 가려운 말세(末世) 교인들

디모데후서 4장3절에 보면, 「때가 이르리니 사람이 바른 교훈을 받지 아니하며 귀가 가려워서 자기의 사욕을 좇을 스승을 많이 두고 또 그 귀를 진리에서 돌이켜 허탄한 이야기를 좇으리라」는 말씀이 있다. 「때가 이른다」고 했는데 그 때는 어느 시대를 두고 말씀한 것일까? 이른바 말세를 지칭하는 말씀이 아닐까? 그리고 그 말세는 우리가 살고 있는 지금, 이 시대일 것이고.

어디 말세뿐이었으랴! 그 옛날 「이사야」가 살고 있던 당시에도 이스라엘 사람들은 어땠었는가? 「그들이 선지자에게 이르기를 선견하지 말라 선견자에게 이르기를 우리에게 정직한 것을 보이지 말라 부드러운 말을 하라 거짓된 것을 보이라 너희는 정로(正路)를 버리며 첩경에서 돌이키라 이스라엘의 거룩하신 자로 우리 앞에서 떠나시게 하라 하는도다」(사 30:10~11)라고 성경은 증거하고 있잖은가?

옛날이나 지금이나 사람들은 예언을 좋아하지 않는 것 같다. 따라서 예언자, 곧 예언의 설교를 하는 자는 인기가 없다. 그러므로 오늘날도 옛날과 마찬가지로 설교자들은 예언 설교를 기피하고 있다. 그 대신 사람들이 원하는 설교, 듣기 좋아하는 설교, 문자 그대로 「부드러운 설교」에 주력을 한다. 그리하여 수많은 설교자들이 인기경쟁(人氣競爭)을 벌이고 있는 듯하다.

사실상, 「예언설교」가 요청되는 심령이요, 교회요, 시대라면 그것은 바람직한 상황이 아니다. 죄가 있고, 문제가 있고, 병폐가 있기에 「예언설교」가 요청되는 까닭이다. 그러나 어느때였건, 「예언설교」가 필요치 않았던 시대는 한 번도 없었다. 더구나 오늘에 있어서는 그 어느 때보다도 「예언설교」가 필요한 영적부패(靈的腐敗)의 시대가 아니던가?

◇ 믿음이 강(强)해지는 방법

사람들은 무엇에든지 강해지고 싶어한다. 이는 믿음에 있어서도 마찬가지이다. 어떻게 하면 믿음이 강해지는 것일까? 믿음이 강해지기 위하여 어떤 사람들은 기도를 많이 하라고 한다. 또 어떤 사람들은 능력 있는 사람에게 안수를 받으라고 한다. 그리고 어떤 사람들은 성경공부를 많이 하라고 한다. 그 밖에서 금식을 하라, 전도를 해라, 헌금을 많이 하라는 등등의 설명을 한다.

물론 그와 같은 일들이 얼마의 도움은 될 것이다. 그러나 확실한 도움은 되지 못한다. 즉 원초적으로 강해질 수는 없다. 방법은 설교를 많이 듣는 것이다. 왜냐하면 믿음은 들음에서 나기 때문(롬 10:17)이요, 설교를 듣는 일은 영적으로 음식을 먹는 것이기 때문(고전 3:2)이다. 하지만 영의 양식을 먹되 연한 식물이 아닌 단단한 식물(히 5:12~14)을 먹어야 믿음이 강해진다.

신앙적으로 단단한 식물이란 칭찬하고 위로하는 설교보다는, 책망하고 때리는 설교를 뜻하는 말이다. 죄를 책망하고 게으름을 채찍질하는 설교, 이같은 설교가 「예언설교」이다. 그렇다고 해서 칭찬과 위로를 배격하는 것은 아니다. 칭찬할 것은 칭찬하되 책망할 것은 책망한다는 것이다.

　오늘날 「기복설교」의 문제점이 무엇인가, 칭찬에만 치우치다 보니 책망할 것이 있음에도 불구하고 책망하지 않음(?) 또는 못함(?)에 있는 것이 아닌가? 이는 젖만 먹인 결과와 같으니 교인들은 버릇이 없고, 믿음은 연약하기 짝이 없는 것이다. 고기의 연한 살만 발라 먹일 것이 아니라, 가시와 뼈다귀도 우둑 우둑 씹어 먹게 해야만 그 골격(骨格)이 튼튼할 것이 아닌가.

　철근이 녹슬고 콘크리트가 삭아버리더니 급기야 「성수대교」는 무너져 내렸다. 이 얼마나 커다란 비극이었던가. 입맛에 좋은 음식만 편식하다가 어린 것이 「골다공증」에 걸려서 어느 날 갑자기 뼈골이 부서져 내려 앉다니 아서라, 오늘날 「기복설교」만 편식해온 한국교회와 그 교인들이여! 비대하기는 하나 그 약한 몸으로 어떻게 세상을 이길 수가 있겠는가? 이제라도 「예언설교」에 귀를 기울여 음부의 권세를 이기는 교회와 마귀를 대적하는 「강(强)한 용사들」로서의 성도(聖徒)가 되자!

6. 설교의 편식과 그 위험(2)

◇ 「주지육림」과 한국교회의 설교

신앙은 설교를 먹고 산다. 특히 의식주의(儀式主意)가 아닌 성경 중심의 「개혁교회」의 신앙은 더욱 그러하다. 예를 들면 설교가 없는 교회의 예배는 음식이 없어서 빈수저만 만지작거리다 끝내는 공허한 잔치와 같다. 그러므로 기근 중의 기근은 「하나님의 말씀을 듣지 못한 기갈」(암 8:11)이라는 선지자의 예언은 너무나 지당하다.

그러나 다행스럽게도 오늘날 한국교회의 강단은 풍성하고 풍성하다. 먹을 것이 넘쳐나는 식탁과 같다. 비교하면 그 옛날 중국의 주왕(紂王)이 그의 애첩 「달기」를 위해 배설했던 주지육림(酒池肉林)의 형편이라 하겠다. 주지육림이란 문자 그대로 「술로써 연못을 이루고 고기로써 숲을 이룸」을 뜻하는 고사성어(故事成語)이다.

이와같이 한국교회는 그 설교의 풍성함에 있어서 「주지육림의 시대」를 맞고 있다. 한주간 동안에 공적인 설교가 세 차례(주일낮, 주일밤, 수요일)나 거듭되고 있으며, 라디오 심지어는 케이블 텔레비전으로 말미암은 설교를 보고 들을 수 있으며, 서점가(書店街)에 홍수처럼 쏟아져 나온 유명 목사들의 설교집들은 한국교회와 그 교인들을 포식(飽食)시키고 있는 것이다.

이 얼마나 축복스런 일인가? 제대로 먹지 못해 굶주렸던 시절이 엊그제

같은데 이제는 먹을 것이 너무 많아서 「입맛 타령」(설교 투정)을 할 지경이 라니(지금도 말씀의 기갈 중에 있는 세계 곳곳의 수많은 영혼에게 미안할 따름이다).

그러나 이 같은 설교의 풍성함 속에서도 한국교회 교인들의 신앙형태는 비정상적인 모습을 드러내고 있다는 것이 가슴을 답답케 한다.

오늘날 한국교회는 과연 정상적이라고 할 수 있을까? 오늘날 한국교회의 교인들은 과연 정상적인 그리스도인인가? 크게 성장했다고는 하지만 「기업을 닮아가는 교회」(더글라스 웹스터)가 적지 않고, 오랜 경륜과 천만이 넘는 숫자를 세계교회에 자랑은 하지만 실상은 「미신적인」 교인들만 북적대는 것이 아닌가? 원인은 한 가지, 설교의 편식(偏食)을 하였기 때문이다.

◈ 위험한 설교의 편식

아무리 포식을 하여도 편식은 사람에게 이롭지 못하다. 특히 자라나는 아이에게는 질병을 유발시키는 위험이 있다. 뜻밖에도 요즘 아이들 중에는 「골다공증」(骨多空症; osteoporosis)을 앓고 있는 환자들이 적지 않다고 한다.

「골다공증」이란 「골조직이 석회분의 감소로 뼈가 부서지기 쉽게 되는 병」으로서 여성의 경우는 폐경기(肺經期) 이후에, 그밖에는 60세 이상의 노인에게 「칼슘부족」으로 일어나는 질병이라고 한다.

그런데 이 같은 노인병(老人病)이 아이들에게 일어나고 있다니! 도대체 원인이 무엇인가? 난해한 의술의 진단이 있겠으나 알기 쉬운 진단으로는 편식증(偏食症)-특정한 식품을 싫어하며 먹지 않거나 한정된 식품만을 좋아하며 먹는 편중된 식사습관-이 그 원인이라고 한다. 따라서 요즘 아이들은 「맵고 짜고 강한 음식」을 피하고 「달고 부드럽고 연한 음식만」을 선호하기 때문에 뼈가 약해지는 「골다공증」에 시달리는 것이다.

한국교회의 강단이 「주지육림」처럼 그 설교가 풍성하여 교인들이 마음껏 포식을 한들 그것이 한정된 식품을 편식하는 것에 지나지 않는다면 매우 위험한 노릇임에 틀림없다. 아니, 실제로 오늘의 한국교회와 그 교인들이 편식을 해오지 않았던가? 강한 설교보다는 연한 설교를, 쓰디쓴 설교보다는 달콤한 설교를, 수술(手術)하는 설교보다는 미봉(彌封)하는 설교를 좋아하여 편식하지 않았는가 말이다.

이 책임은 첫째로 설교자에게 있다. 교인들에게 하나님의 말씀을 골고루 먹여서 정상적인 그리스도인으로 성장시켜야 하는 법인데 교인들이 우선 잘 먹는다 하여 기름이나 설탕이나 조미료만 잔뜩 섞어 먹이지 않았는가? 그러므로 교인들은 그 신앙이 어린 나이임에도 성인병, 심지어는 노인병까지 앓게 되는 불행에 빠지고야 말았다.

그러나 이 책임은 설교자에게만 있는 것이 아니다. 교인들에게도 핑계할 수 없는 책임이 있다. 설교가 강하고 쓰다고 해서는 쉽게 뱉어 버리고, 아이스크림처럼 달짝지근한 설교는 핥아 삼키는 변덕스러움이 결국은 설교자로 하여금 특정한 음식만을 장만하게 한 것이다. 정상적인 신앙인으로 성장하려면, 진실로 장성한 그리스도인이라면 강한 설교도 온전히 씹어 섭취할 수 있어야 한다.

◇ 기복설교에서 예언설교에로

오늘날 한국교회와 그 교인들의 편식 증세는 「기복설교」―또는 축복설교―를 선호하는 반면에, 「예언설교」를 기피하는데서 나타난다. 「기복설교」란 한마디로 「복받으라」는 설교이다. 그 대표적인 성구(聖句)가 「사랑하는 자여 네 영혼이 잘됨같이 네가 범사에 잘 되고 강건하기를 내가 간구하노라」(요일 3:2)인데, 한국강단의 설교가 대부분 이 범주에서 맴돌고 있는 것이 현실이다.

이 세상 어느 누가 복을 마다하랴? 복받을 짓은 못했어도 복은 받으려고 머리를 내미는 것이 우리나라 사람의 심성이 아닌가 싶다. 그리고 일제시대에는 물론 해방 이후 수십 년 동안을 얼마나 가난하게 살았던가? 그바람에 「예수 믿고 복받으라」는 「기복설교」는 우리나라 심성의 토양(土壤)에 적절히 뿌리내리게 되어 기대 이상의 결실을 보게 되었다.

그러나 이게 큰 문제가 되었다. 수십 년 동안 「기복설교」에 「입맛들인」 교인들은 그만 편식증에 걸리고 말았다. 즉, 「기복설교」외의 다른 설교는 즐겨 듣지 아니하는 증세가 나타나기 시작했다. 특히, 「예언설교」를 싫어하는 경향이 나타났다. 「기복설교」는 듣기 좋은 소리인데 비해 「예언설교」는 듣기 싫은 소리가 없지 않기 때문이다.

수만 명의 교인들을 거느리고(?) 있는 어느 유명한 목회자는 「목사가 교회를 부흥시키려면 하나의 원칙이 있다. 그것은 축복설교, 성공설교, 치유설교(治癒說敎)를 주로 해야지, 소위 치는 설교-예언설교-를 하면 안된다」고 하면서 자기의 교회가 크게 된 것은 그 원칙을 지켰기 때문이라고 공공연히 말하는 것을 들은 적이 있다.

실로 아연할 노릇이다. 그렇다면 「인자야 너는 그들을 쳐서 예언하고 예언할지니라」(겔 11:4)는 여호와의 말씀은 어떻게 되고 「이 예언의 말씀을 읽는 자와 듣는 자들과 그 가운데 기록한 것을 지키는 자들이 복이 있나니 때가 가까움이라」(계 1:3)는 성경의 말씀은 어찌되겠는가? 「예언설교」를 부정하거나 배제하는 일은 사단의 술수요 또한 그에 빠진 거짓 선지자들의 계략임을 지혜 있는 그리스도인들은 분별해야 할 것이다.

제6장

1. 십자가를 벗어던진 한국 교회

◇ 극기 훈련이 절실한 현대인들

무더운 여름이다. 작년처럼 무더위와 싸워야 하는 그 여름이 또다시 다가온 것이다. 여름하면, 학생들은 방학이 즐겁고, 직장인들은 휴가가 즐겁다. 이 여름에 방학과 휴가를 어디에서 어떻게 보낼까? 옛날에 비해 먹고 살 걱정이 덜한 현대인들의 즐거운 고민 중의 하나가 바로 이것이다.

개인적으로 또는 가족적으로 사람들은 효과적인 여름을 위하여 계획하고 실천한다. 교회 역시 성경학교다, 신앙수련회다, 하면서 각종 행사를 계획대로 치러낸다. 교회뿐만 아니라, 학교나 그 밖의 사회단체 등에서도 어린이와 청소년—또는 청년들과 특정인—들을 위한 수련회를 실시한다.

이 모든 행사들의 짜임새 있는 「프로그램」을 주목해 보노라면 특이한 내용이 눈에 띈다. 그것은 어린이들과 청소년들의 「프로그램」에 나타나 있는 내용으로써 이른바, 「극기훈련」이란 것이다. 말하자면, 어떤 어려움을 인내로써 잘 참아내고 이겨내는 힘을 기르고자 하는 훈련이다.

그 까닭은 요즘 아이들이 온상의 꽃처럼 귀여움만 받고 자랐기에 너무나 심약하다는 것이다. 그리하여 조금만 어려운 일을 당해도 쉬이 낙망하고 절망하고, 심지어는 스스로 목숨을 끊는 일이 비일비재한 것이다. 때문에 요즘의 아이들과 청소년들을 위한 여름수련회의 교과과정에는 극기훈련이 필수적이다.

하지만, 극기훈련은 아이들과 청소년들만의 단골메뉴는 아니다. 어른들을 위한 메뉴이기도 하다. 지금도 외국이나, 국내의 굴지기업에서는 간부교육과 사원교육의 「프로그램」에 언제나 극기훈련, 곧 지옥훈련을 실시하고 있다. 그래야만 험난한 기업세계에서 성공인으로서 살아남을 수 있기 때문이란 사실이다.

◇ 고난을 외면하는 안일한 기독신자들

교회는 예외일까? 천만의 말씀, 교회야말로 극기훈련의 본산지이다. 교회의 역사는 언제나 극기심으로 견뎌내야 했던 고난의 역사 그 자체였었다. 초대교회의 역사가 그랬었고, 초기의 한국교회 역사가 그랬었다. 일제치하의 박해와 공산치하의 박해에서도 우리의 한국교회는 그 절개를 지켜왔던 것이다. 그 결과 보릿고개의 아득한 빈곤의 언덕을 넘어왔고, 독재의 험난한 골짜기를 통과하였다. 이제 우리의 한국교회는 선진들의 눈물과 순교의 피로 뿌려진 씨앗으로 인하여 세계적인 성장의 부요로움을 거두어 누리고 있는 중이다.

그러나 교회 성장의 부요로움을 누리기를 어언 이십 수년, 부요로움 속에서 자라나는 한국교회와 그 신자들 가운데는 십자가를 벗어던지는 사람들이 확산일로에 있다. 아니, 이 사람들은 처음부터 십자가를 짊어지지도 않았었다. 그저 선조들이 고난 중에 일구고 가꾼 기름진 터전에서 풍요로움을 즐기고 있는 교회 내의 「오렌지족」들일 뿐이었다.

과거의 가난과 핍박이 지겨웠던가? 그 가난과 그 핍박을 자손과 후손에게는 물려주지 않으리라는 어버이의 심정이라도 된단 말인가? 오늘날 한국교회의 강단은 「축복의 설교」는 풍년인 반면, 「고난의 설교」는 흉년이어서 들어보기가 어렵다. 축복의 설교는 싸매는 설교라서 교인들이 좋아라 하고 듣는 반면, 고난의 설교는 까는 설교라서 교인들이 싫어하여 듣지 않는다고 한다.

새벽기도회가 수만 명 이상이 모인데서 화제가 되고 있는 교회의 이야기이다. 서울이 M교회를 두고 하는 말인데 그 교회의 성장을 재조명하면서 충현교회 신성종 목사는 이렇게 말했다.

"K목사의 설교는 아주 평이하면서도 위로와 힘을 준다. 이것이 그의 강점이다. 소위 까는 설교로는 「대목회」를 할 수 없다. …예를들면 「열두 광주리」란 주제로 15일간 새벽기도를 가진다. …성령충만을 통하여 열두 광주리를 채워주시는 것이라면서, 하나님이 함께하시면 각종 질병, 자녀, 가정, 사업 등 갖가지의 문제가 해결된다고 설교하였다.

오호라, 새벽기도회에 수만 명, 또는 그 이상이 모인다 한들 그 무슨 자랑이 되겠는가? 각종 질병, 자녀, 가정, 사업 등의 문제 해결이 가장 주된 목적이라면, 오늘날 한국교회의 새벽기도회는 무언가 잘못된 것이 아닐까?

◇ 초대교회의 설교가 그리운 것은

육체적인 문제, 물질적인 문제, 세속적인 문제, 결국은 이기적인 문제의 해결에 초점이 집중되는 오늘의 풍년든 설교, 이것이 과연 성경의 올바른 「메시지」로서의 설교일까? 성경의 설교, 곧 초대교회의 「케리그마」는 결단코 그렇지 아니했다. 육체적인 문제보다는 전인적인 문제에 초점을 둔 설교였고, 물질적인 문제보다는 신령성의 문제에 초점을 둔 설교였으며, 세속적인 문제보다는 「하나님 나라」에 초점을 둔 설교였다. 예수를 믿으면 출세를 하고, 사업이 잘 되고 부자가 된다는 설교를 초대교회의 어느 사도가 단 한

번이라도 한 적이 있던가?

그런데 오늘날 한국 교회의 강단은 무엇이, 어떻게 설교되고 있는가? 하나님의 말씀으로 회중을 끌고 갈 생각은 않고, 도리어 세속적인 가치 욕망으로 세뇌된 회중의 비위에 이끌려 가다니… 그리하여 십자가의 고난도 없이, 예수 그리스도의 피젖음도 없는 「치유목회를 합네」하면서 축복설교, 성공설교를 함부로 남발하다니… 이런 식의 설교도 수만 명, 수십만 명을 모은 「대목회」라면, 조금도 자랑할 것이 못된다. 「까는 설교」를 들으면 다 흩어질 것들이 아닌가? 축복설교만이 아니라, 치는 설교, 때리는 설교, 책망하는 설교를 통해서도 은혜를 받아야 좋은 신자요, 참된 신자일 것이다.

나의 사랑하는-나만이 아니고 우리 모두가 사랑하는-한국교회여, 신약성경을 똑바로 읽어보아라, 거기 어디 축복설교를 남발하고 있는가? 오히려 「고난을 받으라!」고 얼마나 자주 설교하고 있는가? 복받으라고 설교하면, 큰소리로 「아멘!」하면서, 어찌하여 주를 위해 고난을 받자, 하면 그 무슨 소리인지를 깨달으려 하지 않는단 말인가? 이 여름날 각종 단체에서 실시하는 극기훈련은 아이들과 청소년들과 어느 기업의 사원들의 문제만이 아니다. 교회의 문제요, 교인들의 문제다. 벗어 던진 우리 몫의 십자가를 다시 찾아 걸머지고 주님을 따라야 하는 그리스도인된 우리 자신들의 문제라는 것이다.

그러므로 한국교회의 설교자들이여, 축복설교는 그동안 해도 너무했으니 이제는 그만 하고 고난 설교, 즉 「십자가를 지자」는 설교좀 실감나게 해보자. 아울러 한국교회의 신자들이여, 「사탕발림」의 축복설교는 들었어도 질력나게 들었으니, 이제는 「복음과 함께 고난을 받으라」(딤후 1 : 8)는, 초대교회의 생생한 「케리그마」에 마음을 열자. 그것이 진짜배기 설교가 아니던가!

2. 도무지 믿을 수가 없는 일

◇ 그까짓, 감투가 뭐길래

이럴수가! 장로 교단의 총회장, 감리 교단의 감독에 출마하려면 최소한 5억~30여 억원은 써야 되며, 그같은 일은 이미 다 아는 사실이라니! (본지 123호, 1면톱기사) 도무지 믿어지지 않아서 신문사에 연락해 「이 내용 혹시, 잘못된 것(?)오타에 의한 것이 아니냐」고 따져 물었다. 결과적으로 신문이란 사실에 입각한 내용을 보도하는 법, 결코 꾸민 이야기가 아님을 재확인만 하였을 뿐이다.

최대한 30억원은 고사하고 최소한 5억원만해도 그렇다. 감독이나 총회장이 뭐길래 일반 서민이나 일반 목사로는 평생 지내봐야 만져볼 수도 없고, 심지어 눈으로는 직접 볼 수도 없는 그 엄청난 돈을 선거비용으로 살포하는 것인지, 그것도 장로교단의 총회장은 그 임기가 1년이 아니던가. 또한 그 엄청난 돈은 어디에서 어떻게 생겨난 것인지, 그야 두말할 나위도 없이 선량한 교인들의 피땀어린 헌금이 아니겠는가?

때는 바야흐로 우리나라의 경제는 곤두박질 직전이다. 고임금과 고물가, 수출부진, 거기에다가 사치성 과소비와 무분별한 해외여행등으로 우리나라 경제가 휘청거리고 있기에 심히 불안한 형편이다. 이때에 국민된 우리 그리스도인들은 무엇을 어떻게 해야 하겠는가? 우선적으로 손쉽게 할 수 있는 일은 근검검절약이다. 이 일을 다른 누구보다도 우리 그리스도인들은 솔선수범해야 한다. 그리고 이 같은 솔선수범을 위해 그 촉매역을 담당해야 할 이들이 다름 아닌 우리의 목회자들인 것이다. 그런데 이 무슨 작태들인가? 고양이에게 생선을 맡긴 꼴이라니! 자신의 총회장 및 감독의 출마를 위해 이같이 엄청난 돈(헌금)을 살포하는 행위는 분명, 세상의 선거법으로도 위법이니, 교회 안에서는 더욱 범죄 행위가 아닐 수 없다.

◈ 쇠고랑을 차야 할 목사들

최근 정가에서는 야당의 부총재가 5천만원의 뇌물을 받은 혐의로 쇠고랑을 차고 말았다. 교육감 후보자가 자신의 당선을 위해 힘을 좀 써달라고 건내준 돈이었다. 물론 그 후보자는 이미 구속되었다. 그리고 그 부총재 역시 혐의를 벗지 못하고 구속되고 만 것이다.

무엇을 말하려는 것인가? 세상법도 자신의 당선을 위해 금품을 건네거나 받거나 하면 가차 없이 쇠고랑을 채워 구속을 시키는데 하물며 하나님의 거룩하신 법(말씀)을 선포하고 준행한다는 성직자들이 불법을 감행하다니! 줄줄이 쇠고랑감들이 아니겠는가? 하나님나라의 검찰들이여, 어찌하여 저들의 불법행위를 보고만 있는가? 즉시 쇠고랑을 채워 그 돈이 도대체 어디서 어떻게 긁어 모은 돈인가를 엄중히 수사하여 전두환, 노태우 씨와 그 무리들에게 중형을 구형하여 선고받은 것처럼 저들 목사들에게 중형을 구형하라.

저들은 목회자들이 아니라, 먹회자들이다. 자신의 명예와 감투를 위해 하나님께 드린 성도들의 헌금을 5억, 10억, 20억, 30억 하며 꿀떡꿀떡 삼킨 자들이기 때문이요 또한 그 돈을 십만, 백만, 천만을 갈기갈기 나눠먹은 자들이기 때문이다. 이런 후보자일진대 이런 유권자(대의원)일진대, 정말 모두가 구속감이요, 영창감들이다. 가장 거룩하신 하나님의 공의로운 법이 아니어도 혼탁스러운 세상법에 적용해도 그렇다.

일이 이 지경인 바에는 각 교단의 총회는 「성(聖)총회」가 아니요, 「죄(罪)총회」이다. 교회가 세상보다 더 나은 점이 어디 있겠는가? 오히려 세상보다 더 추잡한 것이 아니겠는가? 세상을 선도해야 할 교회가 세상풍조를 따라가고, 오히려 세상을 앞지르려 하다니! 세상이 우리 교회를 보고 무어라고 하겠는가? 「교회가 기가 막혀」라는 말로 조소하는 것 같아 도무지 낯부끄럽다.

◇ 목회자가 아닌 먹회자들

자신이 감독 및 총회장의 당선을 위해 5억~30억원을 쓸 정도(아직도 필자는 사실이 아닌 것 같다. 또는 아니기를 바라는 마음 때문인지는 몰라도)라면, 보통 규모의 교회 목사는 아님이 분명하다. 최소한 장년 신자가 천명이상 모이는 교회의 담임 목사일 것이다. 그러므로 그는 능력 있는 목사요, 목사 중의 목사요, 그 교회 신자들로부터는 예수님 이상으로 절대 존경을 받는 「주의 종」님일 것이다.

그렇다면 그는 자신이 시무하고 있는 교회에서 뿐만 아니라 교단과 교계의 주목을 받는 탁월한 지도자임에 틀림없다. 수많은 신자들은 그를 존경하고 따르는 터이요, 수많은 목사들은 그와 같은 목회의 성공자가 되려고 사모하는 터일 것이다. 그러므로 그는 더욱 자중하여 신자들과 동료들의 본이 되는 태도를 가져야만 옳다. 그는 진실로 사도 바울처럼 「내가 그리스도를 본받는 자된 것 같이 너희는 나를 본받는 자 되라」(고전 11:1)고 무언유인(無言有人)의 행동으로 본을 보여온 지도자가 되어야 한다는 뜻이다.

그런데 이 무슨 「뒤통수를 얻어 맞는격」인가? (물론, 모두 큰 교회 목사들이 다 그렇다는 것은 아니다. 하지만 다 그렇고 그런 괴수들로 보이게 되고 말았다.) 최소한 5억원이라는 그 돈은 장년신자 백 명이 모이는 교회의 5년 예산이요, 30여억원은 장년 신자 3백명이 모이는 교회의 10년 예산이다. 그리고 한국교회 70% 가까운 교회가 백 명 미만의 교회인데 그 많은 교회의 1년 예산은 몇천 만원에 지나지 않는다. 그밖에도 현실적으로 재정이 목마른 교회는 너무나 많다.

그런데 그 모든 연약한 교회와 가난한 목사들 앞에서 여보라는 듯이 수억원~수십억원을 자신의 명예 획득을 위해 기탄 없이 살포하다니! 하늘이 두렵지 않은가? 그들에게 할 수 있는 말은 더 이상 「회개하라」일 수가 없다. 목사직을 사퇴해야 한다는 의미에서 「자폭하라」는 말뿐일 것이다(이런 글을 쓰는 필자는 의인인가, 아니다. 필자 역사 그런 위치와 입장이라면 그와 같은 가능성이 있다는 점에서 필자도 죄인임을 자복하며 참회하는 바이다.).

3. 정의봉(正義棒)

◇ 이 시대는 정의봉이 필요하다

백범 김구(白凡 金九) 선생을 암살한 안두희(安斗熙,79) 씨가 지난달 24일에 기어이 피살당하고 말았다. 여기에서 「기어이」라고 말하는 것은 그가 이미 여러 차례에 걸쳐 피습을 당해왔던 까닭이다. 그때마다 끈질긴 그의 목숨은 용케 부지되었지만 이번에는 더 이상 모면될 수가 없었던 모양이다.

백범 김구를 암살한 안두희 씨는 그 역시 암살당하고야 말았다. 인과응보(因果應報), 또는 사필귀정(事必歸正)인가, 심은 대로 거둔 셈이다.

한편 안씨를 살해한 버스기사 박기서(朴琦緒,46)씨는 당시 범행에 사용한 나무방망이를 동네 그릇가게에서 샀으며 집에 돌아와서는 딸의 매직펜으로 「정의봉」(正義棒)이라고 직접 써 넣었다고 한다.

박씨 자신은 한 사람을 살해 했다는 사실에서는 죄책감을 느끼면서도 「기자와 지식인들은 말과 글로만 역사를 단죄하지만 나는 행동으로 그것을 보여 주었다」며 나름대로의 확신을 가지고 있었다. 하지만 이는 분명 잘한 일은 아니었다. 뚜렷한 범죄행위인 까닭이다. 그러면서도 우리가 이 사건을 유의(留意)하게 되는 것은 박씨가 사용한 범행도구가 「정의봉」이라고 이름한 방망이었다는 점이다.

이처럼 시사적인 의미를 부여할 때 백범 김구 선생의 암살범 안두희 씨는 결국 「정의봉」에 맞아 죽은 것이다. 어느 신문사에서는 안씨가 「몽둥이 세례를 받고 죽었다」고 보도하였다. 아닌게 아니라, 박씨가 안씨를 향해 휘두른 그 방망이는 역사적인 의미로 보면, 과연 「정의봉」이었다는 생각도 들만 하다. 그렇다. 이 시대는 정말 「정의봉」이 필요하다. 물리적인 의미에서의 정의봉보다는 윤리와 도덕과 정신적인 의미에서의 정의봉이 절실하다는 말씀이다.

이 시대, 특히 우리 사회에 있어서 정의봉으로 두들겨 맞아야 할 사람이 어디 안두희씨뿐이겠는가? 양심적으로 생각한다면 우리 모두가 정의봉으로 매를 맞아야 할 사람들이 아닌가 싶다.

◇ 정의봉에 맞아야 할 사람 또 있다

12.12 및 5. 18사건은 아직도 재판부서에서 계류(繫流) 중이어서 이를 지켜보고 있는 대다수의 국민들은 짜증스러워하는 것 같다. 더욱 짜증스럽게 만드는 것은 국회 청문회의 증언요구를 거부하는 것을 필두로 하여 광주 특위에서의 증언 거부, 검찰의 증언요청 거부를 계속한 나머지 본 사건 제7차 공판에서 증인으로 채택되어 소환요구를 받은 최규하(崔圭夏) 씨의 상투적인 증언거부 태도이다.

최씨는 지난달 27일에 「재판부가 소환요구에 불응했다는 이유로 구인(拘引)하면 응할 것이나 법정에서 답변은 하지 않을 것」이라고 법률고문 변호사를 통해서 또다시 거부했던 것이다. 그의 이와 같은 고집은 전직 대통령이기 전에 국민의 한 사람으로서 국법을 무시하는 처사일 뿐만 아니라, 역사를 왜곡시키는 우유부단함이고, 여지껏 의혹을 풀지 못하고 있는 국민과 피맺힌

원한으로 울분하고 있는 광주시민을 우롱하는 처사가 아닐 수 없다. 그러므로 「역사의 정의봉」으로 실컷 두드려 맞아야 할 사람은 바로 최규하 씨가 아닐까?

그는 「전직 대통령의 재임중 행위에 대한 증언이 국익에 도움이 되지 않는다」고 생각한다는데 그것은 어디까지나 개인적인 소견, 오히려 증언하지 않음으로써 국익에 도움이 되지 않음은 어찌하여 생각지 못하는가? 무엇이 두렵고 무엇이 캥겨서 증언하지 못하는가? 정말로 「정의봉」의 맛을 보아야만 이실직고(以實直告)할 참인가?

그의 돌부처 같은 묵비권은 벙어리 냉가슴처럼 답답하기만 하다. 역사의 진실을 숨겨둔 채 죽어간 안씨처럼 그도 머잖아 그렇게 죽을까 염려스럽다. 그러나 「정의봉」을 맞아야 할 사람은 안두희 씨만이 아닌 듯이 최규하 씨만도 아니다. 어쩌면 우리 국민 모두가 다 정의봉을 맞아야 될 사람들이 아닌지 모르겠다.

◇ 교회 역시 정의봉은 피할 수 없다

일주일이 넘어가도 전직 국방장관의 비리에 대한 언론의 보도는 여전히 입을 다물지 않고 있다. 명예를 생명처럼 교육을 받은 사관학교 출신이면서 참모총장까지 지낸 그가 국방장관 재임중 기밀누설과 뇌물수수 혐의로 입방아에 올랐다. 드디어 검찰에 소환돼서까지도 계속해서 결백을 주장하다가 더 이상 핑계할 수 없는 처지에 이르러서야 혐의를 시인(是認)했다. 이에 대하여 C일보 사설(10월 27일자)에서는 「치사하고 비굴한 인간」 「한마디로 그는 나쁜 사람이다」라고 혹독히 비난했다. 물론 충분히 동감이 가는 논설이다. 따라서 이 역시, 정의봉을 맞아야 할 사람이 틀림없다.

그러나 전직 국방장관인 그(李養鎬)는 누구인가? 더구나 우리 한국교회의 입장에서는 어떠한 사람인가? 그는 교회의 존경받는 장로(長老)가 아닌가? 이로 인해 우리 한국교회는 세상에 대하여 무어라 할 말을 잃게 된다. 말하자면 발언권(發言權)을 상실한다는 것이다.

교회의 신도를 대표한다는 장로가 사회의 정의봉을 맞아야 할진대 무슨 할 말이 있겠는가? 그 밖의 신도들도 다 마찬가지가 아니겠는가? 아니, 그런 장로를 양육(養育)하고 배출(輩出)시킨 교회의 지도자인 목사들은 예외일까? 역시 책임을 모면할 길은 없다. 교회 안에 정의봉으로 두들겨 맞아야 할 장로가 있고 신도들이 있다면, 목회자들 또한 정의봉의 심판(審判)을 피하지 못한다. 그래, 피하지 말고 차라리 두들겨 맞자. 맞지 않고 교만하여 나태하느니 얻어 맞고 겸손하여 정신차리자! 저 평범한 시민 버스기사 박기서(朴琦緒) 씨가 휘두른 정의봉은 안두희 씨만이 아닌, 최규하 씨와 이양호 씨만도 아닌, 우리 모든 그리스도인과 그 교회를 향하여 휘두른 「말씀의 방망이」(렘 23:29)라고 생각하라고 한다면 지나친 억지일까?

4. 부흥사회의 춘추전국

◇ 부흥사가 되는 꿈과 야망

최근 90년대 사십대 미만 이상의 교회 교역자들은 부흥회를 통하여 회심하고 목사가 된 경우가 대부분이다. 따라서 이 같은 사람들은 기회만 되면 부흥사가 되겠다는 꿈을 가지고 있는 것이 사실이다. 개교회의 목사로서 한 교회만 목회할 것이 아니라 능력 있는 부흥사가 되어 전국을 누비며, 아니 더 나아가 세계를 누비는 「영계의 거성」이기를 꿈꾸는 것이다.

한 사람의 교역자가 세계적인 부흥사가 되겠다는 꿈을 갖는다는 데에야 어느 누가 시비를 걸겠는가? 사도 바울은 "내가 로마도 보아야 하리라"(롬 19:20)고 하지 않았던가? 요한 웨슬레도 "세계는 나의 교구"라고 선언하지 않았던가. 그 누구보다도 예수님께서는 "땅 끝까지 이르러 내 증인이 되리라"(행 1:8) 하시지 않았던가? 그러므로 전국교회와 세계교회를 누비며 하나님의 부흥을 이루겠다는 꿈은 오히려 장려되어야 할 일이다.

그러나 그 동기가 과연 순수한 것이냐? 하는 것은 물어야 한다. 진실로 "내가 다시는 여호와를 선포하지 아니하며 그 이름으로 말하지 아니하리라 하면 나의 중심이 불붙는 것 같아서 골수에 사무치니 답답하여 견딜 수 없나이다"(렘 20:9) 하는 소명심이 있어서 부흥사 노릇을 하려는 것이냐?에 명백한 답변을 가지고 있어야 한다. 만일, 이 같은 소명의 확신이 결여된 상태라면, 그 밖의 동기가 아무리 그럴듯해도 부흥사로서 나서는 일은 삼가고 또 삼갈 일이다.

비근한 예로, 자신의 목회가 잘 안 풀리니까, 다른 쪽에서 만회 내지는, 기분풀이로 해보려는 도피성 행위로서 부흥사가 되려는 꿈이라면 그 꿈은 지워버려야 한다. 왜냐하면 그 꿈은 사단이 주는 야망일지도 모르는 일이기 때문이다. 또는 내 목회가 이쯤되면 성공을 거둔 것이니, 이제는 여세를 몰아 내 능력을 전국교회에서 펼치고, 내 이름을 전세계 교회에 떨쳐볼까나? 하는 동기라면, 아예 부흥사가 될 생각도 말아야 한다.

◇ 부흥사들의 군웅할거(群雄割據)

아, 그러나 어찌하랴! 요즘의 부흥사들 중에는 그 동기가 순수치 않은 사람들이 적잖은 듯하여 안타깝다. 언젠가 별 볼 일 없는 평신도들 가운데는 「사업이 잘 안 풀리는데 다 때려 치우고 신학교나 가서 목사 노릇이나 해볼까?」 하는 되먹지 못한 말이 떠돌았다고 한다. 이와 흡사하게 목회사역에 별 재미 없는 교역자들 가운데는 "부흥사나 되어서 부흥회나 다녀볼까?" 하는 심정으로 부흥사연수원, 아니면 각계의 부흥사회에 얼굴을 기웃거리는 것이다.

아니! 무슨 연수원을 다녔다고 해서 부흥사가 되는 것일까? 또는 무슨 부흥사회에 회비를 내는 회원이 되었다고 해서 부흥사가 되는 것일까? 참으로 어처구니 없는 노릇이 아닐 수 없다. 「드와이트 무디」가 부흥사연수원을 다니면서 부흥사가 되었던가? 또는, 「빌리 그래함」이 미국의 무슨 부흥사에 가입해서 세계적인 부흥사라도 되었던가? 아니면, 우리나라의 김익두 목사나 이성봉 목사 같은 분들이 그랬었던가?

최근의 한국교회에 부흥사로서 가장 명망 높은 S목사와 같은 분만 해도 그렇다. 그 분이 무슨 연수를 받았거나, 협회에 가담했기에 부흥사가 된 것은 아니었다. 오직, 부흥사로서의 재능과 소명이 있었기에 부흥사가 되었다. 어디 S목사뿐이든가? 그 밖의 모든 부흥사들이 다 그와 같은 동기에서 하나님께 쓰임을 받고 있는 것이다.

그런데 이 무슨 유행성 질환 같은 것인가? 한국교회는 그동안 교파난립에 선교회 난립을 더 하더니 이제는 부흥사회마저 난립하는 꼴불견을 목도하게 되었다. 이른바, 부흥사회의 춘추전국시대가 도래한 것이다. 춘추전국시대의 특징은 군웅할거였다. 군웅할거란 "같은 시대에 활약하는 여러 영웅이 각지에 자리를 잡고 세력을 다툼"을 뜻하는 말이다.

오늘날 한국교회의 영웅을 자처하는 몇몇 부흥사들은 영계를 주도하려는 세력 다툼을 벌이고 있다. 그리하여 그들은 부흥사회를 그럴듯한 이름 아래 조직하였다. 그리고 그 회원(졸개)을 수급하려는 일환으로 부흥사연수원을 속속들이 개원하고 있다. 가입시켜 주겠다는 약속과 또는, 95년도, 97년도, 99년도, 2천년도 등등의 ○○집회의 주강사로 세워주겠다는 것을 미끼로 해서 그렇게 하고 있다.

◇ 모든 교역자가 다 부흥사라면

이런 식으로 대량 배출되는 부흥사가 과연, 제 구실하는 부흥사일 수 있을까? 기껏해야 모조품부흥사일 따름이다. 확실히 해두자. 부흥사는 사람이 만들어 내지 못한다. 부흥사는 하나님께서 만들어 내시기 때문이다. 배워서 하는 부흥사, 이는 모두 가짜다.

그럼에도 불구하고 부흥사 연수원이 필요하고, 부흥사회가 필요함은 무슨 연유일까? 부흥사연수원의 필요성은, 이미 부흥사로 부름 받은 사람으로 하여금 그에 합당한 윤리를 확립케 함에 있는 것이다. 또한 부흥사회는 각양은 사 가운데서 일치하는 복음의 확인을 위해서 필요하다면 필요한 것이다. 그러나 이 같은 발상은 이른바 인간의 노파심에 지나지 않는 것, 이 모든 일조차도 성령의 권한에 위임하여 드려야 할 일이다.

따라서 요즘처럼 부흥사회가 난립하는 현상은 교계로나 영계로나 결단코, 바람직한 일이 못된다. 요즘 사람치고 「선생님」 아닌 사람이 누구며, 웬만하면 「사장님」 아닌 사람이 누구냐고 하듯이, 교역자 치고 「부흥사」아닌, 사람이 어디 있느냐고 할 정도라면 우리는 교계를 어떤 눈으로 바라보아야 할까? 결국, 목사의 권위가 곤두박질친 이 마당에, 부흥사라는 신성함마저도 헌신짝 같아졌다는 무감한 심정을 따름이다.

왜, 이렇게 한국교회는 부흥사가 많은 것일까? 교계의 부흥집회 광고를 보노라면, 이름 몰랐던 신인 부흥사들이 대거 등장하고 있는 참인데 그래도 부족하다고 부흥사연수원에서는 수없이 배출하고 있다. 하지만 한국교회의 영적 상태는 갈수록 가물어 「메마른 땅」이니, 이 무슨 재앙일까? 바로, 여기에서 한국교회의 부흥사들이 갱신되고 개혁되어야 한다는 당위성을 역설케 되는 것이다.

5. 개혁을 외치는 부흥사여 속히 나서라

◇ 소망스런 기도원의 열기

새해다. 한국교회의 새해는 어떻게 열리는가 해마다 연말 연시 전후한 교계신문의 광고난에는 각종 부흥회의 안내가 즐비하다. 「신년부흥성회」 「산상축복성회」 「신년축복부흥대성회」 등의 굵직한 광고문이 돋보인다. 특히 웬만큼 알려져 있는 기도원들은 유명 강사들을 교섭하여 경쟁을 벌이듯 부흥회를 주최하는 듯하다.

메뚜기도 한철이라든가? 새해 벽두야말로 기도원은 사업상(?) 대목이라고 한다. 정말이지 그 기도원은 인산인해였다고 할까? 한적한 중에 주님과 함께 새해를 계획하겠노라는 생각에서 기도원을 찾은 것은 완전한 오산이었다. 찾아간 기도원에는 이미 은혜를 사모하는 사람들로 가득차 있었기 때문이다.

시간 시간 외쳐대는 부흥강사의 다채로운 열변은 회중을 사로잡고도 남음이 있었다. 그이는 정말, 「프로페셔널」이였다. 시간 시간 헌금을 거둬 들이는데 빈약한 주머니였지만 아니 털 수 없게 하였다. 그만큼 경지에 이른 부흥사로서 도사라고 할까…

그러나 중요한 것은 신년을 기도로 시작하는 신자들의 열기다. 신정 연휴를 세상과 즐기지 않고 하나님과 함께하는 돈독함이 너무나 소망스럽다. 평소 교회에서는 신자들이 기도를 안한다고 많은 걱정을 들어왔다. 그러나 그게 아닌 것이 기도원에 몰려든 신자들의 무리로 입증되고 있었다.

그렇다. 한국교회는 아직도 희망이 있다. 아니, 이처럼 기도하는 성도들이 많고 많은 이상 희망은 영구적이라고 하겠다. 신년이면 산마다 기도원마다 기도하는 신자들로 가득 가득 메워지고 있는 이상, 누가 뭐래도 한국교회는 희망이 있는 것이다.

◇ 물량주의 부흥사는 추방시켜야

하지만 문제가 없진 않다. 은혜를 사모하는 성도들의 열기에 비하여 강사들의 「메시지」에 문제가 없지 않은 것이다. 늘상 지적되고 있는 사항이지만 부흥회의 내용이 그제나 저제나 천편일률이란 점이다. 말하자면 축복론의 일색인 것이다.

너무나 가난했기에 「잘 살아보세」 하고, 외쳐댔던 60년대 부흥회에서의 축복론은 적절한 「메시지」였다. 하나님이 베푸시는 모든 복이 영적인 것만이 아니고 육적이며 물질적이기도 하다는 외침은 현실에 적중되었다. 그 계기로 한국교회는 70년대 및 80년대까지 심지어 90년대에 이른 지금까지 축복론은 부흥회의 「단골 메뉴」가 되어 오고 있다.

아직도 부흥회의 최대 관심사가 거둬들이는 헌금 액수에 있는가? 수억 만원의 건축헌금을 약속시키는데 부흥회의 목적이 있는가? 담임목사의 고급 승용차나 사드리는 것이 주 목적이고, 성지 순례나 해외여행을 시켜드리기 위한 헌금이나 바치게 하는 것이 부흥회의 결과인가? 그렇다면 이제 이런 부흥회는 그만 하자, 왜냐하면 그동안 많이 해왔기 때문이다.

지금까지 한국교회는 신자들의 헌금으로 살쪄 왔다. 일부 교회들은 「비만증」에 걸려 있을 정도이다. 그래서 남은 돈은 부동산에 투자하여 자산을 늘리고, 금융기관에 투자하여 상당한 금리를 늘리는 판이다. 이제는 더 이상 물질 강요는 말아야 한다. 연중 십일조와 감사헌금을 꼬박 꼬박 바치는 성도들에게 더 이상의 헌금은 요구하지 말아야 한다.

안 그래도 신자들은 자원하는 마음으로 정한 헌금 외에 선교헌금이니, 건축헌금이니 하면서 온전히 드리고 있는 터이다. 정녕, 헌금설교를 한다면, 초신자를 가르치는 차원에서, 교육적 차원에서 담임목사가 설교하고 말일이다. 그리고 부흥회에서는 더 이상 헌금에 관한 설교가 중점이어서는 아니된다.

한국 교회의 부흥회 이제는 재고할 때이다. 심령부흥회가 아닌 금전 부흥회로 전락된 부흥회는 집어치워야 한다. 그리고 교인들에게서 수억대의 헌금을 뽑아내는데 명수인 강사는 초청하지 말아야 한다. 어떤 교회들은 건축을 앞두고 작정헌금을 시키기 위한 목적이나 교회성물을 구입키 위한 목적으로 부흥회를 여는 한심스런 일도 있으며 이런 집회에 적절하게 불려다니는 전문부흥강사도 있다. 이런 강사들은 부흥회의 무대에서 아예 퇴장시켜야 한다. 겨우 한다는 소리가 「주의 이름으로 축원합니다」를 빼면 설교의 밑천이 떨어지는 「물신의 메신저」는 한국교회의 강단에서 추방시켜야 한다.

◇ 부흥회를 갱신회로

한국 교회가 참으로 교회이기 위해서는 개혁이 일어나야 한다. 그 중에서도 부흥회의 개혁이 일어나야 한다. 아무리 강단과 교단에서 갱신을 외쳐도 기도원이나 어느 교회에서의 「축복부흥성회」를 다녀오면 도로아미타불이 된다. 더욱 안타까운 것은 목회자들 중에서 나타난다. 교회의 강단에서는 순수한 복음을 외치던 목사들도 부흥강사로 나서게 되면 도깨미 방망이를 휘두르는 이상한 도사로 돌변해 버리는 경우가 적지 않은 것이다.

좋은 목사도 부흥 강사만 됐다하면 사람 버리는 꼴을 자주 본다. 이는 한국교회의 부흥회가 그만큼 못돼 먹었다는 단편적 사실이다. 그럼에도 불구하고 요즘에는 「무슨 무슨 부흥사 연수원」이 생겨서 부흥사들의 자질향상을 위해 노력하고 있으나 너무 미흡한 것 같다.

부흥사는 무슨 연수원에서 배출되는 것이 아니다. 하나님으로부터 직접 선발되는 것이 부흥사이다. 하나님은 시대마다 적절한 부흥사를 파송하신다. 따라서 부흥사는 역사의식이 있어야 한다. 다시 말해 시대감각이 뛰어나야 한다. 그리하여 이 시대가 요청하는 「메시지」가 무엇인가? 를 옳게 분별하여 불을 토하듯 전파해야 한다.

그런 의미에서 이 시대는 어떠한 부흥사를 요구한다고 볼 것인가, 단기적으로 말해서 이 세대는 개혁을 외치는 부흥사를 요구하고 있다. 물량주의적인 부흥회로 비만하고 부패한 교회를 과감히 수술하고 치료하는 부흥사가 필요한 것이다. 그렇다면 그것은 「부흥회」가 아닐 것이다. 「갱신회」라고 해야 할까…

부흥사여, 한국 교회에 갱신의 새바람을 일으킬 「개혁의 부흥사」여, 그대는 어서 나서라, 또한 한국 교회여, 개혁을 외치는 부흥사를 강단에 초청하기를 두려워 말라. 부패한 풍요와 비만한 안일을 잃을까 두려워 개혁을 외치는 부흥사를 외면 말라. 진실로 이때는 갱신을 설교하는 부흥사가 절실한 때이니만큼 개혁의 부흥사에게 강단을 열어 주어야 한다.

6. 통일기원과 통일준비

◇ 어느 주교(主敎)의 이야기

어느 주교가 성당에 들어가 기도를 하였다. 늘상 해오던 대로 주교는 "오, 거룩하신 하나님이시여" 하고, 간절한 마음으로 성호(聖呼)를 불렀다. 그날 따라 하나님께서는 그 주교가 갸륵하여 "오냐, 내가 여기 있노라!"고 응답해 주셨다. 그러자마자, 주교는 심장마비로 즉사(卽死)하고 말았다. 까닭인즉, 그 주교는 평소에 하나님이 안 계신줄 알았는데, 갑자기 나타나셔서 응답하 신고로 놀라서 죽었다는 것이다.

이 이야기는 물론, 사실이 아니다. 서양 사람들이 꾸민 「유머」이다. 그러 나 여기에는 하나의 풍자(諷刺)가 있다. 종교인들 가운데는 하나님을 믿지도 않으면서도 믿노라는 사람들이 적지 않다는 의미이다. 좀더 구체적으로 말 한다면, 오늘날 그리스도인들 가운데는 응답을 기대하지 않으면서도 기도하 는 위선적인 사람들이 많다는 말이다. 이는 마치, 가문 날 비오기를 기도해 놓고는 우산(雨傘) 들고 가려는 아이를 말리는 어떤 교인과 같다.

한마디로 기도에 헛물켜는 신자들이 많다는 뜻이다. 이점에 있어서 우리 한국교회 역시, 예외는 아니다. 어떤 문제를 기도제목으로 하여 "믿습니다. 믿습니다. 믿습니다!" 힘을 썼지만, 생활 속에선 그렇게 기도한 사람답지 않 은 사람들이 너무나 많기 때문이다. 「신자 개인」은 고사하고 「전체교회」는 어떠한가? 교회는 합심하여 기도하고, 회중을 대표로 하여 기도한 것을 믿고 기대하는가? 특히, 오늘과 같은 시점에서는 통일(統一)을 위한 기도만을 다루어보자.

◇ 기도했으면 기도한 대로 살자

이 땅의 4만이 훨씬 넘는 교회, 교회마다 나라 위해 기도하지 않는 교회가 어디 있으며, 통일 위해 기도하지 않는 교회가 그 어디 있으랴! 이는 조국분단(祖國分斷) 이후, 끊임없이 이어진 한국교회의 기도제목인 것이다. 그러나 반세기가 지난 오늘까지, 어찌하여 통일은 이룩되지 못했는가? 통일을 위한 한국교회의 기도를 들어 주실 하나님이 안계셔서 그랬는가? 그건 결코, 그렇지 않다. 실상은 그 기도가 허위(虛僞)로 가득찬 「헛물켜기」였기 때문이다.

가문 날 비오기를 기도했으면 우산을 준비해야 정상인 것처럼, 통일을 위하여 기도했으면 통일준비(統一準備)를 해야 되는 것이 마땅하지 않은가? 그런데 실상은 어떠한가? 하나님께 간구한 만큼, 받을 준비는 전무한 상태라 해도 지나친 말이 아닐 정도이다. 두 가지 문제만 지적해 보자. ①첫째는, 분단된 조국의 통일을 기도하는 만큼, 한국교회는 서로가 「하나되길」 힘썼느냐는 문제이다. ②둘째는, 통일을 맞기 위해 어느 정도의 자원(資源)이나 예산(豫算)을 확보하여 두었느냐는 문제이다.

진실로 조국의 통일을 위해 기도하는 교회라면, 큰 교회이든 작은 교회이든 간에 통일맞이를 위한 예산을 세워놓고 꼬박꼬박 비축해 왔어야 했다. 하지만, 대다수의 교회들—극소수의 교회는 실행하고 있는 줄 안다—은 그건미처(?) 실행하지 못하고 있는 것이 현실이다. 이렇게 해서 한국교회의 통일기원(統一祈願)은 허구(虛構)임이 드러난 셈이다. 성전건축을 하고자 하는 교회가 모여서 기도만 하는 교회가 어디 있는가? 건축헌금을 모으지 않는가!

◇ 통일, 아니면 전쟁의 때는 임박했다.

김만철 씨 가족 이후, 여만철 씨 가족들도 북한에서 탈출하여 귀순하였다. 기자회견장을 눈시울로 뜨겁게 했던 내용은 북한에서는 지금, 식량배급이 중단되어 굶주려 왔다는 사실이다. 이제는 김 부자(金父子)에 대한 충성심도 식어져 가고, 남한(南漢)을 동경하는 사람들이 많아지는 듯하다. 이미, 탈출한 사람들, 또한 탈출하다 실패한 무수한 사람들, 그리고 탈출하려는 사람들은 그 얼마나 될 것인가? 북한은 이제 그 자체가 흔들리기 시작했다.

그렇다면 우리 민족 앞에는 두 가지 「시나리오」가 연상된다. 그것은 「통일이냐 아니면, 전쟁이냐」 하는 예측하기 어려운 「시나리오」이다. 물론, 전쟁을 통한 통일도 예상할 순 있지만, 다른 한편, 분단고착화(分斷固着化) 가능성도 없지 않기에 기대하기 어렵다. 「서울은 불바다」 「평양은 피바다」의 비극이 우리 민족 앞에 다시 일어나서는 안될 노릇이다. 오직, 「흐르는 강물처럼」 평화적으로 남북이 웃으면서 통일이 이루어져야 한다.

그러나 평화적인 통일과 아비규환 전쟁, 이 두 가지 「시나리오」의 가능성은 각각 반반(半半)이다. 바로 이 시점에서 한국교회의 태도가 중요하다. 「선택적 열쇠」가 다른 누구 아닌, 한국교회에 주어져 있는 까닭이다. 교회가 통일을 위해 기도해 왔던 것처럼, 실질적 자세를 가지고 「하나되기」를 힘쓴다면, 하나님께서는 평화통일을 선물로 내려주실 것이다. 하지만, 여전히 오늘날처럼 한국교회가 분열과 분쟁을 일삼고 하나되지 못한다면, 전쟁을 면하려는 생각조차 말 것이다.

막상, 통일되어 배고픈 북한의 동포들이 물밀듯이 내려오면, 교회는 어떡할건가? 「너희가 먹을 것을 주어라」(마 14 : 16)고 하신 예수님의 말씀같이 교회가 그들을 먹일 수 있도록 만반의 준비를 하고 있어야 한다.

제발, 허공에 삿대질 하는 기도만 하지 말고, 실생활에서 응답받을 준비를 하자. 하나님께서 어느 날 갑자기 통일을 허락하신다면, 심장마비로 죽어 나자빠지는 「해학(諧謔) 속의 주교꼴」이 되지 말고, 감사감격(感謝感激)으로 맞이할 준비하자, 평화통일, 아니면 전쟁이 임박(臨迫)했으니…

7. 한국 교회여, 하나됨을 힘쓰자!

◇ 연합 활동의 모순

여러 사람이 두루 알고 있는 바와 같이, 한국교회는 분열의 온상이 아닌가 싶을 정도로 분열에 분열을 거듭해 왔다. 이처럼 불명예스러운 일에 선두주자는 단연, 스스로 장자 교단임을 차처하는 장로교단이었다. 이들의 분열행위는 오직 한 분이신 「예수 그리스도」를 둘로 동강냈다는 것이다.

예를 들면, 「예수교장로회」와 「기독교장로회」가 그러하다. 또한, 예수교장로회의 경우는 「합동」과 「통합」교단으로 나뉘어져 있다. 그리고 합동교단 안에서도 「합동보수」니, 「합동정통」이니, 이 뜻이 그 뜻인 말장난하듯, 사분오열을 해왔다. 그러자 감리교회, 성결교회, 침례교회, 등등 할 것 없이 한국교회의 교단은 예외 없이 「예수교」와 「기독교」로 분열되는 것이었다.

이와 같이 한국교회의 각 교단이 분열에 점철되어 오다보니, 연합활동 및 연합사업이란 것도 마찬가지 모양이다. 우선 부흥사들의 모임만 해도 그렇다. 교단을 같이하는 부흥사회나, 또는 특별한 「이슈」가 있어 시한부로 결성된 부흥사회는 이해가 된다고 하자. 그러나 한국교회 전체의 부흥사들을 대표한다는 「부흥회」가 둘, 혹은 셋 이상 존재한다면 그 무슨 연합회요, 협의회라 하겠는가?

「세계복음화」니, 「세계성령화」니, 하면서 깃발을 세우고 나팔을 불고는 있지만, 도대체 무엇을 하자는 것인지, 부흥사들의 분열된 수치만 드러낼 따름이다.

이렇듯이 한국교회는 분열되었고, 그 분열된 것을 엮어 보겠다는 연합단체도 분열적으로 나타나 있다. 교단은 달리 하더라도 하나됨의 단체는 하나였으면 좋으련만 「교회연합회」 따로, 「교회협의회」 따로라니, 「예수교단체」와 「기독교단체」의 대립은 어느 때에야 끝이 날꼬…

◇ 사라져가는 개교회 사이의 연합활동

연합활동 한다는 어른네들, 개중에는 「성령의 하나되게 하신 것을 힘써 지키려는」(엡 4 : 3) 열정이 있겠으나, 대부분은 교계에서의 위신과 명예를 영위하겠다는 불순한 동기가 농후해 보인다. 그렇지 않다면 필요 이상의 직제는 왜 그리 많은지, 그리고 이 모임에서 회장, 저 모임에서는 고문, 약방에 감초처럼 안 끼는데 없으니 도대체가 꼴불견이어도 이만저만이 아니다.

「보수연합회」에서도 임원, 「진보연합회」에서도 임원, 「절충연합회」에서도 임원, 어느 한 군데서나 임원역할을 제대로 할까? 감투만 주면 「개털모자」라도 좋아하고 쓰는 교계의 원로 양반들, 또한 자칭, 지도자인 교계의 졸부들, 좀 자중할 수 없는 것일까? 그 같은 행실들은 교회연합에 아무런 도움이 되지 않으니까.

공연히 웃양반들 무슨무슨 협의회의 감투를 쓰고 제법, 활동을 벌이는 듯할 뿐이다. 정작, 연합이 필요한 개체들인 교회와 교회 사이는 그 활동이 이뤄지질 않고 있다는 사실에 유의해야 한다. 보아라. 이웃교회에서 부흥회를 해도 이제는 참석해 주질 않는다. 더욱이 청소년들의 연합활동은 최근에 와서 전무한 상황쪽으로 빠져 들고 있는 실정이다.

십수 년 전만 해도 소도읍 이상의 교회에는 「학생연합회」가 조직되어 있어서 성가대회, 성경암송대회, 체육대회 등을 연례적으로 개최해 왔는데 요즘엔 전무하다. 목회자의 이기주의가, 또는 현대교회의 개교회주의가 이를 장려하지 않기 때문이다. 그러면서도 강대상에서는 「사랑으로 하나되라!」 목청 높이고, 통성으로, 「하나되게 해달라!」 열을 올려 기도하는 회중의 꼴을 듣고 보노라면, 도대체 무엇을 하는 것인지, 나 자신이 한국교인이라는 사실이 혐오스러울 정도이다.

◇ 우리의 한국 교회가 최우선 할 일

오늘날 교계가 개혁에 목청을 높이고 있지만, 세류를 타는 느낌에 결코 신선하질 않다. 오히려 진부함만 더하는 바람에 짜증이 생긴다. 이런 기회에 한마디 안했다가는 어떤 특혜(?)에서 누락될까 서두르는 것 같아서 그렇다. 교회의 개혁은 세류에 장단맞춰 춤추는 게 아니다. 2천년 교회사를 줄기차게 이어온 그 개혁 흐름을 이어가면 되는 것이다. 그것은 오로지 성령의 하나 되게 하심을 힘써 지키는 일로써 곧 「교회의 하나됨」이다.

그러므로 한국교회의 최우선 할 일은 「오로지 하나됨」이다. 전국복음화니, 세계선교니 하는 예수 그리스도의 지상명령에 앞서는 것이 그의 제자된 교회의 하나됨이라는 사실이다. 왜냐하면, 교회가 하나 되지 아니한 상태에서의 전국복음회와 세계선교는 분열의 확산에 지나지 않기 때문이다.

더구나 분단된 나라와 민족을 조국으로 하는 한국 교회로서는 하나됨이란, 너무나 절실한 것이다. 그러기에 교회의 강단에서는 통일한국을 설교해왔고, 소리높여 기도해 왔다. 하지만, 한국교회 스스로가 하나 되지 못한 주제에 그 같은 설교와 그 같은 기도는 과연 올바른 것이었을까?

사랑하는 우리 교회, 한국 교회여, 우리는 조국통일을 설교하기에 앞서 교회일치를 설교해야 한다. 또한 민족통일을 기도하기에 앞서 교계연합을 기도해야 한다. 조국분단 수십 년 동안의 통일을 위한 설교와 기도에 열매가 없고 응답이 없는 까닭이 어디에 있었는가? 이는 우리 교회 자신부터가 분열되어 하나 되지 못했던 까닭이다.

최근, 장로교회의 5개 교단들은 교단의 일치는 물론, 통합을 위하여 모임을 가지고 있다는 반가운 소식이다. 제발, 이 모임이 성공적이어서 모든 장로교단이 하나가 되기를 간절히 기원하는 바이다. 그리하여 감리교단도 하나가 되고, 성결교단도 하나가 되며, 침례교단과 그 밖의 모든 교단도 통합되는 「도미노」 현상이 일어나기를 바란다. 그리하여 모든 교회가 한국교회라는 이름 아래 하나가 되어 조국의 통일을 자신 있게 설교하고, 기도할 수 있기를 소망한다. 그리하면 조국통일은 선물처럼 우리에게 안겨 오리라.

제7장

1. 선악(善惡) 간의 대결(對決)

◇ 핵주먹 타이슨이 침몰

지난 10일 미국 라스베이거스 MCM그랜드호텔 특설링에서 WBA헤비급 타이틀전이 벌어졌었다. 현(現) 챔피언인 마이크 타이슨과 에반더 홀리필드 와의 대결이었다. 그러나 세계 복싱 팬들의 이목(耳目)은 그 경기에 집중되 지 않았다. 왜냐하면, 경기 결과가 너무나 뻔해 보였기 때문이다.

전문가들에 의할 것 같으면, 11:1로 타이슨이 홀리필드를 쉽게 이길 것으 로 예상하였다. 그래서였는지는 몰라도 우리나라 TV방송들은 실황 중계를 외면하였다. 그러나 결과는 이변(異變)이었다. 패배하리라고 예견되었던 홀 리필드가 타이슨을 TKO로 통쾌하게 이겼던 것이다.

사실상, 타이슨은 그의 주먹으로 보아서는 금세기의 무적(無敵)이었다. 하 지만 그는 바람직하지 못한 행실로 인기는 별로 없었다. 그에 비해 홀리필드 는 어떠하였는가? 그는 레딕 보우라는 라이벌과의 경기에서 심장질환을 일 으킨 나머지 복싱계에서 은퇴를 했던 한물간 선수였었다. 그런 그가 복싱을 잊지 못해 의사에게 검진을 받으면서까지 타이슨에게 목숨을 걸다시피 하며 도전한 나머지 만인(萬人)의 예상을 뒤엎고 승리를 거뒀기에 큰 화제(話題) 를 불러일으키게 되었다.

그런데 당시의 언론들은 이 경기를 「선과 악의 대결」로 불렀다고 외신(外

信)은 전해 왔다. 까닭인즉, 타이슨은 그 행실이 문란하여 악마적으로 보았던 반면에 홀리필드는 경기가 없는 주일(主日)에는 성경책을 들고 교회에 나가 예배드리는 것을 가장 좋아하였기 때문이란 것이다.

선과 악의 대결─타이슨이 악(惡)을 상징하고, 홀리필드는 선(善)을 상징한다고 할 때에 이 대결은 정녕, 1대11로 승산이 없는 싸움이었다. 그러나 결과는 6회에 다운을 빼앗았고 10회엔 그로기로 몰고 간 나머지 주심(主審)의 경기 중단 선언으로 홀리필드는 타이슨에게, 곧 선은 악에게 완벽한 승리를 거둬 내었다.

◇ 약자에게도 희망은 있다

절대 열세의 홀리필드가 절대 우세의 타이슨을 무너뜨렸다는 사실은 온 세상의 약자(弱者)들에게 강력한 메시지를 시사한다. 그것은 약자도 강자(强者)를 이길 수 있다는 사실이다. 아니, 좀더 구체적으로 말한다면 「선한 약자는 악한 강자를 이긴다」는 전시(展示)가 아니겠냐는 말이다.

「나쁜 여자가 성공한다」는 제목의 책이 나와 있는 것을 얼핏 보았는데 어디 나쁜 여자뿐인가? 나쁜 남자도 성공하는 것이 아닌가? 결국, 이 세상에서의 성공은 나쁜 사람의 몫이라는 말이 된다.

이를 다시 도덕적으로 적용해서 말한다면, 「이 세상은 악이 승(乘)하고 있다」라는 뜻으로 이해하게 된다.

그렇다. 표면적으로 보이는 세상의 모습은 악이 강해 보이고 선이 약해 보인다. 악한 자가 선한 자를 이김으로써 성공을 독점(獨占)하는 것 같아 보인다. 그러므로 대다수의 사람들은 「착하면 손해보고 출세하기 어렵다」라는 생각을 고정관념(固定觀念)으로 갖고 있다. 이로 인하여 오늘날 우리 사회는 악한 자들이 강해져서 선한 자들을 핍박하는 「막가는 세상」이 되는 것이 아닐까?

정말이지, 요즘 사람들은 옳고 그름에 관계없이 강해지려고만 해서 큰일이다. 더구나 예수님을 영접하여 하나님의 자녀가 되었다는 우리 그리스도인들조차도 그런 생각에 많이 사로잡혀 있는 것 같아 걱정스럽다. 아니, 같은 것이 아니라 사실이 그런 것 아닐까.

특히 요즘의 목회자들이 그런 추세로 막가고 있는 것이 아닐까. 옳고 그름에 상관없이, 사람들만 많이 모아서 교회의 규모를 키워 힘(Power)을 가지려는 것이 대다수 목회자들의 철학(哲學)이 아니냐는 의문이다.

그리하여 「여기에 교회 성장의 비결(秘訣)이 있다」 하면 우—몰려가고, 「저기에 교회 성장의 비법(秘法)이 있다」 하면, 와—달려 가다가 이단에 빠지고 사설(邪說)에 넘어가는 일이 많지 않은가!

◇ 선으로 악을 이기자

힘을 바라고 능력을 원하는 것은 당연한 것이다. 그러나 우리 그리스도인과 그 교회는 힘과 능력을 취하기에 앞서 그 힘과 능력이 선한 것인가? 아니면 악한 것인가?를 분별해야 마땅하다.

세상의 철학은 물론, 강한 것이 선하다고 한다. 심지어 강한 것만이 아름답다고까지 한다. 그리고 아무리 선한 것일지라도 약한 것은 악하다고 한다. 그러나 그리스도인의 성서(聖書)와 그 신앙(信仰)의 철학은 오히려 「선한 것은 강하고, 아무리 강해 보여도 악은 결국 약하다」라고 주장한다.

이것이야말로 기독신앙의 참된 원리이다. 모든 그리스도인은 바로 이 같은 원리 위에 서서 그 삶을 펼쳐 나가야 한다. 이를 재차 언급하면 힘을 구하기 전에 선을 구해야 된다는 말씀이다.

힘이 먼저가 아니다. 선이 먼저이다. 선이 결여된 힘은 힘이 아니다. 더구나 악이 동반된 힘은 더욱 그러하다. 동반된 악으로 인하여 그 힘은 삭은 시멘트 건물 무너지듯 주저앉을 것이기 때문이다.

힘이란 모든 착함과 의로움을 바탕으로 해야 된다. 그러기 때문에 그 힘은 진정한 능력(能力)이 되는 것이다.

선과 악, 의(義)와 불의(不義), 어느 쪽을 택할 것인가? 참으로 선은 악보다 강한 것이로되, 혹시 표면적으로는 악이 강하고 선이 약할지라도 악하고 불의한 강함을 택하기보다는 차라리 선하고 의로운 약함을 택하는 것이 그리스도인의 합당한 자세가 아닐까?

악에게 지지 말자. 홀리필드처럼, 오직 선으로 악을 이기는 사람이 되자 (롬 12:21).

2. 올림픽 잔치와 천국의 잔치

◇ 함께 식사하고픈 첫번째 인물은

세상에는 별일도 많다. 특히 미국이라는 나라가 그렇다. 애틀랜타 올림픽을 앞두고 미국의 주간지 「스포츠 일러스터 레이티드」가 자국(自國)의 대표선수들을 상대로 설문조사를 한 결과가 역시 그 실례 중의 하나이다.

내용인즉, 「당신이 함께 식사하고 싶은 인물은 누구냐」는 설문을 돌렸는데 가장 많은 응답자를 순위로 보면 1위가 예수 그리스도, 2위는 부모님, 3위는 미국프로농구(NBA)에서 팀을 우승으로 이끈 마이클 조던이었다고 외신은 전해왔다. 그 중에서 신디 팔로라는 축구선수는 「예수님, 그리고 남자배우 헤리슨 포드와 함께 원탁에 둘러 앉아 식사할 수 있으면 원이 없겠다」고 말했다는 것이다.

우리나라에서도 고귀하신 어른과 겸상을 하면 대단한 영광으로 알고 황송해 하듯 미국이라는 나라도 자기가 좋아하거나 존경하는 이들과 함께 식사를 나누는 일을 대단한 영광으로 알고 있음이 분명하다. 뿐만 아니라 그런 이들의 식탁에 초대받는 일은 세상의 어느 것과 비길 수 없는 영광인 모양이다.

이 같은 에피소드를 접하면서 필자는 나름대로의 중요한 의미를 생각하게 되었다.

첫째는 「아하, 미국 사람들은 여전히 예수 그리스도를 사랑하고 있구나」 하는 것이었고, 둘째는 「미국 가정의 부모와 자녀관계는 상당히 친밀한 상태이구나」 하는 것이었으며, 셋째는 「미국의 젊은이들은 자유롭고도 진솔한 감정의 소유자들이구나」 하는 생각이었다.

같은 질문을 미국선수들이 아닌, 우리나라 선수들에게 했다면 어떠한 대답이 나왔을까? 아니, 그와같은 질문을 내 자신이 받았다고 한다면 나는 어느 누구의 이름을 첫 번째로 지명하였을까? 더구나 그리스도인이라고 자부하는 나 자신은 과연, 함께 식사하고 싶은 분으로 예수 그리스도를 첫 손가락에 꼽았을까?

◇ 우리나라 사람들의 경우였다면

생각이 여기까지 미치니 순간적으로 예수님을 첫 번째로 손꼽으면 다행이겠지만 그렇지 않을 가능성도 없지 않을 것 같아서 걱정스럽다.

얼마전, 우리나라에서도 청소년을 대상으로 이와 비슷한 설문조사를 실시한 적이 있었다. 질문 내용은 「제일 만나보고 싶은 사람이 누구냐?」는 물음이었다.

대답의 결과는 첫째가 김영삼 현 대통령이었고, 둘째는 세종대왕과 이순신 장군, 셋째는 가수 김건모와 탤런트 장동건 등이었던 것으로 기억난다. 기특한 것은 밑에서 몇 번짼가? 예수님을 만나고 싶다는 대답도 있었다는 사실이다.

그러나 기성세대의 대부분은 물어 보나마나 대답이 뻔할 것 같다. 그들은 아마 현대그룹의 정주영 회장, 삼성그룹의 이건희 회장 같은 재벌총수를 만나서 식사하고 싶다할 것이고 최진실이나 강수연 같은 요염한 배우와 최민수와 이정재 같은 섹시한 스타를 만나 식사를 하고 싶다할 것이며 좀더 고상하다면 소설가 이문열이나 만화가 이현세와 같은 인기 작가들을 손꼽으리라는 짐작이 앞선다.

하지만 문제는 나 자신이요, 그리스도인이라고 하는 우리이다. 나는 진정 예수 그리스도를 가장 만나 보고 싶어하는가? 그리고 우리 그리스도인들은 정말 다른 누구보다도 예수님과 함께 식사하고 싶어하는가?

예수님은 일찍이 이런 말씀을 하셨다. 「그러나 너희에게 이르노니 내가 포도나무에서 난 것을 이제부터 내 아버지의 나라에서 새것으로 너희와 함께 마시는 날까지 마시지 아니하리라」(마 26:29).

이는 예수님께서도 그의 제자된 우리와 함께 하늘 나라의 영원한 식탁에 함께하시기를 원한다는 말씀이다.

◇ 천국 잔치에 초대받을 사람은

애틀랜타 올림픽대회에 참가한 미국의 대표선수들은 함께 식사하고픈 첫 번째 분으로 예수님을 손꼽았다고 했다. 우리 그리스도인들은 물으나마나 그 이상으로 사모되는 마음 간절할 것이다.

그러나 이제는 그 반대의 경우를 생각해 보자.

우리의 마음이 그렇다고 할 때 예수님은 어떠하실까? 예수님은 과연 우리 중에 어느 누구와 함께 식사하시기를 원하실까? 우리가 아무리 예수님과 함께 식사하고 싶다한들 정작 그분께서 원치 않으신다면 아무 소용이 없잖겠는가?

이미 밝힌 대로 예수님께서도 우리와 함께 식사하시길 원하신다고 했다. 그 식사는 잠시뿐인 지상의 잔치가 아니라 천상의 영원한 잔치이다.

「사람들이 동서 남북으로부터 와서 하나님의 나라 잔치에 참여하리니 보라 나중된 자로서 먼저 될 자도 있고 먼저 된 자로서 나중 될 자도 있느니라」(눅 13:29~30).

그러나 그 잔치에는 아무나 참석하지 못한다. 오직 예수님께서 원하는 사람들만 참석하게 될 것이다. 그렇다면 예수님께서 베푸실 그 영원한 천국잔치의 식사 자리에는 어떠한 사람이 함께할까?

이에 대한 답변을 조목조목 듣자면 또 하나의 진부한 설교가 될 듯 싶다. 독자가 만일 그리스도인이라면 설명 안해도 스스로 알아 채리라 믿는 바이다. 그러나 중요한 것은 알아챈 그 일을 행하는 것이다.

지구촌 최대의 잔치, 제26회 애틀랜타 올림픽은 끝이 났다. 그 잔치에서 승리의 메달을 획득한 사람들에게는 무한한 영광으로 느껴질 것이다. 아니, 그 잔치에 참여한 것만으로도 무한한 영광임에는 틀림없다. 하지만 우리 그리스도인들 앞에는 영원토록 끝나지 않을 전우주적인 천국잔치가 기다리고 있다.

누구든지 예수님의 마음에 들기만 한다면 영원한 영광의 그 자리에 당당히 참여할 것이고, 그렇지 못한 사람은 음부로 쫓겨가서 슬피 울며 이를 갈게 될 것이다(마 25:30).

3. 두 여인의 죽음 사이에서

◇ 누가 다이애나를...

영국의 왕세자비였던 이혼녀 다이애나의 죽음이 왜 이처럼 월드 뉴스거리가 되는 것인지 알다가도 모를 일이다. 특히 그녀는 전통 있는 영국 황실의 정숙해야 할 아내로서 남편에 대하여 「맞바람」을 피워 원하던 대로 이혼을 당하였고, 그후 자유분방한 여인으로서 몇몇 남성들과 염문을 뿌리고 다니던 중 교통사고로 죽었는 데도 세계의 여론은 그녀를 천사처럼 추앙하고 추모하니 말이다. 실제로 영국의 총리는 장례식 추모사에서 그녀를 「성(聖)다이애나」라고 호평하면서까지 최상의 존중을 표시하였으니 참으로 어안이 벙벙하다.

더구나 오늘의 영국민들은 청교도의 후손들이 아니었던가? 하지만 다이애나는 아무리 부정한 남편에 대한 억울함의 발로였다 하더라도 한두 남성이 아닌 여러 남성과 염문을 뿌렸다는 것은 가장 비청교도적인 행위였다. 그럼에도 영국민을 비롯한 세계의 수많은 사람들이 그녀에게 동정과 연민 이상의 추앙이나 추모행위는 인간의 도덕성을 멸시하는 결과가 아닐 수 없다.

하여튼, 이 같은 다이애나의 죽음을 지구촌의 많은 사람들이 진심으로 애도하는 사실과 동시에 「그녀를 누가 죽였는가」를 밝히며 그 범인(?)을 정죄하려 들고 있다. 첫째는 「파파라치」(상업적 사진사)가 죽였다고 주장한다.

둘째는 그녀를 그처럼 만든 왕국 황실, 특히 그녀의 시어머니(엘리자베스 여왕)가 죽인 것이라고 한다. 셋째는 허용치의 세 배가 넘는 술을 마시고 운전을 감행한 기사가 죽였다고 분노하는 사람들도 있다.

하지만, 다이애나를 죽인 자는 파파라치가 아니요, 엘리자베스 여왕도 아니며 그 술취한 운전기사도 아니다. 그녀를 죽인 진범은 오직 그녀 자신일 따름이다.

◇ 죽음의 절묘한 시간차

배구 경기에서 보면, 「시간차 공격」이란 전법이 있다. 한 사람의 공격수가 뛰어 올라 상대팀과 블로킹을 유도한 뒤 다른 공격수가 약간의 시간 차이를 두고 곧 이어 뛰어 올라 블로킹 없는 상태에서 공을 내리 치는 기술이 그것이다. 이와같이 세계의 이목이 다이애나의 죽음에 집중하여 세속의 허상을 꿈꾸고 있을 때, 불과 며칠 사이의 간격으로 또 하나의 죽음이 지구촌이라는 코트(Court)에 「강, 스파이크」되었으니 그것은 다름아닌, 「마더 테레사」의 소천(召天)이다.

마더 테레사 수녀는 36세에 죽음을 맞이한 다이애나와는 달리 천수(天壽)를 누리던 터에 노환(老患)으로 이미 작년 12월 경에 위독했었다. 그러나 다시 소생하여 사랑의 사역을 계속하던 중 마침내 향년 87세로 죽음을 맞이 하였는데, 하필이면 그 때가 다이애나의 죽음에 전 세계인의 이목이 집중된 찰라였다는 사실이 배구경기의 「시간차 공격」처럼 절묘하다는 생각이 든다. 직유컨대 다이애나의 역할은 속임수였다면, 마더 테레사의 역할은 정직수였다는 의미이다.

인명재천(人命在天)이라는 옛말이 있듯이 이는 필경 하나님께서 하신 일임에 틀림없다. 많은 인생들이 신데렐라 다이애나의 허황된 삶과 죽음을 아쉬워하는 어리석음에 대하여 마더 테레사의 진정한 삶과 죽음을 「클로즈업」시킴으로서 참된 인생의 본질이 무엇인가를 비교 선택케 하시는 하나님의 섭리였다는 것이다. 결국, 하나님을 멀리한 다이애나의 삶은 절망이요, 허무였지만, 하나님을 가까이 한 마더 테레사의 삶은 희망이요, 보람이었다는 교훈인 것이다.

◇ 믿는 자는 깨달을 진저!

개인적으로는 다이애나의 아름답지 못한 죽음에 대해서는 안쓰러움을 금치 못하는 바이며 그의 정숙치 못했던 사생활에 대해서도 십분 이해하는 마음이다. 왜냐하면, 누구라도 그녀의 입장에 처한다면 「나는 안 그럴 것이다」라고 장담할 수 있는 사람은 아무도 없을 것이기 때문이다. 하지만 그렇다고 해서 그녀를 「사랑스러운 천사(天使)」라고 칭송하거나 「아름다운 성녀(聖女)」라고 추앙하는 일은 한심하기 짝이 없는 어리석음이기에 말도 안 된다. 그런데도 이 세대의 수많은 사람들은 「정숙치 못한 이혼녀」를 여왕(女王)으로 찬양하고 있으니 도대체 그 이유가 무엇인가?

이는 한 마디로 인륜의 도덕이 붕괴된 결과이다. 우리가 아무리 그녀의 「프라이버시」를 존중하여 염문을 눈감아 준다 해도 그녀는 어디까지나 두 아이의 엄마가 아니던가? 그녀의 자유분방한 남성 관계는 그 두 아들에게는 교통사고로 인한 죽음의 충격보다 더 큰 충격을 안겨 주었을지도 모를 일이다.

이 같은 중생들의 어리석음을 이미 알고 계신 하나님께서는 작년 12월 경에 데려 가시고자 했던 마더 테레사를 조금 더 세상에 남겨 두셨다가 바로 이 즈음에 데려 가신 것이 아닌가 싶다. 헛된 인생의 죽음에 넋이 빠진 듯 멍하니 주목하고 있는 사람들, 특히 그리스도인들의 정신을 번쩍! 차리게 하시려고 「죽음의 절묘한 시간차 작전」을 감행하셨다는 회화적 설명이다.

적어도 믿는 자는 깨달아야 한다. 이제 사랑의 화신(化神)이었다고 할 수 있는 마더 테레사는 세상에 다시 오지 않을 것이다. 이에 그 사랑의 화신 역할은 아직 살아(남아) 있는 오늘날의 우리 그리스도인들의 몫임을 깨달을 진저!

4. 하나님의 시계는 멈추지 않았다

◇ 좋은 소식인가 나쁜 소식인가

전세계 에이즈 연구 단체와 학자, 관련기업들의 최대 행사인 「제 11회 에이즈국제회의」(캐나다 뱅쿠버)는 에이즈 바이러스인 HIV(인체면역결핍바이러스)를 완전 박멸할수 있다는 강력한 기대와 함께 지난 12일 폐막되었다고 한다(K일보 7월 14일자).

우선은 반갑고도 환영할 만한 일이 아닐 수 없다. 스스로 부도덕한 성행위로 인하여 발병한 사람에게 물론, 간접적으로 억울하게 감염되어 절망의 굴레에 갇힌 사람들에게는 얼마나 반가운 소식인지 모르겠다. 부디 「크락시반 치료제」(에이즈 완치에 주요성분의 신약)가 값싼 백신으로 개발되어 전세계의 에이즈 환자를 죽음의 공포로부터 해방시켜 주기를 간절히 고대한다.

그러나 에이즈를 완치시키는 신약개발(新藥開發)의 소식은 과연, 좋은 소식이라고만 할 수 있을까? 어떤 의미에서는 그렇지 않은 소식일 수도 있잖을까? 필자는 무슨 까닭으로 이와 같은 양비론(兩比論)을 제기하는 것일까?

변론하자면 이렇다. 지금껏 에이즈에 대한 이해는 현대인의 부도덕한 성행위에 대한 천형(天刑)이라는 생각이었다. 어느 누구이든지 간에 발병 내지는 감염되었다고만 하면 치료의 길은 전무(全無), 결국은 죽는 길뿐이었기 때문이다. 그러므로 현대인들은 불건전한 성생활을 삼간 나머지 그나마 소돔과 고모라의 사람들처럼 멸망의 길을 비켜온 것이었다.

하지만 에이즈를 완전 박멸시키는 신약이 개발되고, 대량 생산이 가능한 백신이 개발된다면 누구나 싼값에 구입할 수 있게 되어 에이즈에 대한 공포는 인간의 마음에서 사라질 것이다.

그런 다음의 결과는 어떠할 것인가? 에이즈의 공포로 자제되었던 부도덕한 성행위는 온갖 더러운 물로 가득한 「시화」의 봇물을 무제한 방출해내는 일과 같이 걷잡을 수 없이 문란해질 것이다. 때문에 에이즈 완치의 신약개발은 좋은 소식으로만 들릴 수가 없게 한다.

◇ 하나님의 형벌과 인간의 도전

제2차 세계대전 당시, 인간의 부도덕하고도 문란했던 성생활은 임질과 매독 같은 성병을 창궐케 하였다. 수많은 성인 남녀들이 그와 같은 질병으로 고통을 당한 나머지 성적 불구자가 되는가 하면 죽어가기도 했다. 당연히 인간들은 비도덕적인 성행위를 삼가기 시작했다.

그러나 임질과 매독에 직효약인 「페니실린」이 개발되자 인간들은 임질과 매독을 두려워하지 않게 되었다. 그리하여 예방차원에서는 「콘돔」을 사용하고, 치료차원에서는 「페니실린」을 주사받음으로써 다시금 문란한 성행위를 감행해버리고 말았다.

바야흐로, 세기말에 음란한 인간들을 심판하는 하나님의 형벌이었던가? 제2의 흑사병(黑死病)으로도 일컬어지는 에이즈가 음란한 인간들, 특히 동성연애자들을 시발로 하여 전세계에 확산되었다. 이는 누구든지 한 번 걸리기만 하면 문자 그대로 절명(絶命)이었다. 이에 대하여 기독교회의 저명한 설교자들은 성적으로 타락한 현대인에 대한 하나님의 형벌이라고 하면서 회개를 촉구하여 왔다.

역시, 많은 사람들은 그 설교에 동감하며 수긍하였다. 그러나 이제 와서 에이즈는 더 이상 불치의 아성이 되지 못할 것 같다. 그 치료신약이 개발되고 있기 때문이다.

그렇다면 이는 무엇인가? 에이즈로 신음하는 인간의 고통을 들으신 하나님께서 자비를 베푸셔서 치료의 은사를 내리신 것인가? 아니면 인간의 지혜와 능력이 감히 하나님의 형벌에 도전하여 그 굴레를 스스로 벗어버린 것인가? 차라리 이것도 저것도 아니라면 처음부터 에이즈가 「신의 형벌」이라는 발상 자체가 잘못된 것이 아닌가? 기독교회는 이 문제에 관하여 명확한 견해를 밝혀야 하는 숙제를 안게 되었다.

◇ 노아냐 짜라투스트라냐

진정코 에이즈가 완전 퇴치된다면 그것은 반가운 소식 중의 소식이다. 뿐만 아니라 그것은 병마에 대한 인간의 위대한 승리이다. 그리고 그것은 어쩌면 성적으로 타락한 인간들을 심판하시는 신에 대한 「짜라투스트라의 사신선언(死神宣言)」일지도 모른다.

그러나 역사는 아직 끝난 것은 아니다. 하나님의 시계로써 역사는 멈추지 않고 여전히 똑딱 거리고 있다는 의미이다.

에이즈가 잡히려 한다. 하지만 그에 못지 않은 「에볼라」가 그 마수(魔手)를 드러내기 시작하고 있다. 물론 그 「에볼라」도 언젠가는 인간의 의술에 의해 잡힐 것이다. 그렇지만 또 그보다 더 흉악한 질병은 인간을 위협하여 공포의 도가니로 몰아 넣을 것이다.

이는 마치 「사사기」에 나오는 이스라엘 민족이 「범죄 후 하나님의 형벌을 받아 외세에 압제를 당하게 되면 하나님께 호소함으로 구원을 받게 되지만 또다시 범죄하여 하나님의 형벌을 받는 것처럼」 인간의 도덕성이 바로 서지 않는 한 제2, 제3의 에이즈와 같은 형벌은 끊임없이 나타날 것으로 보여진다.

하나님은 의로우시니 그의 형상대로 지음을 받은 인간이 범죄할 때에 채찍을 내리신다. 그러나 하나님은 사랑이시니 오래 때리지 않으시고 채찍을 거두신다.

이와같이 하나님께서는 세기말에 인간의 죄악을 책망하시되, 「페스트」로 때리셨다가 거두시고, 깨닫지 못하자 「에이즈」로 때리셨다가 거두시려 하는 중이시다. 그래도 깨닫지 못하고 회개치 아니하면 「에볼라」로 때리시고... 그 다음 맨나중에는 「최후의 심판」을 하시고야 말 것이다.

오늘날 에이즈 완치의 신약개발 소식은 하나님께서 신유의 은사를 허락하신 좋은 소식임엔 틀림없다. 하지만 무지몽매한 인간들이 그것을 빌미로 성적 문란에 더욱 용감할까 심히 걱정된다.

그러나 우리 그리스도인들은 스스로만이라도 노아처럼 「하나님의 은혜를 입은 자 되어」 하나님과 동행하는 당세의 의인이 되자.

5. 말로만 「회개할」 것인가

◇ 회개에 대한 오해

그동안 우리 나라 교회의 강단에서는 회개가 잘못 설교되어 온 것이 아닌가 하는 의구심을 갖게 한다. 회개란 문자 그대로 「죄(잘못)를 뉘우치고 고치는 일」인데 오늘날 한국 교회의 회개는 뉘우침만 있고, 회개의 감정적 차원은 풍부하나 회개의 실천적 차원은 옹색하다는 말이다.

물론, 자신의 저지른 바 죄와 허물에 대하여 울고불고 하는 일은 아름다운 일이다. 그렇지만 실제적으로 개조하지 않으면 그 일은 가증스러울 뿐이다. 회개가 아름다운 것은 슬퍼하고 뉘우칠 뿐만아니라, 고쳐서 새로워지는 데 있는 것이다.

그러나 대부분의 신자들은 「회개하라」는 설교를 들으면 그저 참회하고 고백하는 것으로 그치는 경향이 많다. 실제 생활로 돌아가서는 참회하고 고백했던 그 죄와 허물을 거듭 범해 버린다. 그리고 또다시 「회개하라」는 설교를 들으면 참회하고 고백하는 등의 악순환을 거듭한다.

그리하여 한국 교회의 생활 속에는 회개의 열매가 적다. 말뿐인 회개만 있을 따름이지 실천적 회개는 찾아보기 어렵다. 왜냐하면 너무나 많은 신자들이 회개란 자신의 죄악에 대하여 통회 기도만 하면 되는 것으로 오해하고 있기 때문이다.

그런 관점에서 지난 「97민족통일성령복음화대성회」에서 일으키기 시작한 「나부터회개운동」역시, 말뿐인 회개가 아닐까 싶어 염려가 된다.

◈ 한국 교회 지도자 회개 선언문

특별히, 「97민족통일성령복음화대성회」는 6개항의 「한국교회지도자 회개 선언문」을 채택함으로써 그 성회의 대단원을 마감하였다. 대표 대회장인 K 목사는 「오늘날 목회자들이 앞장서서 회개하지 않으면 하나님의 진노는 계속 될 것」이라며 「한국 교회 지도자의 회개가 선행돼야 기독교회의 제2부흥과 남북통일의 역사가 일어난다」고 호소함으로써 교계의 호응을 이끈 것으로 보인다. 이는 진실로 한국 교회의 모든 지도자들이 동감하고 동참해야 할 운동임에는 틀림없다.

첫째로 교회의 지도자들이 하나님을 올바로 경외하지 않은 죄악을 회개하고 둘째로는, 양무리에게 본이 되지 못한 삶과 양무리를 위한 희생의 삶을 살지 못한 삯꾼의 죄악을 회개하며, 셋째는 설교는 하면서도 설교대로 살지 않은 채, 사치하고 돈과 이성을 탐한 죄악을 회개하고, 넷째로는 교회의 연합을 도모하지 않고 분열을 일삼은 죄악을 회개하며, 다섯째는 가정과 사회와 나라를 바로 세우기 위해 힘쓰고 애쓰지 못한 죄악을 회개한다는 선언문의 내용은 때가 늦은 감은 없지 않으나 지당하고 또 지당하다.

그러나 이 역시, 선언문낭독이나 선언문채택으로 끝나고 마는 「행사용미려문」이지는 않을까? 정말 이 모든 잘못과 허물들이 우리 교회지도자들의 죄악임을 참회하고 고백한 만큼, 실제 생활 속에서도 그렇게 고쳐나가는 것일까? 의심스러워진다. 왜냐하면 그에 따른 「후속 행위」가 눈에 띄지 않기 때문이다.

예를 들어, 회개선언문에서의 경우 자신의 명예추구를 죄악으로 회개한다면 교계의 모든 명예직에서 사퇴를 해야 하고, 사치하고 돈을 탐한 것을 죄악으로 회개하겠다면 고급승용차를 보통승용차로 바꾸거나 고급주택에서 서민주택으로 옮긴다거나 손가락에 낀 값진 반지라도 빼어 내서 굶주린 북한 동포를 돕기라도 해야 하며, 교회 분열의 죄악을 회개한다면 당장이라도 교회연합운동에 총력을 다하는 후속조치가 따라야만 마땅하잖는가?

◇ 삭개오의 회개를 본받아

좀 더 기다려 봐야겠지만 그런 움직임은 아직 보이질 않는다. 그저 「나는 이런저런 죄악을 범했습니다」라고 고백하는 것만으로 회개가 다된 줄 아는 오해가 발동하고 있는 모양이다.

회개는 생각의 뉘우침이나 가슴아파함만이 아니다. 실천에 그 본질이 있다. 그런 의미에서 우리는 삭개오의 회개를 본받아야 한다. 삭개오의 회개야말로 감정적 차원이 아닌 실천적 차원의 것이기 때문이다. 삭개오는 잘 알다시피 여리고의 유명한 죄인이었다. 그야말로 배금주의, 출세주의, 이기주의를 추구한 오늘날 우리와 같은 죄인이었다. 그런 그가 예수님을 영접한 그 즉시에 전격적인 회개를 하였다.

그의 회개는 어떠한 것이었는가? 그는 먼저 예수님 앞에서 이제까지의 죄악으로 인하여 울고불고 하지 않았다.

다시 말해, 「이런 죄를 지었습니다. 저런 죄를 지었습니다」라는 참회의 고백은 생략하였다는 뜻이다. 그는 다만 행동을 고쳤고 생활 태도를 바꾸기만 하였다.

삭개오는 과감히 재산공개를 하였다. 부정한 재물은 정의롭게 정리하였고 나머지 재산은 가난한 이들을 위하여 사회에 환원시켰다. 그리고 그는 탐욕의 사슬로부터 자유로워진 채, 빈손으로 훌훌 주님을 따라 나섰던 것이다.

그렇다. 이런 것이 바로 진짜 회개이다. 그런 의미에서도 한국교회지도자들도 진정, 회개할랴치면, 삭개오처럼 재산공개하고 너무 많은 재산이라면 교회와 사회에 환원하고, 정말 주님처럼 가난하게 되어 주님의 길을 가야 할 것이다. 그런 역사가 나타날 때에 한국 교회는 비로소 제2부흥의 놀라운 시대를 맞이하게 될 것으로 보여진다.

6. 교회의 위기와 기독언론의 사명

◇ 무엇이 교회의 위기를 가져왔나

우리나라의 선수들이 「릴레함메르」 동계올림픽에서 금메달을 4개나 획득하여 세계 6위로서, 아시아 제일의 성적을 거뒀지만, 우리나라의 농민들은 도무지 즐겁지 않다. 「우루과이라운드」의 충격파로 인한 피해의식 때문이다. 도시의 서민들 또한, 그리 즐거워 보이질 않는다. 치솟는 물가고(物價高)로 인한 근심 때문이다. 이런 마당에 그리스도인들 역시, 도무지 즐겁질 못하다. 현실적으로 팽배해진 신앙의 위기감(危機感) 때문이다. 지금이야말로 한국교회는 그 어느 때보다도 위기를 맞고 있는 것이 아니냐 하는 생각이 드는 까닭이다.

최근, 세간의 화제가 되고 있는 「탁명환 소장피살사건」은 그 혐의자가 이단이든, 아니든 간에 사회일반의 시각으로는 한국 교회의 치부(恥部)를 드러낸 셈이 되고 말았다. 세기말, 한국교계에 내려진 「영적 된서리」라고 할까? 이로 인해 한국 교회의 영적감흥(靈的感興)은 「멀쩡한 날, 서리맞은 화초꼴」이 되고 말았다. 그렇잖아도 성장의 속도가 둔화되고, 부흥의 열기가 식어져서 안간힘을 쓰는 판인데, 「설상가상」은 이를 두고 하는 말일 게다. 사건의 결과는 어떻게 나타날 것인지… 한국 교회는 위기감에다가 우울증까지 겹치는 듯하다.

그 뿐이면 다행이리라. 당국은 「물에 젖은 김에 멱이나 감자」는 식으로 사이비 교주와 그 단체를 「발본색원」한다니, 반가운 일이면서도 어쩐지 찜찜스럽다. 특히, H기도원장의 「성령수술」이 수사대상에 올라있어 성령도 사이비로 몰린 판이 되고 말았다. 일이 이 지경까지 이르러 후회해도 소용이 없게 되었다. 애초부터 「손톱으로 피부를 찢는」 성경에도 없는 괴상한 은사(?)에 대하여 한국 교회는 단호했어야 했다. 그러나 그 일이 이상하게 보였어도 「성령수술」이라고 하니까 성령훼방죄가 두려워 한국 교회는 잠잠히 구경만 했다.

더 나아가서 일부 적지 않은 목회자들은 K여인이 설교 아닌 설교를 하며 강단 위에서 좌우로 펄쩍거릴 때, 강단 벽면쪽에 가지런히 둘러 앉아 어쩔 수 없이 그녀의 「히프」를 바라보면서 "아멘! 할렐루야"로 쌍수를 흔들어 준 노릇은, 얼마나 창피스런 일이었던가.

또한 K출판사 L사장은 그 자신 정통교회의 장로이면서 K여인의 「외길가게 하소서」 「타오르게 하소서」 「하나님이 주신 생수」 등을 출판하여 H기도원의 생수를 안 마신 사람은 얼마나 될까? 필자도 마셨을 정도니…

본말은 드러났다. 오늘날 한국 교회를 위기의 수렁에 몰아넣는 것은 이단과 사이비들이다. 아니 그보다는 이런 무리들이 떼강도처럼 날뛰도록 동기를 부여한「말씀 위에 바로 서지 못한 기성교회」가 오늘날 한국교회를 위기에 빠뜨리고 있는 것이다. 기성교회의 그릇된 목회성공, 교회 성장주의가 박○석, 김○동, 여성들은 이○범, 김○화 등과 같은 이단스럽고 사이비스런 사람들이 영계의 거성인양, 출현한다는 말이다(결국, 한국 교회를 위기에 몰아넣는 것은 한국 교회 자신이다.)

◇ 한국 교회는 눈이 멀고 있다

대낮이 아무리 밝아도 눈이 멀었으면 캄캄한 밤이요, 시력이 아무리 좋아도 주위가 캄캄하면 눈은 멀은 것이나 다를 바 없다. 한국 교회의 형편은 이 두 가지 경우가 다 해당된다. 눈이 멀었든, 주위가 캄캄하든, 안 보이는 것은 매 마찬가지다. 눈이 멀어 안 보이면 인도자가 필요한 것이요, 주위가 어두워서 안보이면 등불이 필요하다. 그렇다면 어느 누가 눈멀고 어두워 보지 못하는 한국 교회를 인도하고 길을 밝힌단 말인가? 바로 여기에서 기독언론(방송과 신문을 말하나 본시론에선 특히, 신문을 일컫음)의 사명을 생각하게 된다.

「펜은 칼보다 강하다」라는, 명언이 있듯이, 언론의 기능에 대해선 두 말할 필요가 없다. 그러나 이는 정론직필(廷論直筆)일 경우에 해당하는 말이지, 사론곡필(邪論曲筆)하는데도 해당하는 말은 아니다. 더구나 기독언론의 입장에서는 더욱 그러하다. 근간에 사이비기자, 사이비언론으로 인한 사회적 피해가 어느 정도인가는 익히 알고도 남음이 있다. 만일, 언론이 타락한다면 그 나라의 양심이 타락한 것이다. 이와 마찬가지로 기독언론이 타락한다면 기독교회는 이미 타락했다 하여도 과언은 아니다.

사실, 국민의 정서나 문화적 취향은 언론이 ①투영하고 ②조장하며 ③주도한다. 한국의 기독언론 역시, 아직은 교계를 주도하는 단계는 아니라 하겠지만, 전체 교회의 현상을 투영하고 분위기를 조장하는 단계에 와 있기는 하다. 만일, 오늘의 기독언론이 더욱 발전해 간다면 전체교회를 주도해 나갈 수도 있을 것이다. 이 같은 사실에서 언론은, 세칭 「제4의 권력」이라 할만하게 그 위력은 대단하다. 더불어 그 사명은 얼마나 막중한가? 더구나 현대는 「언론의 시대」로서 언론의 힘을 빌리지 않고는 무엇하나 제대로 할 수 없는 시대이다.

예를 들어, 김영삼 정부 임기 1년이 평가됨에 있어서 개혁정책의 긍정적 성과는 정부 혼자만의 공로가 아니고 그에 보조를 맞춘 언론의 공로가 대단했던 것이다. 만일, 언론이 김영삼 정부의 개혁정책을 외면했다고 한다면, 오늘의 개혁이 성공할 수 있었을까? 천만의 말씀이다. 깨어 있는 언론의 협력이 없었더라면, 김영삼 정부의 개혁은 수구세력(守舊勢力)반발 내지는 쿠데타로 실패하였을 것이다.

같은 맥락에서 오늘의 교회개혁은 어찌 이리 더딘가. 어떤 교권세력들은 개혁의 바람에도 왜 끄떡도 하지 않는가? 기독언론에 문제가 있기 때문이다. 한국 교회의 신문들이 자기 역할을 못하고 있는 까닭이다. 오늘날 개혁이 절실한 교회를 위해 기독언론은 선봉에 나섰어야 했다. 그러나 한국의 기독언론은 개혁을 외치기 이전에 그 자체부터가 많은 문제를 안고 있었기에 역부족일 수밖에 없었다. 우선은 거의가 주간신문인데다가, 운영차원에서도 영세성(零細性)을 면치 못하고 있는 까닭에 일반 중앙지와 같은 역량을 기대하기는 심히 어렵다. 하지만 결정적인 문제는 재정과 운영에 있는 것이 아니다. 기독교 신문으로서의 「확고한 신학의 부재」에 있다.

◇ 교계신문, 개혁되어야 한다

기독언론의 사명이 무엇인가? 진리를 밝히고, 진리를 지키는 일이 아닌가? 그리하여 교회의 등불이 되고, 교회의 파수꾼되는 일이 아닌가? 교회 속에 파고드는 이단과 사이비라는 악한 누룩을 제거하는 일이 아닌가? 그런데 한국교계의 신문들을 보노라면, 왜 그렇게 비신학적(非神學的)적인지 심히 안타깝다. 사설 및 기사 내용은 차치하고서라도, 비신학적 요소의 두드러짐은 광고기사에 나타난다. 기독언론이란 특수신문으로서 실릴 광고가 있고, 그렇지 않을 광고가 있는 법인데, 분별 없이 아무거나 마구 싣는 감이 없지 않다는 뜻이다.

먼저, 「교회후임자 구함」이라고 하는 교회매매(敎會賣買)의 광고를 싣는 것이 그렇다. 교회후임자 구함이라고 해서 순진한 전도사가 목회를 하려고 찾아가 보았더니, 몇천만원, 혹은 몇억만원을 내어 놓고 인수하란다. 땡전 한푼 없이 순순히 부임할까? 했던 그 전도사의 충격은 이만저만이 아니다. 어째서 이런 일이 공공연하게 일어나는가? 신학교를 다닐 때, 교회사에서 배운 성직매매, 성전매매가 바로 이런 것이었구나! 를 깨닫게 된다. 그렇다면 목회초년생의 길을 내딛으려던 그 전도사의 실망한 영혼을 어떻게 위로한단 말인가.

더욱 어이가 없는 것은, 「산청수는-237M 암반층에서 끌어올린-좋은 물입니다」라는 「○○음료주식회사」의 광고기사이다. 「기독교세계부흥선교협의회」가 후원단체로 명시되었고, 「국민일보후원연합회, 극동방송국, 기독교신문, 크리스챤신문, 크리스챤저널, 수자원환경신문」이 공동후원하고 있었다. 그리고 「산청수상담원」은 성직자들이었으며, 후원단체의 회원들은 국내의 유수한 부흥사들로 언제 「산청수 물장사」들로 둔갑한 것일까? 기독언론들은 이런 광고를 싣지 말아야 했다.

이 문제는 다시한번 깊이 다룰 문제라고 본다. 한 가지 더 기가 차는 광고를 예로 들겠다. 「탁명환 소장 살해사건」과 깊이 연루된 「대성교회사과문」 광고를 기독신문에 게재한 일이다. 이단인지, 사이빈지, 살인 사주자인지, 살인동조자인지, 그 정체가 분명히 못한 「대성교회」가 정통교회인 양, 변명한 내용을 기독언론들이 게재했다는 것은 심사숙고치 않은 성급한 처사였다. 이렇게 되면, 이를 보는 순진한 신자들은 「탁명환 소장 살해」가 이단이나 사이비에 의한 것이 아니라, 기성교회들의 파렴치로 볼 여지가 많기 때문이다.

물론, 교계신문들의 열악한 경제사정은 이해한다. 그렇다고 해서, 광고료만 받는다면 이단이든, 사이비든, 아무것이나 실어서야 되겠는가? 이는 마치 배가 고파 「개똥」을 집어먹는 것과 다를 바 없는 노릇이다. 이런 식의 신문이라면, 폐간함이 마땅하다. 한국 교회의 갱신에 아무런 유익이 없고, 도리어 부패를 조장하는 까닭이다. 이들에게 묻고 싶다. 도대체 기독언론엔 무슨 마음으로 뛰어 들었는가? 돈벌려고? 이름 석자 남기려고?– 아서라! 기독언론의 사명은 불이익, 불명예를 각오하고서라도 교회를 지키고, 교회를 일깨우는 일임을 명심하고 매진하자.

7. 악어와 악어새의 이야기

◇ 교회와 교회언론

　상부상조의 적절한 본보기는 악어와 악어새의 관계일 것이다. 악어새는 악어가 없으면 살 수가 없다. 악어의 잇사이에 끼어 있는 음식 찌꺼기가 일용할 양식인 까닭이다. 악어 역시, 악어새가 없으면 생존이 곤란하다. 잇사이의 찌꺼기를 제거하지 않는다면 그로 인해 여러 가지 불편을 겪을 것이기 때문이다. 사람의 경우를 예로 들어 말한다면 잇사이에 끼어 있는 음식 찌꺼기를 제거하지 않는다면, 악어는 충치가 생겨 여간 고통이 아닐 것이다. 그러나 악어새가 있어서 때마다 「스케일링」을 하게 되니 얼마나 좋은 일인가? 악어새의 입장에서 악어는 「음식 메뉴」가 풍성한 식당이라면, 악어의 입장에서 악어새는 「이쑤시개」요, 전속 치과의사인 셈이다.

　무엇을 말하자는 것인가? 교회와 교회언론의 관계가 그러하다는 말이다. 물론, 국가(사회)와 그 언론의 관계가 그러한 것이지만, 본 시론에서는 기독교회와 그 언론, 특히 신문과의 관계에서 그러함을 강조하여 밝히려고 한다. 예컨대, 교회가 악어라면 교회신문들은 악어새란 뜻이다. 그런데 여기에서 분명히 할 것은 악어가 주체이고 악어새가 객체이듯이, 교회는 주체이고 교회신문은 객체라는 사실이다.

　동시에 악어는 악어새를 위하고 악어새는 악어를 위한다. 이와 마찬가지로 교회는 교회신문을 위하고 교회신문은 교회를 위하는 것이다. 이것은 어느 쪽이 먼저라고 꼭집어 말할 수는 없는 것이지만, 굳이 말한다면, 악어새(교회언론)보다는 악어(교회)쪽에 「이니시어티브」가 있다고 하겠다. 때문에 악어새를 먹여주지 않는다면 악어새는 굶어죽을 것이요, 악어 역시, 잇사이에 끼어 있는 찌꺼기의 불결함으로 불행을 당하고야 말 것이다.

바로 여기에서 교회와 교회신문들이 상부상조해야 한다는 당위적 근거가 있다. 교회가 만일, 그 신문들을 불필요로 한다거나 또한, 신문들이 교회를 무시한다면 교회는 항상 건전할 수가 없고, 교회 신문은 존재할 수가 없게 된다. 그러므로 교회와 교회신문은 「상존관계」이다. 교회가 없으면 교회신문은 없는 것이고 교회신문이 없으면 교회는 건전할 수가 없는 것이다. 그럼에도 불구하고 오늘날 교계의 현실은 어떠한가? 교회에 대한 교회신문의 관심은 적극적인 데 비하여, 교회신문에 대한 한국 교회의 관심은 너무나 소극적이다.

"그 까짓 거 있어도 그만 없어도 그만"이라는 태도가 역력하다(물론, 역학 구조가 그러하다 하겠지만) 결국 교회신문들은 교회에 대하여 짝사랑만 하고 있는 노처녀 신세를 면치 못하고 있다.

◇ 교회가 갱신을 원한다면

일반적으로 논할 때, 신문의 사명은 두 가지이다. 첫째는 정확, 공정, 신속의 삼박자를 갖춘 정보전담이다. 그리하여 건전한 여론을 형성시키는 일이다. 둘째는 비판의 기능이다. 비판을 하되, 엄격한 중립성과 보편타당성의 원칙에 서서 건전한 비판을 견지함으로써 감시자가 되는 것이다.

이와 같은 정보전담과 비판, 감시, 이 두 가지 기능을 가지고 있어야만 신문은 제대로 설 수 있다. 만일 어느 독자(개인, 기관, 단체)가 신문에서 정보 기능만을 원하고 비판기능을 원치 않는다거나 반대로 비판기능은 원한면서도 정보기능은 원치 않는다면 그들은 신문이 비정상적이기를 원하는 것이나 다를 바가 없다.

사실상, 신문의 어려움은 정보전달의 기능보다는 비판감시의 기능에 있다. 그리하여 신문 자신도 되도록 비판감시의 기능을 절제하려고 한다. 그러나 이런 태도는 「용기 있는 신문」이 취하는 태도가 아니다. 「용기 없는 비겁한 신문」이 취하는 태도라 할 것이다.

그리고 어느 기관이나 단체, 또는 지도급의 인사들 가운데는 신문이 비판감시의 기능을 수행함에 있어서 못마땅하게 여기고 직간접적으로 압력을 가하는 경우가 있다. 이는 독재정부의 「단골 메뉴」인데, 이런 구태의연한 작태가 한국 교회의 어느 복판에 존재하고 있다는 사실은 매우 부끄러운 일이 아닐 수 없다.

어느 신문이든지 약점은 있기 마련인데 가장 큰 약점은 비판과 감시 기능의 상실이다. 다시 한 번 상기하거니와 신문의 사명은 악어새의 사명이다. 교회와 사회 전반의 틈새기에 실존해 있는 부정과 부패의 찌꺼기를 제거하고 씻어내는 사명이 신문에서 주어져 있는 것이다. 이 점을 독자들은 인식해야 하고, 신문 자신들도 잊어서는 안 된다.

작금 교계의 신문들이 이런 사실을 상기한 나머지 비판과 감시의 기능이 점차로 활성화되어지는 현상은 참으로 반가운 일이다. 더구나 변화와 개혁의 시대에 교회갱신의 요청이 교계 안팎으로 절실한데 도대체 이 어려운 역할을 어느 누가 담당하겠는가? 당연히 신문의 몫이 아니겠는가? 이런 의미에서 한국 교회가 진정으로 갱신을 원한다면 교회신문들을 활성화시켜야 한다.

◇ 교계신문은 누구의 소유인가

원칙을 말한다면, 신문은 신문사의 것이 아니라, 국민의 것이요, 사회의 것이다. 따라서 교계신문은 발행인이나 편집인이나 사장의 것이 아니다. 교계 신문은 교회의 것이요, 모든 그리스도인의 것이다. 이것이 신문의 원리요, 원칙이다. 그럼에도 불구하고 어느 개인이나 단체가 자기들의 노력이나 수고로 신문을 만들어 낸다해서 자기(들)의 것으로 생각한다면 그 신문은 보나마나 부정한 신문일 수밖에 없다. 아무리 순수한 동기로 시작했다 하여도 머잖아 타락할 것이 뻔한 노릇이다. 이는 마치, 자기가 교회를 개척했다고 해서 자기의 교회인 양 하는 어떤 부정한 목회자, 장로와 다를 바 없는 것이다.

신문은 그 신문을 만들어 내는 이들의 것이 아니라 그 신문을 받아보는 독자들의 것이다. 신문인(언론인)들은 그 일에 종사하는 종이요, 심부름꾼들에 불과하다. 주인은 독자들이다. 그러므로 신문인(언론인)들은 독자들을 주인으로 알고 섬겨야 한다. 그런데 여기에서 문제가 있다. 종들은 누가 먹여 살리는가, 악어가 악어새들을 먹여 살리듯이 교회와 그리스도인 독자들은 교회신문을 살려주고 키워주어야 한다.

그러나 오늘날 교계의 독자들은 자기의 종족인 교회신문들에 대하여 무관심하고 인색한 경향이 많다. 솔직히 말해서 구독료에 인색하다는 뜻이다. 그렇다고 해서 광고수입이 많은 것도 아닌데…교회신문의 질이나 양은 향상될 수가 없다. 현상유지만 해도 기적에 가까운 일이다.

오늘날과 같은 「언론매체의 발달」의 추세라면, 교계에도 확실한 일간지가 필요한 실정이다. 물론, K신문이 있어서 그나마 다행이기는 하지만 K신문은 특정 교회, 특정 교단이라는 한계가 있다. 범교회적이고, 범교단적인, 명실공히 한국 교회를 대변하는 일간지 하나쯤은 더 나와야 한다. 뿐만 아니라, 한국 교회는 그럴만한 충분한 자원이 있다. 가히, 천만을 헤아리는 그리스도인들이 산재하고 있는 까닭이다.

그런데 왜 문제인가? 교회신문에 대한 교회와 그리스도인들의 인식 결여 때문이다. 악어가 부패하지 않으려고 악어새를 먹여주고, 키워주듯이, 한국 교회가 갱신되고 또 갱신되려면 교계의 건전한 신문들을 키워주어야 할 것이다(보라! 지금은 기독언론에 지대한 관심을 가질 때가 아니겠는가? 교회와 그리스도인들이여!)

제8장

1. 살모사보다 더 악한 인간

파충류 가운데는 살모사(殺母蛇)라고 하는 악독한 뱀이 있다. 태어나자마자 자신을 낳아준 어미를 물어 죽인다고 해서 붙여진 이름이다. 이와 마찬가지로 인류 가운데는 살모사 못지않은 독살맞은 인간이 없지 않다. 역사적인 예를 들면, 로마의 폭군으로 유명한 「네로 황제」가 그러했다. 그는 자신을 황제로 등극시킨 모친 「아그리파」를 교살한 잔인무도한 인간이었다. 실로 살모사 못지않은 인간이라 할 것이다.

그런데 오늘에 와서 우리는 그 살모사와 같은, 「네로 황제」보다 더 악독한 인간을 목도(目睹)해야만 하는 비운을 겪고 있다. 마지못한 심정으로 일컫자면, 「한약상 박순태(朴淳泰) 씨 부부 살해사건」의 범인(凡人)이 다른 이가 아닌, 그의 아들 박한상(朴漢相)이었다는 사실이 바로 그것이다.

「네로 황제」의 경우, 그의 어머니 「아그리파」는 그의 남편을 독살하고 아들 「네로」를 황제로 등극시켰던 것이다. 그로인해 「네로」는 자기의 어머니가 언젠가는 자신을 독살시킬 것이라는 두려움에서 향락으로 탕진해 버릴 비용을 위해 그의 부모를 무자비하게 살해하였다. 자기의 어머니를 목졸라 죽였던 것이다.

그에 비해 양친을 한꺼번에 살해한 박한상은 어떠했는가? 부모로부터의 어떠한 위험도 없으면서도 피살될 위험을 조금도 느끼지 않았다. 그러면서도 자신의 부모를 살해하였다. 이 어찌 살모사와 같은 네로보다 더 잔인무도한 인간이라 아니할 수 있겠는가? 살모사가 아닌, 살모부사(殺母父死)한 인간이라 할 것이다.

아아, 망치로 얻어 맞는 기분이란, 이를 두고 하는 말이던가? 도대체 어떻게 이런 일이 일어날 수 있더란 말인가? 더군다나 애지중지 키워온 자식에게 살해당한 그들 부부는 기독교회의 독실한 신자가 아니었던가? 남편은 장로요, 아내는 권사로서 주변의 아무에게라도 원망할 만한 일을 하지 않는 이른바, 법 없이도 살 만한 착한 사람들이었다고 이웃 주민들은 증언하지 않았던가? 그런데 이 무슨 날벼락일까? 믿음의 가정에서 어찌 이런 일이 벌어졌단 말인가?

◇ 빗나간 교육의 무서운 결말

핑계 없는 무덤 없고, 원인 없는 결과 없다. 양친 살해의 비극의 원인은 무엇이었을까? 자신의 부모를 무참하게 살해한 폐륜아(廢倫兒)에게만 그 원인이 있는 것일까? 따지고 보면 그 역시, 피해자(被害者)에 지나지 않는다. 그로 하여금 끔찍한 범죄를 저지르도록 오늘의 일그러진 사회가 그 원인을 제공했던 것이다.

원인제공— 그것은 단적으로 「빗나간 교육」때문이었다. 그 빗나간 교육이란 다름아닌 「입시교육」(入試敎育)이다. 상급학교 진학을 목적으로 하는 「타락한 교육」은 사람됨을 목표로 하는 본질을 상실하고 말았다.

더욱이, 크리스천과 그 교회의 입장에서는 가장 우선해야 할 신앙교육(信仰敎育)을 끄트머리로 몰아내 버렸다. 그리고 그 자리에 입시교육을 앉혀 놓았다. 본질적으로는 그런 것이 아니라고 하면서도 사실은 입시교육을 본질로, 신앙교육, 또는 인간교육은 비본질화(非本質化)시켰다.

자식에게 피살된 그들 부부가 독실한 크리스천으로서 교회의 장로요, 권사였을 터인데 그 비련의 자식도 어렸을 때는 주일학교를 잘 다녔을 터이고, 제법 학생회의 예배까지 양호하게 출석하였으리라. 그러면 그가 고등학교 후반기부터 교회를 멀리하기 시작했을 것인즉, 이유는 「반드시 대학에 들어가야 한다」는 강박관념 때문이었을 것이다.

잘하든 못하든, 공부에 매달리다 보니, 한두 번씩 교회를 결석하게 되고—그나마 일주일에 단 한 번 가는 교회인데—부모님도 그것을 나무라는 눈치도 아니었고—나무라기는커녕, 대견하게 여기시는 것이었다. 심지어, 교회를 좀 열심히 다닐라치면, "교회는 나중에 가고 공부 부터 해"라고 꾸지람하는 바람에 그 자녀는 에라 모르겠다. 그 다음부터는 교회와는 담을 쌓는 판이다. 그렇다고 해서 교회 안 가는 시간을 모두 공부하는 것도 아니고, 실력이 더 향상되는 것도 아닌데 아뿔싸! 신앙만 팔아먹고 마는 셈이 되고 만다.

어떻게 억지로 대학을 들어갔지만 신통찮은 실력이라, 출세하기는 어려워 보이므로 있는 돈 가지고 해외유학(海外留學)을 시켰는데 바로, 그것이 치명적인 화근이 되고 말았다. 지옥에 보내서 악마가 되는 연수를 보낸 꼴이 되었다. 말하자면, 돈 많은 집안의 공부 못하는 자식들—오렌지족—의 정해진 코스가 이러하다니 참으로 탄식할 노릇이다.

◇ 재고해야 할 크리스천의 자녀교육

드디어 「어둠의 자식」으로 변질된 그 자녀들은 뱀처럼 숨어 들어와 자신의 부모를 독오른 이빨로 깨물어 버렸으니 빗나간 교육의 무서운 결말은 그렇게 끝나버리고 말았다.

이 땅의 자녀를 둔 수많은 부모들, 특히, 교회의 장로요, 권사요, 집사이면서 더 나아가서는 목사이면서 입시생(入試生) 자녀를 둔 크리스천 부모님네들, 자녀 교육의 우선순위가 무엇인가를 다시 한 번 분명히 깨달아야 할 때인 줄 안다.

입시공부가 먼저인가, 성경공부가 먼저인가, 참으로 올바른 신앙을 소유했다면 자녀에게 입시와 출세의 교육보다는 신앙과 인간교육을 우선할 것이다. 참된 크리스찬의 부모는 차라리 「공부 못해도 괜찮으니 우선은 신앙인이 되어라. 출세 못해도 괜찮으니 우선은 참사람이 되어라」고, 자녀에게 당부할 것이다.

그렇지만 오늘의 크리스찬 부모들은 어떠한가? 자녀교육을 신앙위주로 하지 않는 일이 허다하다. 입시위주로 하고 있다는 사실이다.

예를 들어, 요즈음 유년주일학교 어린이는 물론, 중고등학생들은 교회생활도 잘한다고 해야 일주일에 한두번 주일학생예배와 토요자치 예배에 지나지 않는다. 어느 경우에는 일주일 한번 모이는 교회도 많다. 그런데 이 마저도 고3이 되면 격주로 나오다가 대학에 떨어지면 아예, 교회를 떠나 버린다.

생각해 보시라, 장년의 경우, 교회를 주일 낮 예배에 한번만 나와 가지고서 신앙이 유지되고 향상되든가? 그것으로 부족하여 주일 밤과 수요일 예배도 또한 구역예배도 참석하지 않던가? 심지어는 그것도 모자라서 매일 새벽기도회에도 힘쓰지 않던가? 그런데 우리의 자녀들은 어떠한가, 일주일에 겨우 한번이다. 이래가지고서 그들이 과연, 신앙을 배울 수가 있겠고, 신앙이 향상될 수 있겠는가?

이럼없는 노릇이다. 그들도 열심히 모여야 한다. 주일 낮 예배는 물론, 저녁과 수요일 예배때도, 더 나아가서는 일주일에 한번만이라도 새벽기도회에 나오게 해야한다. 그렇다고 해서 공부 못하는 것 아니다. 더 잘하면 잘했지 못하지는 않을 것이다.

어찌하여 오늘날 믿음의 가정에서 부모가 그 자식에게 살해되는 참상이 일어났는가? 하나님은 왜 이런 일을 허락하셨는가? 자녀의 신앙교육을 입시교육(入試敎育)에 급급한 나머지 포기하고 있는 한국의 크리스찬과 그 교회를 일깨움이 아니던가?

2. 우리에게 내일은 있는가?

◇ 교회존립의 위기시대

저 먼 나라 영국에서 들려온 반갑잖은 소식이다. 최근에 와서 영국교회의 교인수가 급격히 감소되고 있다는 우려섞인 보도였다. 그리하여 적지않은 예배당이 폐쇄가 되고 도시의 예배당들은 일반인에게 매매되고 창고, 슈퍼마켓, 술집 등으로 개조되어 사용되고 있다는 것이다. 심지어 「누가성당」과 같은 유명한 교회당도 이슬람교에 팔려서 그들의 사원〈모스크〉으로 사용되고 있다니, 참으로 황당스런 일이 아닐 수 없다.

영국의 국교라는 성공회가 이 지경이니, 그 밖의 교회, 특히 감리교회의 경우는 어떠할까? '요한 웨슬레'로 시작된 감리교회는 부패한 영국사회까지 변화시킨 위대한 교단이었다. 그러나 최근의 사정은 안타까울 지경이다. 간단히 말해서 영국의 감리교회는 전성기 때의 교세보다 절반 이하로 감소되고 있다는 사실이다. 결과적으로 어제까지의 그리스도인들이 오늘에 와서 무신론자, 불가지론자로 타락되고, 아니면 이방종교, 사이비종교, 동양의 신비종교로 넘어가 버리는 이들이 부지기수라는 것이다.

지루할 테지만 조금만 더 이야기 하겠다. 그러면 구라파 내륙지방은 괜찮은가? '마틴루터'와 '존칼뱅'과 같은 위대한 개혁자를 낳은 유럽교회는 어떠한가? 이 역시 마찬가지이다. 예배당이 텅텅 비어 관광객들의 구경거리 밖에는 아무것도 되지 않고 있다는 소식은 벌써 오래 전부터 들어온 바이다. 그렇다면 미국 교회는 어떠할까? 미국도 예외는 아니라는 소식이다. 얼마의 보수 교단과 오순절주의 교단은 꾸준한 성장을 보이고 있다곤 하지만, 북미교회 전체의 상황은 역시, 하향 곡선을 그리고 있다는 것이 정확한 진단이다.

그런데 이 같은 조짐이 '유사 이래 기적적인 부흥과 성장을 가져왔다' 고, 떠들며 자랑하는 한국 교회에도 엿보이기 시작했다. 80년대에 둔화되기 시작한 교회성장은 90년대 들어서는 아예, 멈춰 버리다시피 했다. 항간에는 개척 몇 년만에 몇 천, 몇 만명의 교회로 성장했다고 화제가 되고 있지만 그 것은 전체교회의 성장은 아니다. '제살 깎아 먹은 결과' 일 따름이다. 다시 말해, 기존교회에 식상했던 교인들의 '자리 옮김' 일 뿐이라는 말이다. 놀라지 마시라. 이미 한국 교회는 최근에 와서 한달 사이에 2백여 교회가 문을 닫았다(대부분 개척에 실패한 교회였겠지만)는 소식까지 들려올 정도가 되었다.

◇ 해외선교, 허영과 과소비는 아닌가

이른바, 유명세를 타고 있는 유수한 교회들 말고는 대부분의 교회가 새 신자가 늘지 않는다고 걱정들이다. 아니, 새 신자가 늘기는커녕 현상유지만 해도 부흥이라 할 정도로 시대의 영적 상황은 각박하다. 그래서일까? 제법 힘깨나 쓰노라는 교회들을 보면, 너도 나도 해외선교에 열을 올린다. 독재자는 국내문제가 골치 아프면 해외문제를 일으켜 국민들의 관심을 돌려놓는다나? 지금 우리나라 교회의 실정을 비추어 보건대, 해외선교에 그렇게 열을 올릴 때가 아니다. 그에 앞서 한국 교회는 백년대계를 꾸미어 총력을 기울여야 할 때라고 생각된다.

제 앞가림도 제대로 하지 못한 채, 남의 사정 봐주겠다고 나서는 일은 허세인가, 희생인가? 온갖 그럴듯한 '슬로건'을 총동원하여 해외선교에 열을 올리고 있겠지만, 그보다 더 시급하고 중대한 일이 있다는 사실은 어찌하여 간과하는가? 해외에 선교사를 하나 보내면, 한 달에 적어도 3백만원을 보내야 그 선교사가 생활을 하고 활동을 한다. 그러나 국내 선교사로서의 개척교회 교역자나 농어촌교회 교역자의 생활비는 겨우 5십만원도 못돼서 고생이다. 동남아에 예배당을 지어 주고, 러시아에 신학교를 세운다고 자랑하지만, 예배당을 짓기는 커녕, 건물 임대료를 감당 못해 문닫는 개척교회는 얼마련가?

물론, 해외선교는 기필코 감당해야 한다. 그것은 "땅끝까지 이르러 내 증인이 되리라"하신, 예수님의 지상명령인 까닭이다. 그러나 이와 함께 병행해야 할 일이 있다. 아니, 이보다 좀 더 앞서서 해야 할 일이라 함이 마땅하다. 그것은 다름 아닌, 백년대계의 일이다. 백년대계의 일이란, 우리 다음 세대를 위하는 일이다. 우리 세대가 한국 교회의 백년을 이끌어 왔다면, 앞으로의 백년을 이끌어 가야 할, 그리고 또 그 다음의 백년을 이끌어 가는 그리스도인들의 양육을 위하여 최대 역량을 투자해야 하는 것이다.

영국교회와 서구교회가 공산주의처럼 몰락해 가고, 미국교회마저 기울어져 가는 마당에 한국 교회는 과연 만세반석일까? 말을 바꿔, 〈한국 교회에 미래는 있는가〉 이 대답은 우리 세대에선 찾을 길이 없다. 우리의 다음 세대인 청소년과 어린이들에게서 찾아야 한다. 아아, 안타까워라. 이제껏 한국교회는 너무나 장년 중심의 목회에만 힘쓴감이 많다. 그에 비하면 청소년과 어린이 목회에는 너무나 인색했다. 비유하자면, '오늘 실컷 먹고 내일 죽자'식의 내일이 없는 목회를 해온 것이다.

◇ 교회의 백년대계, 전문목사가 맡아야

그 중대한 실례로, 어린이 목회와 청소년 목회는 안수받은 목사가 하는 경우가 드물다는 것이다. 신학교를 갓 졸업한 풋내기 전도사(인턴)에게 백년대계를 떠맡겨 온 것이다. 조금 낫다는 것이 1~2년의 경력 있는 전도사(레지던트)에게 내일의 교회를 맡기는 정도이다. 그러다가 어느 정도 익숙하여 안수를 받으면 장년목회자로 승진되고 만다. 이제껏 그렇게 해 온 것이다. 그것이 순리요, 정당한 절차가 되었다. 아무도 아무런 이의가 없어 왔다.

그러나 우리 한번 생각해보자. 이래 가지고서야 우리 한국 교회가 몇백년이나 그 역사를 유지하겠는가? 만일, 이런 식으로 나간다면 한국 교회는 몇십년도 못가서 사양길로 접어들어 황폐하게 될 것이다. 어린이 목회, 또한 청소년 목회를 '인턴'이나 '레지던트' 같은 전도사들에게 맡겨서는 안 된다. 그 목회를 위해 헌신하고 훈련된 전문가로서의 안수받은 목사가 맡아야 한다. 물론, 그 목사는 늙어도 그 일을 해야 한다. 젊은 기분이 들떠 있을 때만 '어린이 목회, 청소년 목회'라고, 감상에 젖지 말고 장년이고 노년이 되어도 '방정환'처럼, '페스탈로찌'처럼, 교회의 내일을 위한 목회자가 되어야 한다.

그러기 위해서는 신학교의 '커리큘럼'이 달라져야 한다. 장년목회의 전문가만을 양성하는 성향에서 어린이, 청소년 등의 전문 목회자를 양성하는데 교편과 학제를 재구성해야 한다. 총회도 마찬가지이다. 목사제도를 전체교회를 담임하는 차원에 두지 말고, 목회의 전문화를 위하여 어린이담임제, 청소년담임제, 청년담임제를 두어 목사를 임직시키는 제도를 세울 일이다. 그리고 교회들은 장년중심의 목회를 지양하고, 어린이 목회와 청소년 목회와 함께 균등이 할 것이다.

정녕, 어느 목회에 편중하고자 한다면, 장년목회가 아닌, 어린이와 청소년 목회에 편중할 것이다. 바로 말해, 장년목회는 교회의 어린이와 청소년을 위해 썩어지는 목회이어야 한다. 명심하자, 어린이 목회와 청소년 목회를 외면하거나 등한시 한다면 '우리 교회에 내일은 없다' 는 사실을… 하지만 우리의 주변에는 아직도 이해못할 일들이 자주 벌어지고 있다. 매월 생활비 몇십만원 지출될 것이 아까워 어린이와 청소년을 위한 전담 교역자 한 사람 두지 않는 담임 목사가 교단해외선교부에서 실시하는 〈해외선교지순방답사여행〉을 위해 기백만원 아까워 하지 않고 떠나시다니, 교회여, 우리 교회여, 폐허되는 선진국교회 꼴이 되기 전에 교회의 백년대계를 위해 인적, 지적, 물적 자원을 아낌없이 투자하자. 온전히 투자하자.

3. 한국 교회여, 순교 신앙을 회복하자

◇ 기독교회의 원초적 신앙

기독교회가 주님으로부터 책망받는 것은 가장 우선적으로, 처음 사랑을 버렸다는 사실에 있다. 처음 사랑이란, 교회가 처음 시작되었을 때의 순수한 신앙과 열심을 뜻하는 것이라 하겠다. 그러므로 주님께서는 에베소교회를 향하여「처음 사랑을 버렸다」고, 책망을 하신 후 곧이어「처음 행위를 가지라」고 회개를 촉구하셨던 것이다.

성경에 나타난 초대 교회가 그러한 것과 같이 우리나라의 초대교회 역시, 공통적인 것이 있었다. 그것은 다름 아닌, 순교신앙(殉敎信仰)을 가지고 있었다는 점이다. 이는 어느 나라, 어느 지역에서도 마찬가지였다. 예수 그리스도의 복음이 처음으로 들어가는 곳에는 반드시 순교자가 생겨났기 때문이다. 따라서 교회는 순교의 신앙을 갖지 않을 수가 없었던 것이다.

순교신앙이란 무엇인가? 주님과 그 복음을 위해서라면 어떠한 고난도 감수하는 것이요, 종례에는 목숨까지 바치는 신앙이다. 다시 말해, 순교신앙이란, 이미 받은 주님의 사랑과 은혜를 과분한 줄 알고 그 사랑과 은혜에 보답하기 위해서 자신의 모든 것을 주님 위해 바치는 신앙이다. 그러므로 순교신앙은「몸밖에 드릴 것 없어 이 몸 바칩니다」의 신앙이다.

이러한 신앙이 있었기에 초대교회는 지극히 적은 무리(눅 12 : 32)에 지나지 않았으나 그 당시의 사회를 변화시키고 역사를 주도할 수가 있었던 것이다. 예루살렘교회가 그랬고, 안디옥교회가 그리하였으며, 로마교회가 그러했다. 한국 교회 또한 초대교회 당시에는 민족을 일깨우고, 시대의 등불이 되었다. 결코, 많은 수의 신자를 거느린 것이 아니었지만, 그만큼 위대한 역사를 이룩했다.

◇ 무기력한 현대교회의 원인

삼일운동에서 8·15해방까지, 당시만 해도 우리나라의 기독교인 수는 이십만에서 사십만 정도에 지나지 않았다. 그런데도 한국 교회는 독립운동을 주도해 왔으며, 계몽운동을 주도해 왔었던 것이다. 비교컨대, 오늘날 천만이 넘는 교인수를 자랑하는 현재의 교회가 하지 못하는 일을, 몇 십만 밖에 되지 않던 초대교회는 훌륭히 감당했던 것이다.

그 능력의 심히 큼은 어디에서 비롯한 것일까? 반복해서 증언하지만, 그것은 순교신앙에서 비롯한 것이다. 순교신앙이 무엇인가? 목숨을 걸고 믿는 것이 아닌가? 무슨 일이든 간에 죽든지 살든지 상관없이 덤벼드는 일과 조금이라도 다치거나 죽을까봐 무서워 요리조리 눈치보며 하는 일, 둘 중에 어느 것이 성공을 거두겠는가? 그야 당연히 목숨을 걸고 하는 일이다.

이와 같이 초대교회의 신앙은 본래, 순교신앙이었던 것이다. 살아도 주를 위하여 살고 죽어도 주를 위하여 죽는 신앙이었다는 사실이다. 그러므로 그 신앙은 세상을 변화시킬 수 있었고, 시대를 이끌어 갈 수가 있었다. 그러나 오늘에 와서 우리의 교회는 어떻게 되었는가? 마땅히 해야 할 말조차 하지 못하는 신세가 아닌가?

세상에 대하여-회개하라! 하면, 너희들이나 회개하라! 고 하고, 사랑하라!

하면, 너희들이나 사랑하라! 는 조롱을 듣게 되며, 주 예수를 믿으라! 하면, 너희들이나 잘 믿어라! 는 핀잔을 받는 것이 오늘날 한국 교회의 부끄러운 처지이다. 왜 이렇게 되었는가? 초대교회보다는 백배 이상의 부흥과 성장을 자랑하는 터에 그 능력에 있어서는 왜 「종이 호랑이 꼴」이 되었는가?

◇ 기복신앙에서 순교신앙에로

오늘날 한국 교회가 외양적으로 세계제일의 성장을 가져왔으면서도 본질적으로는 무기력해진 까닭이 어디에 있는가? 그것은 한마디로 기복신앙(祈福信仰) 때문이다. 우리나라 교회는 언제부턴가 「순교신앙에서 기복신앙으로」 타락되었던 것이다. 신앙의 기복화를 타락이라고까지 할 수 있겠느냐 싶겠지만, 순교신앙에서 기복신앙으로 떨어진 것은 명백한 타락이 아닐 수 없다.

기복신앙이란 무엇인가? 단순하게 말하자면, 예수님을 믿어서 복 받고 잘 살아보겠다는 「종교적 의지」이다. 이런 바탕에서 보면, 기복신앙이란 잘못된 것이 아니다. 아주 당연하다고 볼 수 있다. 문제는 그 복(福)이라는 것이 육체적이고, 물질적이고, 세속적이며, 그리고 지극히 이기주의라는 데 있다. 한마디로 기복신앙은 무엇이든지 유익한 것은 자기가 다 갖겠다는 욕심이다.

그러나 순교신앙은 이미 받은 것으로 족하니 이제는 무엇이든지 유익한 것은 주님을 위하여 다 바치겠다는 사랑이다. 드리겠다는 신앙과 받겠다는 신앙, 그 차이는 하늘과 땅이다. 그 신앙의 됨됨이나 감화력에 있어서도 현격한 차이가 있는 것이다. 비유컨대, 순교신앙은 「생성(生成)하는 신앙」이라면, 기복신앙은 「부패(腐敗)하는 신앙」이라 할 것이다.

그렇다. 오늘의 교회에 개혁과 갱신의 아우성이 끊임없이 떠들썩한 것은 모두가 무속(巫俗)이나 다를 바 없는 기복신앙 때문이다.(설사, 기복신앙이 성경적이라고 해도 그것은 실수와 과오가 많은 미숙한 것이다) 그러므로 오늘의 우리 교회가 「교회다운 교회로 세상에 빛을 나타내려면」 기복신앙의 미숙한 경지를 벗어나서 초대교회와 같은 순교신앙의 성숙한 경지에 이르러야 한다.

따라서 이제는 더 달라는 일색의 기도는 지양하자. 더 많이 받겠다는 욕심으로 십일조와 그 밖의 헌금을 하지 말자, 모든 헌금은 오로지 받았으니 감사하여 드리자. 그리고 강단에서는 「주의 이름으로 축원합니다!」로 일색하는 설교로 신자들의 마음에 기복신앙을 조성하거나 자극하지 말자. 기복신앙은 이제까지로 충분하다. 오늘날 이 시대는 순교신앙을 설교하고, 순교신앙을 기도하며, 순교신앙을 실천해야 하는 아슬아슬한 때를 살고 있는 까닭이다.

4. 한국 교회여, 삼극운동(三克運動)을 벌이자

◇ 세속주의의 극복

　어느 저명한 신학자는 교회를 가리켜「탈출 공동체」라고 정의하였는데 이는 진실로 지당한 말이다. 과거 이스라엘 민족이「애굽」에서 탈출하여 하나님의 거룩한 백성이 되었듯이 오늘날 그리스도의 교회는 세상이라는 애굽을 탈출한 영적 이스라엘 백성이다. 그리하여 교회가 가는 길은 이스라엘 백성이「젖과 꿀이 흐르는 약속의 땅」을 향하였듯이, 하나님의 언약하신 그 나라를 향하는 것이다.

　하지만, 오늘날 우리나라 교회는 어디로 가고 있는가? 진실로 하나님께서 약속하신 그 나라를 향하고 있는 것인가? 아니면 탈출해온 애굽을 다시 그리워하면서「우리가 애굽 땅에서 고기 가마 곁에 앉았던 때와 떡을 배불리 먹던 때에 여호와의 손에 죽었더면 좋았을 것을 너희가 광야로 우리를 인도하여 내어 이 온 회중으로 주려 죽게 하는도다」(출 16 : 3)라고 했던 이스라엘의 어리석은 백성들처럼, 또다시 세상을 그리워하고 있지는 않은가?

　교회란, 또 다른 말로 정의하면「순례공동체」이다. 다시 말해 세상이라는 애굽을 탈출한 이상, 교회는 거룩한 성을 향하는 거룩한 나그네, 즉 순례자인 것이다. 그러므로 위엣것을 생각하고 땅엣것을 생각지 말라(골 3 : 2)는 사도 바울의 가르침은 교회의 본성을 특징지어준 말씀이다.

이 같은 의미에서 오늘의 우리나라 교회는 참으로 순례자인가? 진정, 거룩한 성, 하나님의 나라를 향하고 있는(사 35 : 8) 순례자인가? 악인의 꾀를 좇지 않고, 죄인의 길에 서지 아니하며, 오만한 자의 자리에 앉지 아니하고, 오직 여호와의 율법을 즐거워하여 그 율법을 주야로 묵상하는(시 1 : 1-2) 복된 교회인가? 뿐만 아니라 「발람」의 어그러진 길로 몰려가지 않으며 「고라」의 패역을 좇지 않는(유 11) 거룩한 나그네인가?

오랜 방황에 방향감각을 상실했음인가? 우리나라 교회가 자꾸만 정도에서 벗어나고 있다는 생각이 드는 까닭은 무엇일까? 따라서 오늘날 우리나라 교회가 극복해야 할 우선적인 것은 세속주의이다. 세속주의란, 예수 믿고 이 세상에서 잘먹고, 잘사는 것을 추구하는 신앙이다.

◇ 물량주의의 극복

두 번째로, 우리나라 교회가 극복해야 할 그릇된 신앙은 물량주의이다. 물량주의란, 무조건 크면 좋고, 많으면 좋다는 사고방식이다. 바꿔 말하면, 무조건 작으면 나쁘고, 적으면 나쁘다고 생각이 물량주의인 것이다. 따라서 교회는 커야 하고, 신자는 많아야 한다는 교회성장주의가 우리나라 교계에 만연하게 되었다.

그리하여 어느 교회가 「개척 수년(짧은 기간)만에 수천 명의 신자가 모이고, 수만 명의 교인이 모이게 되었다」고, 하면 그 교회를 개척한 목사는 순식간에 교계의 「스타」가 되어 인기가 하늘로 치솟는다. 각 곳에서 「세미나」 요청이 쇄도하고, 「부흥회」 요청이 문전성시를 이루며, 또 하나의 출판홍수에 기여할 뿐인 그의 「설교집」이 불티나게 팔린다.

상황이 이런 식으로 발전되면, 여타의 교역자들은 곤혹스러워진다. 첫째로, 작은 교회를 목회하는 교역자들이 곤혹스럽다. 큰 교회를 목회하는 교역자들만 능력의 종이요, 복받은 종이며, 성공한 종이라고 한다면, 그럼 작은 교회를 목회하는 교역자는 뭐가 되는가? 노골적으로 표현하지 않아서일 뿐이지 내심으로는 능력이 없는 종이고, 하나님께 복받지 못한 종이고, 실패한 종이라는 낙인을 찍지 않겠느냐? 는 말이다.

둘째로, 기존의 큰 교회 교역자들이 곤혹스럽다. 자기보다 늦게 시작한 교역자가 자기를 추월하거나, 맞먹거나, 뒤를 바짝 추격을 한다는 의미에서 곤혹스러움을 느끼는 것이다. 더 빨리, 더 멀리, 더 많이, 성장해야 저 신출내기보다 뒤지지 않을텐데… 하면서 조급증을 떨게 된다.

셋째는, 바르게 정도의 목회를 하고 있는 교역자들은 곤혹스럽게 한다.「꿩 잡는 게 매」라고, 아무것도 모르는 철부지 신자들은 홍두깨처럼 교회를 성장시킨 사람들만「위대한 종」인 줄 알지, 어쨌든 참되게 목회하려는 자기는 알아 주지를 않고, 따라 주지도 않는다는 사실이다.

그리하여 성장! 성장! 교회 성장! 하면서 교역자들은 무리수를 거듭 둔다. 한도 끝도 없는 교회성장의 달음질, 별짓 다 많이 하다가 결국, 교역자는 제 정신이 아니게 되고 교회는 교회대로, 교회 아닌 엉뚱한 기업이나 왕국으로 화해 버린다. 도대체 언제까지 교회 성장의 열병에 시달리고 있을 작정인가.

오늘날 우리나라 교회의「수천 수만」하는 교회 성장은 참된 의미에서 성장이 아니다. 그것은 교회가「부르주아」로 살쪄가는 것이요, 편식과잉으로 인한 비만증에 걸려 있는 것이다. 때문에 우리나라 교회의 시급한 과제는 무엇보다도 물량주의를 극복하는 것이다.

◇ 이기주의의 극복

약사와 한의사의 분쟁을 보면서 「적어도 지성인이란 작자들이 이기주의에 사로잡혀 저 모양, 저 꼴이라니」 하는 탄식이 절로 나온다. 더구나 함께 의학계의 길을 걷는 동료들끼리 오죽잖은 이해타산으로 싸울게 뭔가? 이 민족의 최대 약점은 분쟁과 분열이 아닌가 한다.

이처럼 치졸한 모습은 교계에서도 마찬가지라는데 더욱 입맛을 떨어지게 한다. 교단 이기주의를 보라. 요사이 〈기하성〉과 〈예장하성〉 간의 시비가 벌어져 있는 것도 어느 정도는 교단 안에서 이기주의가 작용하고 있는 까닭이다. 그렇다고 해서 같은 교단에 속한 교회끼리는 다정한가? 천만의 말씀이다. 역시, 서로가 반목하고 견제하며 대립하기 일쑤이다.

그러면 한 교회 안에서의 신자 사이는 어떠한가? 지극히 개체적인 신앙이지, 도무지 공동체로서의 참된 신앙은 찾아 보기가 어렵다. 개인적으로 기도하는 것만 보아도 이는 쉽게 발견된다. 예수님께서는 우리에게 기도를 가르치실 때에 「하늘에 계신 우리 아버지여」라고, 하시면서 「우리」라고만 하셨지 「나」라고 하는 말씀은 한 마디도 가르치시지 않으셨다.

그러나 우리들의 기도는 어떠한가 「너」와 「우리」라는 말보다는, 언제나 「나」라는 말로 장식되어 왔잖는가. 내 문제를 위해서는 울고 불고 금식하며 밤을 세워보기도 하였지만 남의 문제를 위해서는 일분일초도 울어 본적이 있었더란 말인가.

그렇다, 우리나라 교회가 이와같이 이기주의의 그릇된 신앙을 극복하지 못한다면 한 사람의 신자도 천국에 들어갈 자, 정녕코 없을 것이다. 그러므로 교회여, 우리나라 교회여, 전도운동, 성장운동, 개혁운동, 그 밖의 모든 것 다 좋지만, 그보다는 먼저 「삼극운동」을 벌이자. 바로 여기에서 교회의 개혁은 이뤄질 것이며, 교회의 참된 모습은 역사 속에 나타나게 될 것이다.

5. 식사기도, 왜 이리 건방진가

◇ 목사 앞에서 전도사가 감히…

본 교회의 남전도회가 주최하는 찬양집회를 위하여 음악선교단을 초청한 일이 있었다. 삼십대의 전도사를 단장으로 하여 젊은 집사들과 신학생 두어 사람으로 구성된 「보컬그룹」이었다. 으레히, 식사대접을 하는데, 전도회장은 담임목사인 필자에게 기도할 것을 요청했으나, 사양하고 초청된 선교단의 단장이신 전도사에게 부탁하였다. 그는 삼가 기도하기 시작했다.

때마침 그 자리는 온돌방이었기에 모두가 방석을 깔고 앉았었다. 기도를 위해 필자는 무릎을 꿇었고, 이를 본받아 남전도회 회장과 임원이 되는 집사님들도 무릎을 꿇었다. 그런데 정작, 대표기도하는 전도사는 양반 다리를 한 채로 믿음이 충만한듯, 뜨겁고도 간절하게 기도하는 것이었다.

기도를 마치자 필자는 그 전도사에게 은근한 충고를 했다. "우리가 언제 어디서라도 앉아서 기도할 때에는 반드시 무릎을 꿇어야 되지 않겠느냐? 더구나 혼자 하는 것이 아니고 여러 사람이 공적으로 드리는 기도일 때에는 더욱, 그러하지 않겠느냐?" 객기로운 말로 하면, 목사가 무릎을 꿇는데 그 앞의 전도사가 양반다리를 하다니… 괘씸하다는 생각이 들기도 하였던 것이다.

앉아서 하는 기도일 경우에는 무릎을 꿇고 하는 것이다. 이것은 적어도 한

240 |

국 교회의 아름다운 전통인 것이다. 어릴 적 주일학교에서 그렇게 배웠고, 지금도 의자가 없는 교회학교에서는 교사들이 어린이들에게 그렇게 가르치고 있는 것이 사실이다. 그런데 왜, 어른들은 그 모양인가… 특히, 식사석상에서, 그것도 혼자서가 아닌, 여럿이서 기도하는 것인데 어찌하여 무릎을 꿇지 않는가.

몸이 불편한 상태라면 충분히 이해가 될 수 있는 문제이다. 그러나 아무리 보아도 아무런 이상이 없는데도 무릎을 꿇지 않고 기도하는 것은 도무지 이해못할 처사이다. 한마디로 건방지기 짝이 없는 노릇이다. 사람 앞에서가 아닌, 하나님 앞에서 그렇다는 것이다.

◇ 목회자들의 신앙, 의심스럽다

목회자들의 공식적인 모임에 참석하노라면, 회의를 마친 후 대부분의 경우에는 식사를 하게 된다. 으레히, 적절한 분이 지목을 받아 식사기도를 하게 되는데, 그는 무릎을 꿇지 않고 거기다가 두 손을 모으지도 않고 노련? 하게 기도한다. 나머지 사람들이야 당연지사들이다.

그럴 때마다 앉아서 하는 기도는 반드시 무릎을 꿇고! 더욱이 혼자서가 아닌, 두세 사람 이상의 공동기도의 자리에서는 반드시 무릎을 꿇고 기도해야 한다는 마음의 자세를 가지고 있는 순진한 목회자들은 당혹스럽기 짝이 없다. 무릎을 꿇자니 동료들 앞에서 자신만 거룩한 양, 하는 것 같고- 이래저래 어정쩡, 꿇은 것도 아니고, 안 꿇은 것도 아니고-

몇 번 그러다가 그 목회자도 순진티를 벗고나면, 선배들이 하는 대로 따라서 하고 만다. 다들 외눈박이들인 데 혼자서만 온눈박이면 비정상인듯 하여 멀쩡한 두 눈 중에 한 눈을 빼어버린 어리석은 원숭이 꼴이 되고 마는 것이다.

물론, 기도란 반드시 무릎을 꿇고 해야만 되는 것은 아니다. 드러누워 할 수도 있는 것이고, 길을 가며 할 수도 있는 것이 하나님께 드리는 기도인 것이다. 또는 화장실에 앉아서도 할 수 있는 것이 하나님께 드리는 기도인 것이다. 하지만, 그것은 때와 장소의 차이가 있는 것이다. 드러누운채 할 수 있는 것이 기도이지만, 주일예배시간에 대표기도 하는 사람이 강단 위에서 드러누워 할 수 있는 것은 아니라는 말이다.

기도가 무엇인가? 사람에게 하는 것인가? 사람에게 하는 것이라면, 선배요, 연장자요, 지도자의 입장에서는 점잖게 양반다리를 하고 훈계하듯 할 수 있는 일이다. 그러나 기도는 엄연히 하나님께 드리는 것이다. 그 하나님은 누구신가? 우리를 창조하신 분이요, 전능하신 분이요, 영원한 왕이시며, 주님이시다. 그분께 아뢰는 것이 기도일진대, 어떻게 양반다리로 앉아서 할 수 있단 말인가!

◇ 하나님을 업신여기는 가증한 무리들

이교도들은 보지도 못하고, 듣지도 못하고 말하지도 못하는 우상 앞에서 수천 번씩 무릎 꿇고 엎드려 절을 한다. 그런데 참되시고 유일하신 하나님을 숭배한다는 기독교인들은 어떠한가? 의자에 떡하니 기대거나 걸치고 앉아서 예배한다고 하니 기독신자들의 건방짐은 거기서부터 시작됐다고 보아야 한다.

의자 위에서는 그렇다고 하자. 의자가 아닌, 방바닥에서는 제발, 무릎꿇고 기도해야 정상이 아니겠는가? 찬송을 부를 때나, 설교를 들을 때도 무릎을 꿇어야 마땅하겠지만, 특히 기도할 때만이라도 반드시 무릎을 꿇어야 그나마 그가 하나님을 경외하는 그리스도인이라 할 것이다.

그런데 이게 무슨 꼴값들인가? 그렇게 가르치고 지도해야 할 목회자들이 저먼저 부뚜막에 오르다니! 그들은 노인이거나 병약한 몸이 아니면서도 식사기도 할 때 무릎을 꿇지 않는다. 심지어 신자들의 정성스런 식사를 대접받는 자리에서도 무릎을 꿇지 않음으로 기도를 가장한 넋두리를 늘어 논다. 하나님께 기도를 하는 건지 하나님과 동등한 입장에서 연설을 하는 건지, 도무지 종잡을 수가 없다.

제사장들이 이 모양이니 그 밖의 신자들이야 오죽하랴! 이제는 장로님들까지도 식사기도 시간에는 무릎을 꿇지 않은 이들이 점점 많아지고 있다. 뿐만 아니라, 집사님들과 어린이들을 지도하는 교회학교 교사들까지도 식사기도 시간에 무릎을 꿇지 않으려 한다(무릎 꿇고 싶어도 양복이 구겨질까봐 그렇다고 변명하는 사람도 있다. 묻노니, 그 양복 누구를 위해서 입고 있는가 결국은 하나님을 위해서 입은 옷이 아니던가?)

아서라! 제사장들이여, 그대가 정녕, 하나님을 경외하는 자일진대, 공식적으로 기도하는 그곳이 맨바닥이거든 무릎을 꿇고서 기도하라, 건방진 양반다리를 어서 빨리 다소곳하게 하라는 말이다. 신자들이 본받을까 심히, 걱정스럽다. 맨바닥에서 공식적인 기도시에 오로지 무릎을 꿇는 것이 옳다고 여기는 자여, 정상적인 일을 부끄러워 말고, 그대의 소견에 옳은 대로 행하시라! 그대의 순수하고 옳은 자세를 본받을자, 많을지니…

6. 성도여, 헌금을 중생(重生)시키자

◇ 성금이냐 뇌물이냐

전임 대통령 두 사람이 어쩌면 한결같이 그랬을까? 재임 당시에 수수한 뇌물은 서민의 계산법으로는 한계를 넘어 버린 것이기에 어안이 벙벙하다. 이로 인해 재판의 일로 장안은 화제가 되고 있지만, 전직 대통령이던 두 사람의 이름은 두 번 다시 언급하기가 권태롭다. 그렇지만 언론매체는 눈으로, 귀로 그 일면을 마구 쑤셔넣는 바람에 잠자코 외면도 못하게 한다. 할 수 없이 읽고 듣게 되는 내용, 재벌 총수라는 사람들의 변명이 가관이다. 그들이 전임 대통령 당시에 성금이라고 갖다준 그 어마어마한 액수의 돈은 사실은 뇌물이었다는 것이 백일하에 드러나는 판이었기 때문이다. 성금(誠金)-정성으로 내는 돈-은 허울이었지, 내심은 뇌물(賂物)-이익을 얻기 위해 권력자에게 주는 정당하지 못한 돈-이었음이 밝혀지는 재판을 듣다 보니, 뇌물을 바쳤으면서도 성금이라 변명만 늘어 놓는 재벌 총수들의 모습은 뇌물을 받은자 못지 않게 역겨워 보였다.

그들은 왜, 뇌물을 바쳤는가 두 가지 동기가 드러 났다. 하나는 특혜를 받기 위함이었고, 다른 하나는 안 바치면 큰일날까봐, 즉 불이익을 예방하는 차원이었다. 본말(本末)이 그렇다니, 참으로 한심하다는 생각이 든다. 일국의 경제를 책임지고 있는 사람들의 태도가 그럴 수밖에 없었다니 말이다.

그러나 문제는 거기만 있는 것이 아니다. 오늘날 우리 교회 안에도 이와 다를 바 없는 행위가 있다는 데 문제를 제기하게 되는 것이다. 그것은 오늘날 우리들이 하나님께 헌금한다고 드리는 돈과 재물이 사실은 뇌물이 아니냐는 뜻이다.

◇ 참된 헌금과 거짓 헌금

헌금의 참된 정신은 두 가지로 볼 수 있다. 그것은 사랑과 감사이다.

첫째로, 사랑하는 이에게는 무엇이든 좋은 것이 있으면 주고 싶은 것이다. 이와 마찬가지로 하나님을 진심으로 사랑하게 되면 내게 있는 좋은 것의 무엇이든 드리게 되는 것 중의 하나가 헌금인 것이다.

둘째로, 내게 있어 고마운 이가 있을 적에 사람들은 그에게 보은의 마음으로 예물을 전달한다. 진실로 하나님의 은혜가 너무도 고마운 성도들은 모든 것을 아낌없이 드리게 되는 것이 헌금이다.

이처럼 참된 헌금에는 더 이상의 다른 이유가 없다. 사랑하기 때문에 좋아서 바치는 것뿐이고, 감사하기 때문에 보은의 심정으로 드리는 것뿐이다. 이 밖의 다른 까닭이 있다면 그것은 참된 헌금일 수가 없다. 헌금으로 위장된 뇌물일 따름이다.

이와 같은 「헌금 아닌 헌금」의 동기는 앞서 재벌들의 「성금 아닌 성금」의 성격과 다를 바가 없다. 이 역시 두 가지 동기로 분석되는데 욕심과 불안이다.

첫째로, 욕심으로 바치는 헌금은 무엇인가? 「헌금을 하면 복을 더욱 많이 받는다니까」 하는 것이다. 이는 하나님을 사랑하는 것과는 아무런 상관이 없는 것이다. 재벌 총수들이 전씨나 노씨가 정말로 좋아서 수백억원의 성금을 바친 것은 아니었다. 그렇게 하면 특혜를 받을 것을 기대하고 바친 것이었다. 이와같이 더 많이 받으려는 욕심으로 드리는 것은 헌금이 아닌 뇌물이 되는 것이다.

둘째로, 불안해서 바치는 헌금은 무엇인가?「헌금을 하면 더 많은 복을 받을지는 몰라도 최소한 벌은 받지 않겠지」하는 마음으로 바치는 것이다. 소위 액땜이라 하겠다. 이처럼 액땜식으로 헌금을 한다면 그것은 참된 신앙이 아니다. 샤머니즘(무속신앙), 곧 미신일 뿐이다.

그럼에도 불구하고 우리들 한국 교회는 이제까지의 헌금을 이런식으로 배워 왔다. 물론,「하나님을 사랑하고 하나님께 감사해서」하는 참된 헌금이 아주 없다는 것은 아니지만, 그보다는 더 받으려는 탐욕과 안 빼앗기려는 방책으로써의 옳지 못한 헌금이 여전히 대다수라는 실상이다.

◇ 어떻게 헌금을 할까

우리 사회는 어디로 가든지 그놈의 돈이 문제다. 정치, 교육, 심지어 종교마저도 그놈의 돈 때문에 말썽이다. 그렇다고 해서 돈을 도외시할 수는 없다. 우리 사회는 자본주의의 금전적 사회인고로 돈 없이는 생활을 할 수가 없기 때문이다. 그래서 하나님께 드리노라는 헌물도 돈으로 하지 않는가?

그러므로 돈으로 말미암은 문제의 해결책은 그 돈을 바로 사용하는 길밖에 없다. 이와 마찬가지로 헌금도 바로 해야 한다. 뇌물식, 액땜식의 그릇된 사고의 헌금에서 사랑과 감사의 올바른 헌금으로 중생(거듭남)시켜야 한다.

한국 교회는 그 종류가 많은 것처럼, 참으로 헌금을 많이 한다. 필자 역시, 한국 교회의 교인으로서 헌금을 많이 한다고는 할 수 없지만, 많은 종류의 헌금을 하고 있다. 십일조, 감사, 예배, 선교, 구제, 건축 등등의 명목으로 헌금해 왔으며 지금도 하고 있고 또한 앞으로도 할 것이다.

그러나 더 많이 받으려는 욕심이나, 안하면 벌이나 저주를 받을까봐서 하는 헌금은 정말 안하려고 한다. 다만 「받았으니까 감사해서, 작은 것이나마 하나님께 드리는 것이 좋아서」할 뿐이다.

하지만 아직도 안타까운 사실은 적지 않은 교우들이 「감사헌금」을 드리노라면서도 그 내용을 보면 감사 이상의 요청이 삽입되어 있음 때문이다. 예를 들면 「하나님, 사업이 잘되게 하여 주셔서 감사합니다. 더욱 잘되게 하여 주시옵소서 아멘」이 그것이다.

여기에서 「더욱 잘되게 하여 주옵소서」는 하지 말았어야 한다. 그렇지 않으면 뇌물이 되는 까닭이다.

하나님께서는 뇌물을 받지 말라(출 23:8)고 하셨다. 뇌물을 받지 말라 하신 이가 뇌물을 받겠는가? 하나님께서는 이미 「헛된 제물을 다시는 가져오지 말라, 거기에 곤비하였느니라(사 1:13~14)」고 말씀하셨다.

사랑하는 성도들이여, 우리의 헌금을 중생시키자! 우리의 교회와 신앙이 참되기 위해서는 우리 헌금은, 탐욕이나 불안이 아닌, 사랑과 감사가 동기이어야 한다. 이제부터는 무슨 제목의 헌금이든 그렇게 드려야 하지 않겠는가!

7. 그리스도인 대학생들에게

◇ 사랑하는 믿음의 자녀들아

내가 오늘 너희들에게 이 글을 쓰게 된 동기는 얼마전, 어느 대학교의「신입생 환영회」에서 선배 학생들이 권하는 술을 과다하게 마신 입학생이 목숨을 잃었다는 안타까운 소식 때문임을 먼저 밝히는 바이다. 그렇게 바라고 원하던 대학에 입학하였다는 기쁨도 잠시, 아차하는 순간에 죽음을 당해야 했던 꽃다운 당사자는 물론, 그 가족들의 슬픔을 어느 누가 달랠 수 있겠는가!

게걸스럽게 술을 마셔대야 사나이가 되는 것이고, 기녀(妓女)처럼 앙큼스럽게 술잔을 비워야 숙녀가 된다는 나름대로의 낭만을 이해하고는 싶지만, 평소에 술을 한 번도 마셔본 일이 없는 사람에게 사이다나 콜라를 마시듯이 마구잡이로 마시우면 결과야 뻔하지 않겠느냐? 어찌하여 이런 일이 대학사회에 전통이 되어 사람을 잡는지 심히 원통하기 짝이없구나.

더욱이 안타까운 것은 너희들 중 일부 사람들의 처신이다. 소위 크리스천이라고 하면서도 그 술을 거절하지 못하고 함께 받아 마시는 용기 없는 처신들이 안타깝다는 말이다.

너희들이 누구냐? 대학교를 들어가기 전 교회의 중고등학생회에서 그리스도 예수님을 믿는 순결함으로 살아온 너희들이 아니더냐? 일평생을 믿음으로 살겠다고 주님 앞에 자신을 헌신했던 너희들이 아니더냐? 그처럼 열렬

했고 순수했던 신앙을 가진 너희들이 대학선배들이 비이성적으로 권하는 맥주니, 소주니, 양주니, 막걸리니, 하는 것들을 왜 한마디로 거절 못하고 받아 마시는 것이냐? 너희들은 교회에서 학습세례를 받을 때에 주초나 음주를 하지 않기로 다짐했던 일을 벌써 잊었느냐? 그 거룩한 서약은 정녕 거짓이었단 말이야? 그렇지 않았다면 어찌하여 그 술을 거절하지 못했단 말이냐!

◇ 술은 보지도 말라

성경에는 이렇게 말씀하고 있다. 「술취하지 말라 이는 방탕한 것이니 오직 성령의 충만을 받으라」(엡 5:18). 너희들 중에 어떤 사람들은 이 말씀을 보고 「그것 좀 보세요. 성경에서는 술 취하지 말라고 하였지 어디 술 마시지 말라고 했던가요?」 하면서 반문할지도 모르겠다. 그런 변명은 성경을 알고 말하는 것 같지만 사실은 성경을 모르고 하는 소리란다.

먼저 이사야 5장 22절을 읽어 보겠으니 잘 들어 보아라. 「포도주를 마시기에 용감하며 독주를 빚기에 유력한 그들은 화있을진저!」라고 하였다. 즉 술을 마시기에 용감한 자는 화가 있고 또한 그런 술을 만드는 자도 화가 있으리라는 진노의 말씀인 것이다. 그러므로 잠언 23장 29~30절에는 이렇게 말씀하고 있다. 「재앙이 뉘게 있느뇨 근심이 뉘게있느뇨 분쟁이 뉘게 있느뇨 원망이 뉘게 있느뇨 까닭 없는 창상이 뉘게 있느뇨 붉은 눈이 뉘게 있느뇨 술에 잠긴 자에게 있고 혼합한 술(폭탄주)를 구하러 다니는 자에게 있느니라 포도주는 붉고 잔에서 번쩍이며 순하게 내려가나니 너는 그것을 보지도 말지어다」 무어라고 경고하는 말씀이냐? 마시기는 하되 취하지는 말라는 말씀이냐? 아니다.

마시는 자는 물론 화가 있을 것이고, 그런 술을 만드는 자는 더욱 화가 있다는 사실을 경고하는 말씀이잖느냐? 그러므로 「너는 그것을 보지도 말라」고 말씀한 것이 아니냐! 이와같이 보지도 말라고 한 것을, 마시기는 하되 취하지 않았으면 된다고 널리 알려져 있으니 도대체 어느 누가 이런 거짓말을 퍼뜨리고 다녔는지 모르겠구나. 분명한 것은 사탄이 그랬을 거라는 생각이다.

다른 학생들이야 어쩐다해도 너희들, 곧 예수 그리스도의 제자된 너희들은 어느 때, 어느 처지에 있든지 그리스도인으로서의 처신을 분명히 했으면 좋겠다. 이런 실례를 보았다. 중고등학생 시절에는 신앙이 좋고 교회를 잘 나오던 남학생이 대학교에 들어간 얼마후부터 교회를 잘 나오지 않기 시작하더니 아예 세상에 빠져버려서 주님을 멀리 하더구나.

◇ 대학교를 변화시키자

이런 학생들이 많다는 것이 교회마다의 통계로 나타나고 있는 것이 오늘의 현실이다. 왜 그런줄 너희들은 아느냐? 아마 어느 누구보다도 너희들은 잘 알고 있을거야. 어처구니 없게도 매우 하찮은 일로 교회를 멀리 하고 결국에는 이 세상 무엇과도 바꿀 수 없는 신앙을 버리더구나. 그 일은 다른 것이 아니었지? 억지로 이끌려간 술자리에서 선배들의 강권(强勸)하는 술과 담배를 거절하지 못했던 비겁함 때문이었어.

술을 마실 때에야 어쩔 수 없다는 생각에 마셨겠지만 그 일이 한두 번 계속되면서 나중에는 주님과 교회에 대하여 죄책감이 들겠지? 그러다가 부끄러워 교회를 멀리하게 되고 술은 점점 맛좋아지고 결국 주님을 멀리 떠나버리는 「둘째 아들」이 돼버리고 말더구나.

나는 경건한 신학교를 다녀서 그런 일은 없었지만 나 역시 그런 일을 겪은 적은 있었단다. 그일은 군대생활 중에 겪은 것이야. 내무반에서 어떤 일로 회식(會食)을 하게 되었는데 이제 신병(神兵)인 나에게 병장계급(兵長階級)의 선배가 술을 권하는 거야. 그래서 나는 크리스천이기 때문에 술은 마시지 않는다면서 일언지하(一言之下)에 거절했단다. 그 병장은 나에게 수차례 강권하고 나중에는 억지로 먹이려 했지만 나는 끝까지 버티고 말았지. 그로 인해 나는 말못할 기압과 구타 등에 시달렸지만 결국에 나는 그 병장을 교회로 인도하는 승리를 주님께로부터 부여받았단다.

사랑하는 믿음의 자녀들아! 오늘날처럼 술로 사람잡는 그같은 대학의 풍조를 너희들이 개혁시킬 수 없겠느냐? 술을 「못먹는 것」이 아니라 충분히 먹을 수도 있지만 크리스천으로서 신앙의 약속과 순결을 지키는 의미에서 「안 먹는 것」으로써의 용기를 보여 주자꾸나. 그리하여 술독에 빠져가는 동료들을 구원하는 그리스도 예수님의 참된 제자가 되기를 진심으로 기대하며 이만 글을 맺고자 한다. 두서없는 글 끝까지 읽어주어 고맙구나.

제9장

1. 우리 시대의 세 가지 죽음

◇ 도덕, 곧 윤리의 죽음

창밖엔 비가 내린다. 가을을 재촉하는 비가 내린다. 전신(全身)을 삶으려는 듯 기승을 부리던 더위가 곤두박질 치는 것 같아 통쾌한 느낌이 든다.

인간과 그 사회는 사악하기 짝이 없어도 계절은 여전히 순수하다. 창조주의 섭리를 따라 여름은 물러가고 뒤를 이어 가을이 오고 있는 까닭이다. 그러나 인간과 그 사회는 창조주의 섭리를 거역한 지 오래돼 패륜의 파멸로만 치달아 왔다. 이제 그 종착역에 도달하고 있음인가? 8월의 하늘 아래 거듭된 세 종류의 죽음을 본 나머지 굽혀보는 심증(心證)이다.

최성규(31) 씨는 대낮에, 그것도 대로변에서 여대생을 흉기로 위협하며 성추행을 하려는 흉악범과 맞서다가 그만 흉기에 찔려 치명상을 입은 나머지 숨을 거두고 말았다. 시뻘건 대낮에 많은 사람이 왕래하는 큰길에서 그같은 악행을 본 사람이 어찌 최성규 씨뿐이겠는가? 그러나 그 많은 사람들은 어떤 두려움 때문이었는지, 백주(白晝)에 여대생이 욕을 당하는 데도 보고도 못본 채, 그냥 지나가고 말았다.

불행중 다행이라고 할까, 그때 마침 정의를 사랑하는 사나이 최성규 씨가 직장을 향하던 길에 그 현장을 목격하게 되었다. 그는 지체할 겨를도 없이 나약한 여대생을 구하려고 흉악범에게 달려 들었다. 맨손으로 달려 들던 최씨로서는 날카로운 흉기 앞에 그만 상처를 감싸쥐고 쓰러질 수밖에 없었다. 그리하여 이 시대에 한 사람의 의인은 떨어진 꽃잎이 되고 말았다.

아아, 분하고 원통하다. 정의가 불의에게 당하다니! 최씨의 죽음은 그 한 사람의 애석한 죽음임은 물론이지만, 사실은 이 시대의 도덕이 죽임을 당했다는 의미에서 그 충격은 더욱 엄청나다.

어쩌면 최씨가 이 시대의 마지막 도덕이 아니었나 싶다. 아니, 그는 진실로 도덕의 마지막 보루였던 것이 아닐까? 이제 그가 갔으니 어느 누가 도덕을 사수(死守)할 것인가? 오늘의 도덕이 대로에서, 그것도 시뻘건 대낮에 비도덕의 흉기에 찔려 피를 흘리며 죽어가고 있는데 우리 믿는 자들은 어이할 것인가!

◇ 이념, 곧 정신의 죽음

의무경찰 김종희(20) 군은 연세대학 과학관 옥상에서 농성 중이던 한총련 학생들이 던진 벽돌에 뒷머리를 맞아 뇌사상태에 빠진 나머지 소생을 못한 채 세상을 떠나고 말았다. 청주대학교 1학년 재학 중 지난 4월 입대한 김군은 농성하는 학생들과 다를 바 없는 신분이요, 동료요, 또래였다. 말하자면 같은 학우(學友)였던 것이다. 그런데 왜 한총련 학생들은 같은 학우인 그에게 돌을 던지고 쇠파이프를 휘둘러야 했는가? 이념(理念)의 차이라는 것 때문이었으리라.

이념이 무엇인가? 「이성으로부터 얻은 최고의 개념으로 온갖 행위를 통제하는 주체」곧 사상이 아닌가? 그러나 한총련 학생들의 이념은 낡아 빠진 공산주의 이념이며, 그것도 가장 낙후되고 저급한 김일성과 김정일의 세습사상이다. 대한민국의 국민 중 한 사람으로서 국법을 어기면서까지 방북하여

김일성의 영생(永生)을 빌고 북한식(적화) 통일을 지지하는 한총련 학생들은
김일성의 망령(亡靈)에 놀아나는 가련한 꼭두각시들이다.

그들은 주의와 사상과 이념을 들고 나오지만 이념은 이성(理性)을 초월하
지 않는 것, 이성을 잃은 그들의 행동은 아무리 좋게 본다해도 참된 이념의
소유자들이라고 할 수가 없다. 정녕 참된 이념을 소유했다고 하면 돌이나 던
지고 쇠파이프나 휘두르며 불을 질러 댈 수가 있겠는가? 결국 우리 시대는
이념이 죽은 시대이다. 국민적으로, 국가적으로 바른 이념이 정립되지 않은
까닭에 이념 아닌 이념의 이름으로 동료를 죽이기에 이르는 것이다.

딸 하나, 아들 하나, 오직 남매뿐이었던 김군의 부모님들, 아들을 비명에
먼저 보내고 그 마음을 어찌할까? 또한 하나뿐인 동생을 잃은 김군의 누나
는 그 슬픔을 어찌 달랠 수가 있을까? 문제는 우리 사회에 참된 이념이 결여
되었다는 사실에 있다. 물질주의 출세주의 성적주의의 그릇된 사상과 그 교
육이 어린이와 청소년과 젊은이들의 이론의 정신을 공허하게 만들었기에 오
늘날 이와 같은 비극이 일어나고 말았다. 김군의 안타까운 죽음, 이는 우리
시대의 이념의 죽음을 표상하는 것이다.

◇ 종교, 곧 신앙의 죽음

최씨와 김군의 죽음은 신문마다 대서 특필되어 온 국민의 애도를 집중시
키기에 충분하였다. 그런 와중에서 대전에서는 또 하나의 어이없는 죽음이
발생하였다. 하지만 신문은 크게 보도하지 않았다. 그러나 그 죽음은 상징적
인 의미에서 앞에 언급한 두 죽음에 못지않은 아니, 우리 그리스도인의 입장
에서는 그 이상의 충격을 주는 죽음이기에 매우 중요하다.

사실인즉, 유은주(11) 양의 죽음을 두고 하는 말인데 어린 것이 어느 교회

의 집사에게 안수기도를 받다가 목숨을 잃었다는 사건이다. 한 마디로 광신적인 종교행위로 인해 희생되었다는 것이다.

우리 사회의 도덕과 우리 정치의 이념은 그렇다고 하자. 우리 교회의 신앙이 아직도 이런 망나니 수준에서 맴돌고 있더란 말인가? 안수기도를 하다가 사람을 죽이는 일이 생기다니? 이게 무슨 기도이고, 이게 무슨 신앙인가? 기독교회는 결국은 이런 망나니에 지나지 않는 것인가?

어떤 미신적이고 맹신적이고 광신적인 집사 하나가 그런걸 가지고 뭘 그리 흥분하느냐고 충고할 독자가 있을 지도 모르겠다. 그같은 충고에 사례함은 물론이지만 이일이 어찌 일개 집사의 어리석은 신앙의 과실이라고만 볼 수 있단 말인가? 핀잔이기를 바라겠으나 필자가 보기에 우리 한국교회는 아직도 미신성(迷信性), 맹신성(盲信性), 사이비성(似而非性, 이단성(異端性)을 벗어나지 못한 경향이 너무나 많아 보인다.

그렇지 않다면 안수기도로 사람 죽이는 일과 그와 유사(類似)한 일들이 어찌하여 꼬리를 잇는단 말인가? 도덕의 죽음, 이념의 죽음이 어떻다고 운운하기 전에 우리 한국교회의 우리 그리스도인들은 우리 자신의 믿음과 교회가 죽어 있는 형편이 아닌가를 살피고 정신차려야 할 것을 감히 주장하는 마음 간절하다.

2. 베드로, 안 목사 그리고 우리들

◇ 북녘에서 고난 받는 종

작년 7월에 중국연변지역에서 선교활동 중, 북한에 납치된 안승운(安承運) 목사(51)에 대한 소식이 지난달 20일 전해졌다. 미국시민권을 갖고 사업차 북한을 자유롭게 드나드는 「연변과학기술대학」의 김진경(金鎭慶) 총장 (61)이 작년말 평양을 방문 중, 봉수교회에서 주일예배를 드리러 가서 마침 간증을 위해 함께 참석한 안 목사님을 만났다는 것이다. 두 사람은 이미 중국 연길에서 잘알고 지냈던 터였기에 반가운 해후(邂逅)가 아닐 수 없었다.

그때 안 목사는 간증을 통하여 「나는 연길에서 「남한안전기획부」의 지령에 의해 움직였다」면서 「안기부가 북한 사람들을 유인 납치해 오라는 지령을 계속 내려 더 이상 견딜 수 없어 자진으로 의거 입북했다」고 종전에 북한 방송을 통해 알려진 주장을 되풀이했다는 것이다. 그리고 나서 안 목사는 김 총장의 옆자리에 다가와 한참 동안 말없이 앉았다가 은근히 손을 잡으면서 「구원해 주세요」라고 은밀하게 말하더라는 것이다. 이때 김 총장은 안 목사가 구원이라는 기독교회식 표현을 빌려 「살려달라」는 심정을 전달한 것으로 해석되었다고 하였다.

김 총장은 안 목사의 그와 같은 호소를 들었지만 분위기가 분위기였는지라 다만 「순교하시오!」라고 두어 차례 말했을 뿐 더 이상 다른 말은 나눌 수가 없었다고 했다. 이런 일이 있은 지 벌써 3개월이요, 안 목사는 지금 무엇을 어떻게 하며 지내고 있는지 상상만 해도 그의 처지가 안타까워 가슴이 찢어지는 것 같다.

이 참회의 고난 주간에 북녘의 무자비한 집단에 사로잡혀 마음에도 없는 연기(演技)를 해가며 순간순간 목숨을 이어가는 안 목사의 모습에서 「고난받는 종 메시아」 보노라고 한다면 그릇된 관점일까?

◇ 오늘의 비겁한 시몬 베드로

당국의 수사결과에서도 밝혀졌듯이 안 목사는 분명 납치되었거늘, 북한은 그로 하여금 의거입북한 것처럼 말하도록 압력을 행사하고 있는 것이 틀림없다. 게다가 자신의 진정한 조국의 정통성을 잇고 있는 남한에 대하여 저주스런 비방을 덧붙임으로써 우리의 심기를 불편케 하여 왔다. 목사답게 차라리 순교의 각오로 신앙의 양심과 지조를 지킬 일이지, 왜 저렇게 비겁한가? 「내가 주와 함께 죽을지언정 주를 부인하지 않겠나이다」(막 14:31)라고 헌신하지 않았던가? 그토록 사명감에 불타오르던 그가 어찌하여 육신의 고난과 육신의 죽음이 두려워 거짓말을 해가며 구차하게 목숨을 연명하고 있는가? 사단의 하수 같은 북한집단은 실컷 이용하고 그 가치가 떨어지면 한순간에 없애 버린다는 사실을 본인도 잘 알고 있을 것인데 어쩌면 그렇게 비겁하단 말인가?

아아! 베드로여, 시몬 베드로여, 고난이 두렵고 죽음이 두려워 나이어린 계집종 앞에서도 예수님을 모른다고 세 번이나 부인하고 예수님께 저주까지 퍼부었던 비겁한 사람이여, 그렇다면 북녘의 안 목사는 오늘의 비겁한 시몬 베드로인가? 「구해달라, 구해달라」는 필사의 호소에 「순교하라, 순교하라」

의 두어 마디의 대답은 「그 육체와 함께 정과 하나님의 욕심을 십자가에 못 박으라」(갈 5:24)는 하나님의 준엄한 심판처럼 들린다. 하지만 우리는, 우리 한국 교회는 안 목사를 그렇게 몰아붙일 수만은 없다. 우리 자신들 또한 오늘의 비겁한 시몬 베드로인 까닭이다. 평상시에 시몬 베드로는 어떠하였는가. 주님과 함께라면 어디든지 가겠노라고 하였다. 심지어 「다른 사람들은 다 주님을 버릴지라도 나는 언제든지 버리지 않겠나이다」(마 26:33)라고 호언장담까지 하였다. 그러나 그의 장담은 24시간도 못갔다. 오늘 저녁에 장담했다면 내일 식전에 취소해버린 결과였다. 주님을 위하여 자기의 목숨을 버리겠다고 천명했던 그가 말이다.

◇ 절실한 순교신앙의 재무장

안 목사도 그랬을 것이다. 중국 선교사로 파송받을 당시에 모든 선교사들이 으레껏 그러하였듯이 그의 각오는 차라리 비장했을 것이다. 그러나 안 목사는 순교하지 못하고 있다. 순교는커녕, 북한 무신론자들의 하수인(下手人)이 되어 남한에 대한 거짓말을 일삼고 있다. 그렇다. 안 목사는 오늘의 비겁한 시몬 베드로인 것이다. 그는 그의 장담대로 주님의 뒤를 따르지 못하고 있다.

그러나 그와 같은 안 목사는 다른 누구가 아니라 바로 우리 자신이요 한국 교회이다. 오늘날 예수님께 대한 우리의 신앙이 바로 그와 같기 때문이다. 평상시에는 「부름받아 나선 이 몸 어디든지 가오리다」이지만 비상시에는 「내가 언제 그랬느냐?」로 돌변해 버린다는 말이다. 안 목사만 나무랄 일이 아니다. 우리 중에도 그와 같은 처지에 놓인다면 역시 비겁한 시몬 베드로일 것이 뻔하지 않겠는가?

오늘날 우리의 한국교회 신앙은 복만 받으려는 기복신앙뿐인 것 같다. 고난을 받으려는 순교신앙이 아닌 것 같다는 말씀이다. 그러므로 우리의 신앙은 복에는 강하고 고난에는 약하다. 받는 데는 강하고 주는 데는 약하며, 존귀에는 강하나 희생에는 약한 것이다.

아직 기회는 남아있다. 갈릴리의 시몬 베드로는 자신의 비겁함을 깨닫고는 밖에 나가 심히 통곡하며 회개하였다(마 26:75). 그리고 그는 후일에 십자가에 거꾸로 처형당함으로써 순교를 했다고 한다.

북한의 안 목사도 그러리라 믿어진다. 아니 성령께서 도와주실 줄을 확신하는 바이다. 문제는 우리들 자신이다. 육신의 부요함과 안일함을 추구하는 기복주의 신앙이 문제이다. 우리 모두 고난받는 신앙, 곧 순교의 신앙으로 재무장할 필요가 있다.

그리고 우리는 북한에서 고난받는 우리의 형제인 안 목사를 위해 간절히 기도하자. 북한에 식량만을 보내겠다고 나팔불지 말고 안 목사의 구원을 위해 강력한 영향력을 행사토록 하자. 안 목사만 외롭게 고난받게 말고 우리 한국 교회는 그의 고난에 다함께 동참해야 한다.

3. 한국 교회는 비겁한가!

◇ 북한 식량지원의 딜레마

모처럼만에 한국 교회가 뜻을 모아 일치하는 모습을 보이는 것 같아 반가운 느낌이 든다. 작년에 당한 홍수피해의 여파로 오늘날까지 굶주림에 시달린다는 북한 주민들을 돕자는 움직임이 대대적인 까닭이다.

지난 4월 고난주간에 금식 헌금을 모았고, 6월 25일 역시 신자들의 금식 헌금을 모아서 북한에 보내고자 힘쓰고 있다. 동포애니, 인도주의니, 특히 예수 그리스도의 사랑이니 하면서 우리의 기독교는 대단한 박애심을 가지고 북한을 도우려는 것이다.

그러나 이게 웬일인가? 어느 정도는 짐작했었지만 그것은 어디까지나 짐작, 동족의 주림을 보다 못해 보내준 수십만톤의 식량을 북한 당국은 군량미 (軍糧米)로 전향하였다니… 과연 우리 남한이 북한에 식량을 지원하는 일은 옳은 일인가? 아니면 옳지 않은 일인가? 하는 의문이 제기되고도 남는다.

교계 일각에서는 북한 당국의 저의를 갈파하고 있던 바, 우리가 직접 전달하고 전달한 식량을 굶주리 주민들이 먹는 것을 확인할 수 없는 이상에는 한 움큼의 식량도 북한에 보내서는 안 된다고 주장하였다. 하지만 교계의 더 많은 인사들은 「그래도 동포가 어렵다는데…」하면서 북한에 식량을 보내주자는 쪽으로 분위기를 이끌었다. 그 결과 성도들의 정성어린 연보를 보내었고 또 보내려고도 하지만 저들이 그것을 군사용(軍事用)으로 비축한다니 문제는 달라지게 되었다.

그러나 무엇이 어떻게 결론이 났는지 누가 뭐라 해도 한국 교회는 어쨌든 북한의 주린 동포를 예수 그리스도의 사랑으로 도와줘야 한다는 소식이 근간의 교계 신문에 열렬히 보도된 것을 읽을 수가 있다. 그렇다. 어쨌든 도와주자는 뜻에는 수긍이 간다. 더구나 예수 그리스도의 사랑으로 그러자는데 어찌 반대할 수 있겠는가? 「북한 주민」뿐만 아니라 「북한 군인」도 우리의 동포이니까 말이다.

◇ 한국 교회는 왜 북한의 불의를 꾸짖지 못하는가

문제는 바로 여기에 있다. 사랑, 사랑 하면서 어쩌자는 것인가? 도적질, 강도질, 그리고 살상을 일삼는 집단을 그래도 내 형제, 내 동포, 내 사랑이라고 하면서 먹을거 주어가면서 놈들의 비위를 맞추어야 하는가? 물론 굶어 죽을 지경이라는데야 먹을 것을 보내는 것은 동포애 이전에 예수 그리스도의 사랑으로 마땅한 일이다.

그러나 동시(同時)에- 이 「동시에」가 중요하다- 그들의 죄악에 대해서는 단호히 나무라야지 않겠느냐는 물음이다.

원수라도 주리면 먹여야(롬 12:20)하듯이, 친구라도 잘못하면 꾸짖어야(갈 2:14)한다. 이것이 성경의 가르침이요, 기독교회의 정신이다.

그런데 북한에 식량을 보내자는데 앞장을 서고 있는 교계의 지도자들은 어떠한가? 저들(북한)의 가증스러운 죄악에 대해서는 일언반구의 충고나 책망이나 토의해 봄도 없이 그저 「사랑하는 동포여 얼마나 시장하시오. 여기 밥이 있어요. 어서 진지 잡수시지요」 사정하는 듯 하면서 쌀을 갖다 바치는 것 같다.

이는 소위 인권운동 한다면서 반정부투쟁을 일삼다가 밀입북(密入北)하여 북한의 인권 유린의 포학성에 대해서는 입도 「뻥긋」 못하고 「괴수 김일성」만 찬양하고 돌아오는 철없는 주사파(主思波) 청년들과 무엇이 다른가. 남한 정부에 대해서는 그리도 용감하면서 북한의 괴뢰정부에 대해서는 어찌 그리 너그러우실까? 아니면 벼랑 끝에 몰린 생쥐 꼴의 북한이 무서워 그런지…

그렇다면 이는 더욱 문제다. 우리는 왜 북한의 비인간적 행위에 대해서는 침묵으로 일관하는가? 오늘날 우리 한국 교회는 어찌하여 북한에게 비민주적 범죄에 대해서는 그 흔해빠진 「성명서」 한번 내놓지 않는가? 북한이 무서워 그러는가? 괜히 비위 건드렸다간 최후의 발악으로 남침할까봐 겁나서 그러는가?

두려워 말라, 전쟁은 여호와 하나님께 속하였은즉!(삼상 17:47) 결국, 한국 교회는 비겁한 것인가?

◇ 북한은 우리의 안 목사를 돌려달라

이야기의 요지는 다른데 있지 않다. 필자는 다시한번 「안승운 목사」에 대해서 거론하고 싶다. 최근 교계신문에 보도된 내용이지만 중국 연변에서 선교사역중 북한 공작원에 의해 강제 납북된 안승운 목사의 소식이다.

안승운 목사는 지금 어떻게 지내고 있는가? 전해진 바에 의하면 북한 당국의 꼭두각시 노릇을 면치 못하고 있는 형편이다.

얼마 전, 인도의 어느 선교사가 북한을 방문해 안 목사를 만났다고 전해왔다. 안 목사는 그 선교사에게 자신의 아내(사모님)에게 「안부를 전해달라」고 부탁했다는 것이다. 그 보도의 내용을 읽었을 때에 얼마나 가슴이 아프고 안타까웠던지 왜 우리의 남한 당국은 안승운 목사의 귀환조치에 힘을 못쓰고 있는지, 쌀을 수십만톤을 보내는 조건으로 안승운 목사를 비롯한 강제납북된 사람들을 돌아오게 할 수는 없는 것인지.

남한정부는 그렇다고 하자. 정작 당사자라 할 수 있는 우리 한국 교회는 이 문제에 대하여 무엇을 하고 있는가? 더욱 범위를 좁혀 이야기 한다면 안승운 목사를 중국선교사로 파송한 「여의도순복음교회」(조용기 목사)는 무엇을 하고 있는가? 또 이상한 것은 조 목사가 발행 「국민일보」의 보도자세 역시 안승운 목사에 대해서는 한 마디 언급도 없는 것이 이상하다. 무슨 계략인지 아니면 안 목사를 버린 것인지, 분명한 것은 안 목사의 입북(入北)은 자진 월북이 아니라 강제 납북이라는 사실이다.

우리끼리–한국 교회–만이라도 이야기하고 싶다. 우리의 한국 교회가 북한에 많은 쌀을 보내는 대신에 우선 안 목사를 돌려보내 달라고 요청을 하자. 지나는 말처럼 말고 강력하게 요구하자. 그들이 형편없이 굶주린다고 하니 할 수 있는 대로 식량은 보내주자. 그러나 그들의 악행에 대해서는 동조하듯 침묵해서는 안 된다.

하나님께서 지금, 우리들을 향하여 「네 아우 아벨(안승운)이 어디 있느냐?」고 물으신다면 이에 대하여 우리 한국 교회는 무엇이라고 대답할 것인가!

4. 무조건 개척만 하면 되는가

◇ 교회난립의 목불인견(目不忍見)

도시가 끝이 나고 시골이 시작되는, 그러나 행정권은 직할시인 마을에서 목회를 하고 있었다. 산맥처럼 굴절된 지역에 다닥다닥 허가 및 무허가 집들이 사백여호가 사는 영세 마을이다. 이미 십 여 년이 훨씬 넘은 교회였으나 역시, 무허가 건물의 예배당에서 자립을 못하고 있는 가난한 형편이었다.

부임 후, 얼마였을까? 어떤 교단에서 은퇴하신 어느 목사님이 약간 언덕진 곳에 땅을 사시더니 예배당을 지어 개척교회를 시작했다. 또한 얼마였을까? 이번에는 어느 공장을 경영하시던 장로님이 이것저것 다 정리하시고 아랫녘에 명당자리를 구매하여 역시, 예배당을 건축하여 개척교회의 담임교역자가 되었다. 그리고 산등성이 쪽으로 무슨 기도원이라는 간판을 내세운 교회가 또 설립되었다. 그 마을의 인구비율로는 한 예배당으로 족할 듯한데 두 예배당, 세 예배당, 심지어는 네 예배당 이상이 세워진 것이다.

물론, 도시개발이 될 것이라는 전망이 있어 "고기떼 몰리는 곳에 그물떼 몰리는 현상"이라 하겠지만, 이건 어쩐지 동네사람 보기가 여간 부끄러운 것이 아니었다. 찻집보다 더 많다는 도시교회 예배당, 찻집 하나 없는 그 마을에 예배당이 서넛이라니, 동네 사람들에게 무어라고 전도한단 말인가? 이제는 그 곳을 떠나온지 벌써 수년이 지났건만 아직도 그 동네는 개발이 요원한 중에 있다고 한다. 이 같은 현상은 어떤 단편적인 모습에 지나지 않는 것이라 변명할 수도 있겠지만, 이제 보면 도시의 곳곳에 한 마을에 서너 교회가 아닌, 그 이상의 교회가 오글거리는 모습을 쉽게 나타나 보이는 현실이 됐다. 처음에는 「이 무슨 꼴불견이야!」라고, 소리치면서 신불신(信不信) 막론하고 예민한 반응을 보였지만, 이제는 너나 할 것 없이 덤덤해진 모습들이다. 그러나 말을 하지 않아서 그렇지, 꼴불견인 것은 여전히 꼴불견이다. 그로 인하여 전도의 문은 좁아질 대로 좁아지고….

◇ 인본주의인가, 신본주의인가

그러나 이런 현상은 대도시, 또는 수도권과 그 도시지역에서나 자주 발견되는 현상이지, 지방의 중소도시나 시골은 그렇지 않다. 사실상, 시골은 두말할 것도 없고, 지방도시로 개척하러 내려오는 사람들도 드물다. 웬만한 호조건(好條件)이 아니고는 지방도시에서 개척하려 들지 않는다. 심지어는 유수한 교회의 부목이나 전담전도사로 오려고도 않는다. 반면에 매우 열악한 조건 속에서도 서울, 아니면 수도권 도시나 대도시에 개척교회의 둥지를 튼다. 이 시대가 문명의 시대여서 도시지향적세태(都市指向的世態)로 흐르는 까닭인 줄은 안다.

그렇다고 해서 무조건이다시피 하게 경쟁적으로 이미, 한두 곳의 교회가 세워진 곳에 또다시 교회를 세워서 될 말인가? 꼴불견만 연출하는 결과가 되고 마는 것이다. 이런 행위는 복음을 전파하는 행위가 아니고, 복음전파를 방해하는 행위임을 깨달아야 한다. 도시의 지하실 삼십여 평을 얻어 개척교회를 하고 있는 어느 교역자는 굶기를 밥먹듯하는 고생을 한다는 안타까운 소문을 들은 적이 있다. 아니, 지금이 어느 때인데 굶기를 밥먹듯하여 고생을 한단 말인가? GNP가 몇천불, 운운하는 세상에서 아직도 굶고 있는 사람이 있다니? 만일, 그런 사람이 있다면 정부는 모든 행정을 동원하여 「생활보호대상자」라고 하여 식량을 대어줄 뿐만 아니라, 얼마의 생활비까지 보조하는 선진성을 갖추어 가고 있다.

하지만 지적으로나 인격적으로 상류층(지도층)에 있는 교회교역자들로서는 굶어죽는 한이 있더라도 국가의 생활보호대상자 대우를 받을 수는 없는 것이다. 때문에 교역자란, 그가 시무하는 교회에 교인이 없으면 굶을 수밖에 없다. 궁여지책은 기존교회에 선교비 명목의 생활비를 보조받는 길이고, 가끔가다 얼마의 금일봉을 들고 찾아주는 이웃교회 교인의 구제로 겨우겨우 연명해가는 고등거지의 처지에 놓인다. 그렇게 삼 년이 지나고 오 년이 지나도 교인은 모여주질 않는다. 주여, 어느 때까지이니까― 이른바, 선진국의 대열에 진입하려는 한국사회의 현실에 천막치고 개척교회를 하던 시대는 벌써 지났다.

◇ 주님의 소명(召命)을 바로 들으라

이제는 상가의 지하를 삼사십평의 근린상가를 얻어 개척교회를 하는 시대도 빠른 속도로 지나가고(적어도 수도권과 대도시에선) 있다. 물론 그 교역자에게 그렇게 하는 것이 주님의 분명한 부르심이라면, 상가의 지하층이나, 맨땅에 천막을 치더라도 개척교회는 성공할 수 있다. 그러나, 한 삼 년 버텨봐서 교회가 될성 싶게 교인이 모이질 않거들랑, 재빨리 보따리를 싸들고, 다른 길을 모색해야 한다.

어찌하여, 거기에만 주님의 뜻이 있는 양, 고집을 부리고 있겠는가? 그런 나머지 이곳저곳, 만만한 사람들을 찾아다니며 이 시대에 자기야말로 주님의 뒤를 따르는 자인 양, 가난과 핍절을 자랑삼아 늘어놓으며 보조를 기대하겠는가? 내가 아니어도 이미, 그곳에는 기존교회가 세워져 있고, 또한 상가의 개척교회도 벌써 세워져 있는데도 말이다(그러나 오해는 마시라. 그 지역에 나로 말미암아 세워진 교회가 아니면 어느 교회도 없다면, 오 년 아니라, 십 년 이상이 되어도 문을 닫아서는 안 된다).

그런 교역자에게 어느 누가 보조를 했다면, 그것은 천국(天國)의 예산을 낭비함이니, 보조하지 말아야 한다. 그런 보조 때문에 혹시나, 하면서 추한 생활을 계속하는 까닭이다. 사실로 아까운 것은 그 보조금이 아니다. 그 교역자의 젊음과 능력이 요긴하게 쓰여짐 없이 사장(死藏)된다는 데 있다. 세 가지 선택의 길이 있다. ①지방도시의 교회가 밀집되지 않은 지역이나, 시골에 교회가 없는 지역을 찾아 새롭게 개척을 하든지 ②부교역자의 길을 찾아가든지 ③아니면, 교역의 길을 버리고 자신의 소질 있는 방면의 직업을 갖든지, 그것도 아니라면, 그는 아직 젊을 터인즉, 노동판에 뛰어들어 땀 흘려 일하여 얻은 수입의 십일조를 하나님께 바침으로써 기쁨을 누리는 평신도의 길을 취할 것이다.

이 멀쩡한 세상에 교회개척 한답시고, 배를 쫄쫄 굶으며, 애매한 가족 고생시키고, 불신세계에 전도의 문을 막고, 전체 교회를 민망하게 할 필요가 무엇이 있겠는가? 그것이 과연, 주님의 부르심이었을까? 기존의 건전한 교회가 세워진 지역에-둘도 많다 싶은 도시지역에-또다시 개척교회를 세워 궁상떨지 않는 일, 이것도 오늘날 예수께서 요구하시는 종교개혁의 한 부분이 아닐까 하는 조심스런 생각이다.

5. 교회여 우리에게 소망을 주오

◇ 그리스도의 부활이 가져온 것

금년에도 우리는 부활절을 맞았다. 몇 번, 또는 몇십 번이나 되풀이해서 맞이해온 부활절이던가? 해마다 맞이하는 기독교회 최고의 명절이지만, 도대체 우리의 이날이 어떠한 날이었는가를 제대로 깨닫기나 하고서 맞이하고 있는가? 인습화(因習化)된 경향이 있어 새삼스럽지만 그 의미를 되새겨야 할 필요를 느낀다. 한마디로 부활절은 「희망의 날」이라는 사실이다. 2천년 전, 예수 그리스도의 부활은-당시의 그 사실을 보고, 듣고, 믿은 사람들에게 있어서-희망의 사건이었다. 그들은 대부분이 「가난하고, 비천하고, 힘없는, 그래서 사는 게 괴로운」 사람들이었다.

그런데 그리스도 예수께서 다시 살아나셨다. 이것이 그들에게는 큰 희망이 되었다. 왜냐하면, 그리스도라 부르는 예수 역시 「가난하고, 비천하고, 힘없는, 그래서 사는 게 괴로운」 사람이셨기 때문이다. 까닭에 예수께서는 애매히 십자가에 처형을 당하셨지만, 하나님은 분명히 살아계셔서 그 의로우신 예수를 다시 살리셨던 것이다. 바로 여기에서 그리스도 예수의 부활은 가난하고 비천하고 힘없는 그래서 사는 게 괴로운, 그러나 의롭게 살아가려는 사람들에게 희망이 된다. 예수 그리스도처럼 의롭게-사람답게-살아가면, 지금 죽는다 해도 보다 영광스러운 삶으로 부활할진대, 이 어찌 희망을 갖지 않을소냐!

그러므로 초대교회(招待敎會)의 「케류그마」는 "절망하지 마십시오! 그리스도 예수께서 부활하셨습니다. 우리도 그와 같이 살고 죽으면 새 생명으로 부활하여 그와 함께 천국에서 영원히 살 것입니다. 사악한 생활을 회개(悔改)하십시오. 지금, 여기에서 어떻게 사느냐에 따라 「생명의 부활」과 「심판의 부활」이 결정됩니다. 예수 그리스도를 본받아 오늘의 삶을 의롭게 사십시오. 지금은 비록 고난이어도 장차는 영원한 영광의 부활입니다" 하는 외침이었다. 이 얼마나 희망찬 「메시지」인가. 현실적으로 괴로운 삶을 의로운 삶으로 승화시키고, 가치롭고 행복한 생활을 영위케 함이 아니던가.

◇ 교회는 예수부활의 공동체

그로 인해 시작된 모임, 봄바람처럼 들려온 부활의 소식으로 희망을 소유한 사람들의 집회, 그것이 다름 아닌, 「교회 : 에클레시아」이다. 교회란, 다른 것이 아니다. 그리스도 예수의 부활로 말미암은 희망의 공동체(共同體)이다. 희망의 공동체라 함은 무슨 의미인가? 그것은 그들 자체가 희망하는 사람들이며, 뿐만 아니라, 또 다른 사람들과 그 사회에 희망을 주는 모임이라는 뜻이다. 그러므로 교회는 두 개의 실존적 사실에서 자기정체(自己正體)를 확인할 수 있어야 한다. 첫째는, 스스로의 지체들인 그리스도인들 각자에게 희망을 주는 일이고, 둘째는 교회 밖의 사람들과 그 사회에 대하여 희망을 주는 일이다.

교회는 그가 현존하는 사회에서 「종교 공해」를 일으키는 존재가 되어서는 안 된다. 혹세무민(惑世誣民)하는 사이비종파나 이단종파가 그런 무리들이다. 이들의 특징은 한 마디로, 그 사회에 희망을 주지 않는다는 데 있다. 오히려 낭패와 실망을 안겨준다. 종교일반의 차원에서 볼 때, 종교의 사명이란, 사람들에게 평안을 주고, 그 삶에 희망을 주는 것이다. 불안을 조성하고, 삶에 희망을 주지 못하는 종교는 벌써, 타락한 것이거나 아니면, 종교의 탈을 쓴 탐욕집단(貪慾集團)에 불과한 것이다. 그런 의미에서 오늘날 우리는 어떠한가? 한국교회는 정녕, 이 나라, 이 민족에게 희망을 주고 있는가? 이 물음에 대하여 우리는 자신이 있어야 한다.

그러나 우리의 형편은 그렇질 못하다. 우리는 선교백년(宣敎百年)이란 역사 속에서 잘해온 줄 생각했는데 사실은 그것만이 아님을 스스로 목도하게 되었다. 사이비종파나 이단종파 못지않게 우리 역시, 종교공해적 요소가 적잖게 나타나 보이기 때문이다. 우선 어느 도시의 어느 지역에 난립하고 있는 개척교회의 실태를 보라. 약 1백미터 반경 안의 교회 숫자들이 열손가락도 넘게 헤아릴 정도라면, 이것이 공해(公害)이지, 공익(共益)이라 할 수 있겠는가? 얼마 전까지만 해도 교회종탑의 십자가는 탈선한 자들에게는 거룩함의 상징이었고, 가난하고 슬픈자들에게는 위로와 소망의 상징으로 나타나 보였다.

◇ 어떻게 희망을 주는 교회가 될 것인가

그러나 그 시절에는 한 동네에 예배당이 겨우 하나 있을까 말까 할 때였다. 하지만 요즘처럼 백 미터 반경에 십수여 개의 십자가를 헤아리는 마당에서는 보는 이의 영혼으로 하여금 분노케 하고, 아니면 슬프게 할 따름이다. 곳곳에서 들려오는 탄식소리가 있다. 그것은 「교회여! ─너 마저도…」하는 「비분강개」의 외침이다. 이제와서 우리의 사회와 국가가 우리의 교회에게 기대하는 바가 있을까? 하는 물음을 가져보게 된다. 일제시대(日帝時代)처럼 우리 민족을 계몽해 주고, 우리나라를 수호해 주기를 기대하고 있을까? −물건너간 소리좀 작작해라−오늘의 사회와 국가는 우리 기독교회에게 아무런 기대를 하지 않고 있다.

굳이, 기대하는 것이 있다면, 너나 정신차리고 잘해보라는 것일 게다. 「우리사회의 개혁, 우리나라의 통일을 어떻게 하겠다고 나서기 전, 제발 너희교회나 개혁하고, 너희 교회나 통일이 되어라」는 뜻이다. 이처럼 우리의 얼굴에 숯불을 던지듯하는 충고에 대하여, 우리 중에 어느 누가 반격하고 나서겠는가? 한국교회에 내노라는 사람들이 많고 많지만 이에 대해 한마디 들고 나설 사람은 정신병자가 아닌 이상, 한 사람도 없을 것이다. 까닭은 무엇인가? 교회 밖의 사람들은 고사하고, 이제는 교회 안에 있는 사람들조차도 자신의 공동체에 대하여 실망하고 있는 사람들이 하나, 둘 늘어만 가고 있기 때문이다.

사람들에게 희망을 주어야 하는 부활의 공동체가 왜 이 모양인가, 교회 밖의 사람들에게 희망을 주지 못함은 물론, 교회 안의 사람들에게도 희망을 주지 못한다니… 고작 준다는 것이 「썩어질 물질성공, 없어질 세상영광」 같은 아편이나 마약성분을 축복으로 남발하여 신자들을 「종교중독자」로 퇴폐시켜 왔잖은가? 교인인 것이 자랑스러워야 하는데, 오늘날 한국교인들 가운데 자신이 기독교인이어서 자랑스러운 사람들이 몇이나 되겠는가? 그것이 궁금하다. 오늘날 한국교회의 시급한 과제, 그것은 「어떻게 하면 이 사회와 그 사람들에게 희망을 주는 교회일 것인가?」가 아닐 수 없다.

6. 목회자와 볼링연맹

◇ 가치윤리와 규범윤리

얼마 전, K일보의 종교면 하단에 큼지막히 실린 광고문을 보고 어안이 벙벙했었다. 내용인즉, 「전국목회자볼링대회」-성삼위 하나님의 은혜와 평강이 전국교회 위에 넘치시기를 기원하나이다. 아래와 같이 목회자의 건강증진과 친선을 위한 볼링대회를 개최하오니 참가하시어 목회자 볼링동호인간의 친선을 도모하시기 바랍니다. -아래-일자:1996년 4월 19일/장소:서울 팬코리아 볼링센타/주최:「한국목회자볼링연맹」(이하생략)이라는 지역예선의 일시와 장소를 대대적으로 알린 것이었다.

요즈음 서울의 저명한 목사님들을 비롯하여 수많은 목사님들이 「볼링게임」을 즐기시는 줄은 짐작하고 있었지만, 전국적으로 「한국목회자볼링연맹」이 결성된 줄은 그 광고문을 읽고서야 처음 알았다.

하기야, 목사님들이 주색잡기를 즐기시는 것도 아니고 탁구나 베드민턴 등과 같은 건전한 스포츠 중의 하나인 볼링을 즐긴다는 일은 심신의 건강을 위해서 매우 좋은 일이다. 물론, 그렇게 생각하면서도 어쩐지 찜찜한 것은 무엇 때문일까? 그것은 아마도 규범윤리(規範倫理) 때문일 것이다.

규범윤리란 가치윤리(價値倫理)에 상응하는 윤리로써 경우(境遇)를 뜻하는 것이라고 하겠다. 제 아무리 가치로운 일일지라도 그 일이 경우에 합당하지 않으면 그 가치는 결국 무색해진다. 예를 들면, 부모님께 효도하는 일은 좋은 일이지만, 그 일을 위해 강도짓을 한다면 그 가치는 타당성을 상실하는 것과 같다. 따라서 목회자가 건강증진과 동역자들 사이에 친선도모를 위하여 볼링 게임을 즐기는 일은 좋은 일이지만 그렇다고 해서 전국적으로 연맹결성(聯盟結成)을 하면서까지 그 일을 하는 것은 결코 바람직해 보이지 않는다.

왜냐하면 그것은 목회자의 규범윤리에 벗어나는 까닭이다. 쉽게 말하면, 덕이 되지 않는다는 뜻이다. 목회자가 누구인가? 목회자는 사인(私人)이 아니다. 일거수 일투족을 주목받고 사는 공인(公人)이다. 오직, 기도하는 일과 말씀 전하는 것을 전무하는 사람들(행 6:4)이다. 그런데 그런 사람들이 볼링을 치기 위해 연맹결성을 한다는 일은 가치로는 타당할지 모르나 규범으로는 어긋나 보이는 일이다.

◇ 종교개혁자 「마틴 루터」와 볼링

볼링에 열중하는 어느 목회자가 「볼링은 원래 마틴 루터가 발명해냈다」고 의기양양하게 말하는 것을 들은적이 있다. 마침 「H세계백과사전」을 보니까, 마틴 루터가 볼링을 발명했다는 말은 틀린 이야기였고, 다만 그 당시까지도 일정치 않았던 「볼링핀」의 숫자를 아홉 개로 통일하여 유럽전역에 보급했다는 것이다. 그러니까 루터는 종교개혁자인 동시에 볼링개조자였다는 설명이었다.

또한 일설에 의하면 교황의 교서에 불복한 마틴 루터는 그 신변의 위험을 초래하였다. 그러나 잭슨선재 후(候) 프레데릭의 도움으로 발터북크 성(城)에 십여개월 동안 숨어 지내면서 신약성경을 독일어로 번역하였고, 틈틈이 나무인형을 만들어 볼링을 즐김으로써 무료함을 달랬다고 한다.

하여튼 앞서 말한 그 목회자는 자기가 볼링을 열심히 치는 것을 마치 마틴 루터의 탁월함에 근접하는 것처럼 보람있어 하는 것이었다. 아니, 그렇다면 자기가 뭐, 그 옛날의 루터같이 교회의 개혁을 외치다가 「교권주의자」의 핍박이라도 받아 숨어지내기라도 한단말인가? 그리고 성서번역과 같은 위대한 작품을 저술이라도 하고 있단 말인가? 분명, 그런 처지는 아닌듯하다. 단지, 볼링만 좋아할 따름이다.

중세 유럽에서 독일의 수도사 사람들은 「케겔 쓰러뜨리기」라는 볼링놀이를 종교적 의식으로 하였다고 한다. 악마(惡魔)를 상징한다는 케겔(볼링핀)을 많이 쓰러뜨리면 그만큼 신앙심이 좋은 사람으로 인정을 받았다는 것이다.

이와같이 볼링게임을 하면서 사단(Satan)을 쓰러뜨려 물리치겠다는 신앙심으로 볼링핀을 스트라이크 시키는 일은 통쾌한 일이다. 그러나 그 볼링핀들을 「나를 미워하는, 아니면 내가 미워하는」 어느 누구로 연상해서 「너 아무개, 맛 좀 봐라」거나 심지어 목회생활을 피곤하게 하는 어떤 교인을 연상하여 「요놈의 ㅇㅇㅇ, 당해 봐라, 조놈의 ㅇㅇㅇ 죽어봐라」고 한다면 그것은 놀이가 아니라, 간접살인(間接殺人)이라는 엄청난 죄가 된다.

하지만 실제로 그럴 목회자가 어디 있겠으랴! 오히려, 루터처럼 사탄을 격파하는 마음일 것이며, 보다 내면적으로는 아직도 죽지 못한 자아(Ego)-야망, 교만, 독선, 혈기, 탐욕, 호색, 이기, 질투, 분열, 나태(10개의 핀과 같음)-를 몰살시키려는 마음이어야 할 것이다.

◇ 목자들이여, 우리가 지금은

지금은 어느때인가? 오늘날 목회자들이 자기 스스로 「볼링연맹」이나 결성하여 「볼링대회」를 개최할 때인가? 일반평신도들도 아닌, 교회의 지도자들이 그럴 때인가? 북한 동포들은 식량난으로 허덕인 끝에 악이 받쳐 정전협정을 깨뜨리고 무력시위를 하고 있는 판국에 성직자들은 모여서 한다는 일이 어린애들 장난같이 공이나 굴려 나무토막을 쓰러뜨리며 좋아라고 떠들 때인가? 더구나 대회 날자는 공교롭게도 「4.19 의거일」이요, 주중(週中)으로는 예수께서 십자가에 못박혀 죽으심을 기념하여 구역예배, 또는 속회로 모이는 금요일이다.

이는 앞으로 보나 뒤로 보나 삼가고 삼가야 하는 특별한 날이다. 그런데 하필이면 그런 날에 전국의 목사들이 극히 일부겠지만—모여서 하루종일 볼링놀이라니! 그 대회의 고문이나 지도위원들이나 대회장을 비롯한 임원들과 회원들은 모두 계두(鷄頭)를 삶아 잡수셨나, 어찌하여 그날을 심사숙고(深思熟考) 아니했을까? 초교파적 선교대회도 아니요, 신학대학동문회도 아닌 마당에, 단지 트로피와 상품을 쟁취하기 위한 볼링대회일 뿐! 사회와 교회의 시선은 결코 너그럽지만은 않을 것이다.

우선 믿지 않는 사람들은 어떻게 보겠는가 「무슨 놈의 목사들이 기도는 안하고 볼링만 치는거야, 신자들의 헌금을 뜯어서 잘들 노는구먼」 하고, 악담을 퍼붓지는 않을까? 다음으로 교인들은 어떻게 볼까 「우리에게는 구역예배를 드려라, 금요 철야기도에 나와라, 당부해놓고는 자기네들은 하루 종일 볼링이나 하고 있으니, 도대체 이게 뭔가」 하면서 허탈해 하지 않을까? 참가자격을 보니 「건전 교단의 현직목사 및 사모」라고 하였는데 이런 일은 사실상, 이단이나 사이비교단도 하지 않는 「넌센스」이다.

이 어디, 천주교의 신부들이나 불교의 중들이 하는 일이런가, 존경하는 동역자들이시여, 좀더 지혜롭게 하실 수 없는가? 하시더라도 우리끼리 조용히 하면 어떤가? 굳이 널리 선전하여 덕스럽지 못한 눈총을 받을 필요가 뭐 있겠는가? 건강증진과 친선도모를 한다는데 무슨 시비가 있겠는가? 그렇지만 그일이 정녕, 가치윤리의 타당성이 있는 만큼, 규범윤리에 있어서도 타당해야 한다.

그러므로 사도 바울은 이런 교훈을 남긴 것이 아닐까! 「모든 것이 가하나 모든 것이 유익한 것이 아니요 모든 것이 가하나 모든 것이 덕을 세우는 것이 아니니 누구든지 자기 유익을 구치 말고 남의 유익을 구하라」(고전 10:23, 24)

우리 모두 명심하고 살았으면 좋겠다.

7. 작은 교회의 목자들에게

◇ 목회가 무엇이기에

엄밀한 의미에서 모든 교회는 다 하나의 교회이기에 큰 교회, 작은 교회란 있을 수가 없습니다. 그렇지만 그 하나의 교회가 세상 속에 흩어진 마당에 크고 작은 지역 교회들이 생겨나기 마련입니다. 그리하여 삼간(三間: 時間, 空間, 人間)의 상황에 따라 큰 교회, 작은 교회들이 존재하는 것입니다.

교회는 그렇다고 합시다. 문제는 각각의 교회들을 사역(Ministry)하는 목회자들입니다. 분명한 것은 목회자도 사람입니다. 아니, 목회자이기에 앞서 사람이라는 사실입니다. 그러므로 목회자는 그 됨됨이가 목회자가 되기 전에 먼저 사람이 되어야 한다는 것입니다.

그러나 요즘에 와서 목회자를 보는 기준이 어떠한가를 조금이라도 생각하면 참으로 기가 찹니다. 사역하고 있는 개교회의 외형적 규모에 따라 그 인간됨이 평가되는 까닭입니다. 말하자면, 「큰 교회 목사는 큰 인물! 작은 교회 목사는 작은 인물!」이라는 판단이 그것입니다.

그리하여 공식 석상의 높은 자리는 언제나 큰 교회 목사가 차지하고, 작은 교회 목사는 언제나 말석을 더듬거립니다. 조직을 구성할 때도 큰 교회 목사는 최하가 부회장이고, 작은 교회 목사는 들러리에 지나지 않는 경우가 많습니다.

그리고 무슨 집회에서도 큰 교회 목사는 강사요, 작은 교회 목사는 그 강사를 통해 은혜받는 사람이어야만 합니다.

연령의 고하(高下)가 아닙니다. 인격의 귀추(歸趨)도 아닙니다. 실력의 유무(有無)도 아닙니다. 그저 교회의 대소(大小)에 따른 순차(順次)일 뿐입니다. 나이야 어리든, 인격이야 어떻든, 실력이야 있건 없건, 교회만 크면, 알아주고 여겨주는 것이 현실이니 기가 차지 않겠습니까?

◇ 베드로의 목회와 바울의 목회

최근 우리의 한국 교회에는 초대교회 시절과는 달리 탁월한 목회자들이 많이 나타나 있습니다. 근자에 이르기 전만 해도 부흥사에는 이성봉, 신학자에는 김재준, 목회자에는 한경직, 등등을 비롯한 몇몇 사람들에 지나지 않았습니다. 그러나 오늘에 와서는 보다 훌륭한 목회자들이 점점 많이 나타나고 있습니다.

바야흐로 선교 2세기를 넘는 경건한 가계(家系)의 출신과 초등학교로부터 정상적인 교육코스를 지나 일류대학을 졸업했으며, 외국의 저명한 대학에서 좋은 학위(學位)를 취득하였고, 영어를 국어 이상으로 현란하게 구사하는 목회자들이 많이 나타난다는 사실은 매우 고무적인 일입니다.

이제 우리 한국 교회는 사도 베드로의 한계를 넘어서 사도 바울의 보다 넓은 차원으로 확장할 때가 왔습니다. 국가적인 목회의 차원에서 세계적인 목회의 차원으로 넓혀가야 한다는 뜻입니다.

그러나 베드로의 목회 없이 바울의 목회 역시 있을 수가 없습니다. 그렇지만 오늘의 한국 교회는 베드로의 목회보다는 바울의 목회에 「스포트라이트」를 집중시키는 것 같아 안타깝습니다. 물론 이해는 갑니다. 세상적인 관점에서 바울의 목회는 대단한 성공인 반면에 베드로의 목회는 사실상 실패로 보여지기 때문입니다.

성경의 증거로 볼 때 로마교회는 베드로의 목회 결과가 아닙니다. 바울의 목회 결과가 아닙니까? 사실이 그런 것을 「로마가톨릭교회」는 교리상의 이유로 바울보다는 베드로를 부각시킨 것으로 짐작됩니다. 그 당시 베드로의 목회 결과는 「예루살렘교회」였습니다. 하지만 「예루살렘교회」는 어떻게 되었습니까? 산산히 흩어지고 말았습니다(행 11:19).

그런 까닭에 후세의 사람들인 우리조차도 베드로보다는 바울을 더욱 위대하게 평가하는 불필요한 생각을 하여 왔습니다. 아울러 바울처럼 대단한 성공을 하는 목회자를 보면, 상당한 인기(人氣)를 아낌없이 몰아줍니다. 하지만 그같은 성공은 어디까지나 썩어질 안목(眼目)에서의 가시적인 현상일 뿐입니다. 주의를 집중해야 할 점은 「하나님께서는 어떻게 보시느냐?」입니다.

◇ 오직 그 하나의 진실한 종

세상에 어느 누구도 성공을 원치 않는 사람은 아무도 없을 것입니다. 목회자도 마찬가지입니다. 목회자도 목회라는 분야에서 성공하기를 원한다는 사실입니다. 소위 목회성공이지요. 그렇다면 목회성공이란 뭐가 어떻게 되는 것일까요? 대부분의 대답은 교회성장, 곧 「교인들의 숫자가 늘어나는 것」이라고 합니다.

그러므로 교계의 신문에서는 종종 교회성장의 사례를 보도할 때에 「ㅇㅇㅇ목사는 개척한지 불과 ㅇ달만에 ㅇ백명이 모였다! ㅇㅇㅇ목사는 부임한지 ㅇ년만에 ㅇ백명에서 ㅇ천명, 혹은 ㅇ만명이 모였다!」하면서 화제를 일으키고 있습니다.

그런 보도를 읽거나 소문을 들을 때에 솔직히 기분 좋은 목사가 얼마나 될

까요? 특히, 백여명 안\밖의 작은 교회의 목회자들 중에서 말입니다.

물론 그런 획기적인 성공을 일으킨 사람들을 칭찬하는 마음과 존경하는 마음이 없는 것은 아닙니다. 또한 부럽기도 하고요. 그러나 문제는 것은 그 성공했다는 목회자와 자신을 비교하는 것입니다. 이를테면 10년이 넘도록 백여명도 안되는 교인들과 아웅다웅거리고 있는 자신이 너무나 초라해 보여 견딜 수 없기 시작하는 것입니다.

사랑하는 작은 교회 목자님들! 감히 말씀을 드립니다. 목회성공이 중요한 것이기는 하지만 우리 목회자들에게는 그 성공보다 더 중요하고 우선하는 일이 있다는 말씀을 함께 나누고 싶습니다.

수백명, 수천명, 수만명의 교인들을 모으는 목회성공보다 중요하고도 우선하는 일은 무엇일까요? 그것은 오직, 나 한 사람이 「하나님께서 찾으시는 그 하나의 진실한 종」이 되는 것입니다.

하나님께 직접 여쭤보세요. 하나님께서 우리 목자들에게 원하시는 것은 큰 교회 목사가 아닙니다. 얼마만한 교회의 목사가 되었든지 간에 「오직 진실한 종」이기만을 얼마나 원하시는가를 깊이 체험하게 될 것입니다.

그러므로 우리는 큰 교회 목사가 되려하기 보다는 하나님 앞에서 진실한 그 한 사람이 되려고만 합시다. 그 나머지의 모든 일은 하나님께 맡기고서 말입니다.

제10장

1. 왜 사람을 주목하느냐

◇ 오늘은 별들의 시대

불과 수십년 전만 해도 우리 사회의 대중적 스타(star)는 몇몇 인기있는 배우나 가수에 한정되어 있었다. 그러나 오늘에 이르러 대중 사회의 스타라 불리우는 사람들의 계층은 훨씬 다양해졌다. 배우나 탈렌트 및 가수는 물론, 스포츠맨, 작가, 심지어는 정치인까지 대중의 인기를 한몸에 받으면 어쨌든 스타의 대열에 오르게 되는 것이다. 이 같은 풍조를 종교계에 한정하여 이른다면 우리 기독교회 내에서도 예외는 아니다. 즉 교계에서도 대중의 인기를 모으는 스타가 있다는 사실이다.

역시, 불과 수십년 전만 해도 우리 교계의 스타는 단연 부흥사들이었다. 그리하여 교역자들의 대부분은 부흥사가 되는 것이 가장 큰 소망 중의 하나가 되었다(하기야 오늘날도 그런 소망을 가지고 부흥사적 소명이나 능력의 여부에 관계 없이 부흥사 단체에 적을 올리고 있거나 기웃거리는 순진한 교역자들도 없진 않지만).

그러나 오늘날 출중하게 빛을 발하는 교계의 스타는 소위, 교회 성장에 성공한 목회자들로 부각되어 있다. 특히 개척 몇 년만에 (기간이 짧을수록 강도가 쎄다) 교인이 수백, 수천 명이 모이는 교회로 성장(?)시켰다는 목회자일수록 단번에 시선이 집중되어 그야말로 「영계의 혜성」이 되는 것이다.

그리하여 이곳 저곳에서 세미나의 강사로 불려다니기 바빠지고 약삭빠른 출판업자들은 「베스트셀러」의 수입을 계산한 나머지 「이 시대의 ○○」 운운하면서 혜성 같은 목회자의 스토리를 출간하여 돈을 번다. 이제 그 목회자는 경륜과 인품이야 어떴든 순식간에 교계의 엘리트가 되고, 지도급인사의 대열에 부상하여, 한마디로 교계에 말빨이 통하는 「영계의 거성」이 되어 버린다. 따라서 이래저래 오늘은 별들의 시대임이 분명하다. 하지만 목회자가 스타덤에 오른다는 일은 성서적으로 어떻게 보아야 하는 것일까?

◇ 교계의 시선 이래도 되는 건가

해마다 이맘때쯤이면 각종 운동단체에서는 「올해의 선수」라고 하면서 그 활약상이 뛰어난 사람들에게 시상을 한다. 축구나 야구나 농구나 배구나 탁구와 같은 경기 단체들이 그러하다. 따라서 최우수선수(MVP) 한 사람을 비롯하여 각 포지션 별 우수 선수들과 인기 선수들을 선정하여 상을 주며 치하하는 것이다.

만일 우리 기독교회가 운동경기단체처럼 시상을 한다면 올해 우리 나라 교회의 최우수 목회자는 누구며, 그밖의 우수 목회자들이나 인기 목회자들은 누구누구일까? 무척 재미있는 발상일 것 같다. 최우수 목회자(MVP) 후보로는 ㄱ목사, ㄴ목사, ㄷ목사, ㄹ목사, ㅂ목사 들이 오르겠고, 최우수 신인 목회자 후보로는 청년 부흥의 놀라운 역사를 일으킨 J목사, 그리고 30대 초반의 최연소 나이로 불과 ○년만에 수천 명의 교인을 모은 K목사가 단연 선두로 꼽힐까?

다 부질없는 발상이다. 아니, 하나님 앞에서 심히 불경스러운 생각이다. 왜냐하면 그들의 모든 일이 대단한 성공이요, 불후의 역사라 할지라도 그것은 모두 하나님께서 그렇게 사용하셨기 때문이다. 다시말해 그들의 모든 성공적인 사역은 그들이 한 것이 아니라, 하나님께서 하셨다는 말씀이다. 그런데 왜 우리는 그들을 주목하는가?

사도행전 3장에 보면, 베드로와 요한이 기도 시간에 나면서 앉은뱅이 된 40대의 남자 거지를 예수님의 이름으로 일으켜 세운 사실이 나타나 있다. 그 놀라운 일로 인하여 사람들은 삽시간에 5천명 이상이 모여들어 베드로와 요한을 굉장한 사람으로 주목하기 시작하였다.

그때 베드로는 이렇게 말하면서 자기들에게 집중되는 시선을 예수 그리스도께 집중시켰다.

「이스라엘 사람들아 이 일을 왜 기이히 여기느냐 우리 개인의 권능과 경건으로 이 사람을 걷게 한 것처럼 왜 우리를 주목하느냐… 그 이름을 믿음으로 그 이름이 너희 보고 아는 이 사람을 성하게 하였나니 예수로 말미암아 난 믿음이 너희 모든 사람 앞에서 이같이 완전히 낫게 하였느니라」(행 3:12, 16)

왜 우리는 사람을 주목하여 그 사람이 교회의 성장과 교회의 부흥을 가져온 것처럼 하나님과 그 아들 예수 그리스도께 돌아가야 할 영광을 사람에게 돌리는 불경죄를 범하고 있는가?

◇ 스타는 결국 추락한다

브라운관의 스타 ㅇㅇㅇ양이 무면허, 음주, 뺑소니 운전으로 불미스러운 화제에 올랐다. 무슨 드라마의 속편이었든가, 스포츠계의 농구스타 ㅇㅇ군이 신양과 똑같은 무면허, 음주, 뺑소니 운전에 거짓말까지 보탠 죄로 지금 수사를 받고 있는 중이다.

신양은 석방이 되어 자유롭게 되었지만 그녀의 이미지는 깊은 골이 패이고 말았다. 하지만 o군은 석방은커녕, 선수 생명이 끝날지도 모르는 위기에 몰려 있다. 결국, 스타는 인간이기 때문에 추락(타락)하고 만다는 사실을 보여 주고 있는 셈이다.

목회자는 안 그럴까? 목회자 역시 인간이기에 추락할 가능성이 얼마든지 있는 존재이다. 그가 추락하지 않을 수 있는 첩경은 오직 한 가지 하나님의 붙잡아 주심뿐이다. 그러므로 어느 목회자의 성공과 승리로 말미암은 영광은 오직 하나님의 것이기에 하나님께만 돌려야 마땅하다. 그런데 왜 오늘날의 교계는 그 모든 영광을 사람들에게 돌리는가. 마치 J아무개가 교회 청년들을 부흥시킨 것처럼, 마치 K아무개가 안산의 어느 교회를 개척 수년만에 수천 명의 교회로 성장(?)시킨 것처럼, 시선집중 하는가?

하나님은 돌들로도 아브라함의 자손이 되게 하시는 줄 모르는가? 전 목사가 아니고, 김 목사가 아니고, 박 목사가 아니며, 이 목사가 아니어도, 다른 어떤 목사라도 쓰시고자 하시면 언제든지 그렇게 쓰실 수가 있는 것이다.

그러므로 교계에서 어느 목회자들을 세속의 대중 스타처럼 부각시켜 바라보는 일은 본인도 원치 않는 바이겠으나 하나님도 원치 않는 일임을 심사숙고해야 할 노릇이다.

다만 하나님께서 이렇게도 쓰시고 저렇게도 쓰시는 것이다. 짐짓 교회를 크게 만들어 목회하는 자들만 부각시키는 바람에 작은 교회에서도 소신껏, 아니 하나님의 쓰심을 따라 작고 무명하게 쓰임받고 있는 동역자들을 행여나 낙심케 하지 말아야 한다.

2. 누가 상(賞)을 줄 수 있는가

◇ 기독교계의 시상식 러시

한 해를 마감하는 연말이 되었다. 돌이켜 보면 잘한 일도 있었고 못한 일도 있었다. 잘한 일에 대해서는 칭찬과 상급이 따름은 당연한 노릇이고 못한 일에 대해서는 책망과 책벌이 따를 만하다.

그런 까닭이리라. 요즘 우리 교계에서는 제법 굵직굵직한 시상행사가 차례를 거듭하고 있다. 지난 10월 4일, 「성령봉사상」(세계성경운동중앙협의회) 시상식을 필두로 하여, 11월 4일에는 「한국기독교선교대상」(세계복음화중앙협의회) 시상식이 성대하게 치러졌다. 그리고 K일보사가 창간 8주년을 맞아 「국민선교대상」의 시상식이 역시 12월 6일 교계의 주목 속에 진행되었다.

그러나 그 모든 시상식을 보는 느낌이 왠지 껄끄러운 까닭은 무엇일까? 결코 바람직해 보이지 않는 것은 필자만의 삐뚤어진 주관 때문일까? 그렇다. 그 시상식들이 그리스도인들의 행사만 아니었다면 무슨 시비를 가리려 하겠는가? 단지 그리스도인이라는 이유 때문에 근자에 이루어진 성대한 시상식들은 문제의 관점에서 피할 수가 없는 것이다.

우리의 예수 그리스도께서는 이같이 말씀하시지 않았던가.

「사람에게 영광을 얻으려고 회당과 거리에서 하는 것 같이 너희 앞에 나팔을 불지 말라 진실로 너희에게 이르노니 저희는 자기상을 이미 받았느니라」
(마 6:3)

결국, 우리의 선행과 그 공로에 대하여 사람들에게 칭송을 받고 세상에서
상급을 받으면 하나님으로부터는 받을 것이 없어진다는 말씀이 아니던가?
그러므로 우리 그리스도인들은 선행을 하되 은밀히 할 것이며, 혹시 알려져
서 영광이 나타난다면 그 모든 영광을 하나님께만 돌리는 것이 성도의 올바
른 자세라고 배워왔던 것이다.

그런데 이것들이 무엇인가? 인간들이 제멋대로 무슨무슨 상을 제정해 놓
고는 자기들끼리 서로 주고받는 꼴이라니! 상을 주실 수 있는 분은 오직 하
나님뿐이시며, 또한 하나님께로서 받는 상급만 참된 상급임을 충분히 알만
한 사람들이 웬일일까? 도무지 알다가도 모를 일이다.

◇ 가불되는 천국의 상급

좋은 일을 한 훌륭한 그리스도인에게 상을 주어 치하하겠다는 의도는 분
명 아름다운 일이다. 하지만 그 일이 하나님을 대신하는(본의는 아니어도)
망령된 일이 되어서는 아니될 일이다. 진실로 삶과 그 행위를 가름하는 일은
오로지 하나님만이 하신다(롬 2:6).

그리고 수상자들도 하나님이 아닌 인간들에 의해 주어지는 시상에 대하여
신중을 기해야 할 것이다. 천국에서 받을 상이 상실되지 않을까를 염려해야
된다는 뜻이다. 썩지 않을 상을 썩어 버릴 상과 바꿀 참인가? 어떤 의미에서
그리스도인이 그 선행과 공로에 대한 칭찬과 상급을 세상에서 사람들에게서
받는 행위는 「천국 상급을 가불」하는 어리석음이다. 팥죽 한 그릇에 장자의
명분을 팔아먹은 「에서」의 어리석음이 아니고 그 무엇이겠는가?

일전에 문단의 거목인 작가 황순원 씨는 정부로부터 수여되는 문화훈장을 거절하여 화제가 된 적이 있었다. 이유야 어쨌든 간에 남들은 평생을 가야 꿈도 못꿔 볼 「국가문화훈장」을 거절했다는 사실은 얼마나 의연한 모습인가? 그에 비하면 서푼어치도 못되는 그렇고 그런 상을 수상함에 있어서 얼굴이 상기되기까지 하는 모습은 영원을 바라보는 성도의 대범한 모습이 아닌 듯하다.

더욱 가관인 것은 심사위원들이라는 고명하신 분들이다. 「범교단적인 심사위원회를 구성하고 「엄격한 심사」를 거쳐 수상자를 선정했다」고 시상식의 주최측은 홍보하였는데 도무지 어이가 없다. 그 심사위원들이 무슨 절대자라도 된다는 말인가? 아니면 절대자로부터 심사를 위임받은 천사장들이라도 된단 말인가?

하나님 외에 어느 누가 인간의 행위를 엄격히 심사할 수 있겠는가? 사람은 겉만 보고 속은 보지 못하잖은가? (그러나 하나님은 드러나지 않은 것도 드러난 것처럼 명백히 보시는 분이시다)

그리하여 사람의 심사는 제 아무리 엄격한 심사래도 허점 투성일 수밖에 없는 것이다.

◇ 이 세상 명예의 노예들이여!

인간의 심사는 자칫, 오심을 저지르기 쉽다. 아닌 게 아니라 앞서 언급한 수상 대상자들의 면모를 접했을 때에 얼핏보기만 해도 수상자격에 의심스러운 분들이 없잖은 듯 하였다. 그 가운데 K목사는 J빌딩에 대한 사리사욕으로 그 명예가 부끄러워진 바 있었고, J목사는 악명높은 5공의 앞잡이 노릇을 했다고 지탄받고 있는 중이며, K장로는 그의 운영하는 그룹이 고위 권력층에 뇌물을 갖다 바친 혐의에 오르는 등 별로 정당하지 못해 보이는 분들이었다.

하기야 흠이 없는 사람이 어디 있으랴! 그럼에도 불구하고 은혜를 베풀어 시상을 내리는(?)것이 아니겠는가? 주는 자나 받는 자나 다 똑같은 사람들이다. 받아서 명예로워야 하고 주어서 명예로워야 하기 때문이다.

도대체 무슨 말을 하고 싶어서인가? 실토정 한다면, 오늘날 교계의 지도자임을 자처하는 사람들이 그럴듯한 이름의 단체를 만들어 자신들의 권위를 상승시키기 위해 「굉장치도 않은 상을 제정하는 일」은 도무지 가소로운 일이 아니겠느냐는 말이다.

누가 누구에게 상을 주는가? 오직 하나님만이 우리에게 상을 주시는 것이 아닌가? 그리고 우리는 또한 그분으로부터만이 상을 받아야 하지 않겠는가? 그런데 무슨 망령들인가?

예수 그리스도께서는 바로 이런 사람들에게 이같이 말씀하셨다.

「너희가 서로 영광을 취하고 유일하신 하나님께로부터 오는 영광은 구하지 아니하니 어찌 나를 믿을 수 있느냐」(요 5:44)

이 세상 명예의 노예된 그리스도인들이여! 명심하자. 우리 그리스도인들은 이 세상의 썩어질 면류관을 구하는 자들이 아니다. 썩지 아니하는 저 영원한 면류관을 바라는 자들이다. 썩을 면류관은 만들지도 말고 쓰지도 말자. 그렇지 않고서야 우리가 어찌 예수 그리스도를 믿는 자들이라 할 수 있겠는가!

3. 교회직분은 벼슬직인가 봉사직인가

◇ 해마다 이때가 되면

추수감사절이라는 큰 고비를 넘어선 이 마당에 교회는 이제, 신년계획을 마무리해야 하는 시점에 와 있다. 새로운 경영의 청사진을 펼쳐야 하는 때가 된 것이다. 주지하다시피, 조직의 원만한 경영을 위해서는 무엇보다도 관리를 잘해야 한다. 관리에는 사무관리, 재무관리, 생산관리, 인사관리 등등이 있는 것이지만 그 중에 가장 중요한 것은 아무래도 인사관리가 아닌가 싶다.

하나의 조직을 경영함에 있어서 모든 관리가 완벽하게 처리되고 있다고 해도, 인사관리에 실패하면 그 경영은 실패로 돌아가고 만다. 뿐만 아니라, 조직의 존폐여부(存廢與否)까지 묻게 되는 위기에 놓이게 된다. 더욱이 세속적 이해타산이 없는 기독교회는 다른 조직에 비해 더욱 그렇다. 다시 말해 금전적이고 정치적인 구속력이 없는 까닭이다.

그러므로 해마다 이때가 되면, "누구에게 어떤 직분을 주어 어디에다 세울 것인가?" 하면서 목회자는 고심하게 되는 것이다. 그도 그럴 것이 교회란, 어느 누구를 직분자로 세우느냐에 따라 발전할 수도 있고 그렇지 않을 수도 있기 때문이다. 혹자는 "그게 뭐 고심할 일이냐"고, 반문하겠지만 교회의 인사관리가 쉽지 않다는 것이 목회자들의 일반적인 생각이다.

세울 자들 세우고, 세우지 않을 자들 세우지 않으면 무엇이 문제이겠는가? 그런데 교회라는 조직이 일반사회의 조직과는 달라서 맹랑한 일이 종종 벌어진다는 데 문제가 있다. 예를 들어 집사(執事)나, 권사(勸事)나, 장로(長老)로 세우고자 할 때에 적합하다 싶은 사람은 극구 사양하고, 적합지 않다 싶은 사람은 어린아이 곶감 탐하듯 달려들기 때문이다.

이는 교회직분의 특수성 때문으로 보인다. 교회의 직분이란, 신앙의 직분으로서 벼슬(감투)직이 아니고, 봉사직(奉仕織)이라는데, 그 의미가 있다는 사실이다. 또한, 이 사실을 오해하고 있는 데서 비롯하는 「해프닝」일 수도 있다는 말이다.

◇ 교회직분이란 어떤 것인가?

첫째로, 교회직분을 극구 사양하는 교인을 보면, 겸손해서 그렇다고 생각된다. 자기는 믿음도 없고 그럴만한 능력이 없다는 것이다. 진심으로 그렇다는 데에야 뭐라 나무랄 수가 없는 노릇이다. 그런데 개중에는, 무슨 계급이 올라가는 것도 아니고 재정수입(財政收入)이 좋아지는 것도 아닌데, 교회직분을 맡아봐야 시간적으로 경제적으로 희생(손해)될 것이 뻔하다는 판단에 직분을 사양하는 신자들도 있다. 신앙생활은 하되 십자가는 지지 않겠다는 태도임으로 결단코 바람직하지 못한 노릇이다.

둘째로, 객관적으로 그 직분을 맡기기에는 적합질 않다고 사료되는데, 직분을 곶감 탐하듯 하는 교인을 보면, 뭔가 오해를 하고 있다는 생각이 든다. 교회의 직분을 계급이나 벼슬로 잘못 알고 있다는 것이다. 어느 정도 년한이 차고, 경륜이 쌓이면 평신자에서 집사로, 집사에서 권사로, 권사에서 장로로 진급(進級)되는 것인 줄 오해하고 있음이 분명하다. 그리하여 신앙인으로서 성숙한 봉사의 자세도 없이 직분을 탐하는 것이다.

교회의 직분을 영악한 판단에서 사양하는 것이나, 잘못 생각해서 탐하는 것이나, 둘 다 문제인 것은 사실이다. 그러나 이 중에서 더욱 문제를 삼게 되는 것은 두 번째 경우이다. 왜냐하면, 직분을 사양하는 것은 사적(私的)인 문제로 끝나지만, 직분을 탐하는 것은 공적(公的)인 문제로 파급되는 까닭이다.

인간이란, 탐욕이 채워지지 않으면 그 불만이 노골적으로 표출된다. 인사관리 담당자(담임목사나 당회)에 대한 불평과 불만을 늘어놓는다거나 자기 말고 새로이 일꾼된 교우를 비난하고 다닌다거나, 하는 등등의 훼방꾼 노릇을 한다. 더욱 가슴 아픈 것은 그 일로 인해 교회를 옮긴다고 한다거나, 아예 교회를 떠나버리는 사태로까지 악화되기 때문이다.

한 개인의 성숙성에 관한 문제라고 일축해 버릴 수도 있겠지만, 그렇게 간단히 넘겨 버리기에는 교회의 「원인제공적 책임」이 너무나 크다는 생각이 든다. 오늘날 교회는 순수봉사직(純粹奉仕職)이어서 가장 명예로워야 할 교회의 직분을 무슨 감투를 씌워주는 양, 하지는 않았던가? 그리고 앞서 취임된 직분자들이 무슨 벼슬이라도 한 것인 양, 교회에서 세도를 부리지 않았던가? 그 결과, 어느 회사의 「승진시험 후유증」이 교회 안에서도 도지고 있는 것이 아닐까.

◇ 교회의 직분자, 특히 장로님들에게

오늘날 우리나라 교회의 몇몇 속 좁은 목회자들이 규모로 보아서는 여러분의 장로를 세울 수도 있는데, 여전히 안 세우고 있는 까닭을 그대들은 아시는가? 심지어 장로로 다년간 시무했던 목회자들조차도 「장로장립」을 미루고 또 미루는 이유를 알고 계시는가? 또한 어느 목회자들은 그대들을 장로로 기꺼이 세워 놓고는 후회막급(後悔莫及)하며 괴로워하고 있는 심정을 조금이나마 이해하시는가? 아니면, 막무가내로 그 목회자들만 탓하고 있는가?

순진한 교인들 앞에서는 "장로라, 당회원이라" 힘주고, 목회자에게는 사장을 고용한 주주이사(株主理事)나 되는 것처럼, 실력을 평가하고 수고를 점수매기며, 사례비(생활비)를 제멋대로 조정하는 장로들, 심지어 고참장로이니 수석장로이니 하면서 정당의 총수인가, 동료 장로들 위에서 당권장악?을 하고 있는 장로들, 그러면서도 헌금과 봉사에는 평신자만도 못하고, 장로된 후, 평생 가봐야 새 신자 한 사람도 전도 못해오는 열매 없는 장로들, 도무지 무서운 교권자(敎權者)들이다.

아서라, 장로님들이여, 그대들이 장로로 서약할 때에는 "맡기운 자들에게 주장하는 자세를 하지 않고, 오직 양무리의 본이 되기로"(벧전 5:3) 헌신하지 않았던가? 그런데 오늘날 어떤 장로들은 주장이 너무나 강해, 담임목사의 간이 나빠지게 하고, 위장을 헐게 하고, 심장공황증이 걸리게 하고, 신장을 졸게 하여 소변을 시원하게 못 보게 하고 있다

장로가 되어가지고 그릇되는 담임목사를 바로 잡아주지 않음도 죄악이지만, 목사가 속병 들도록 불협불화(不協不和)하는 일은 더 큰 죄악이 아닐 수 없다. 장로님들이여, 분명히 알고 계시잖은가? 교회직분이란, 「섬기는 직책」임을. 섬김으로써 주님의 법도를 이룬다는 사실을 너무나 잘 알고 계시잖은가? 그런데 어찌하여 세상의 주권자처럼, 교회 안에서 행세를 하는가? 일부 몰지각한 장로들이여.

그로 인해, 새로이 직분 받는 신자들이 진급한 양, 감투 쓴 양, 행세를 부리려 하고 직분자가 아니 되면 「땡깡」을 놓는 것이 아니겠는가? 이제부터 그대들이 뭇신자들에게 「섬김의 모범」을 바로 보임으로써 올해는 교회의 인사관리에 추한 모양이 돌출되지 않게 하시라. 그리하면 주의 종과 겸손히 화합(和合)하므로 교회직분자의 참모습을 확연히 드러낼 수 있으시리라.

4. 교회여 성탄 준비는 어찌 됐는가?

◇ 나 어릴적 기다리던 성탄절

갈수록 열기가 식어 가더니, 이튿날 아침이면 재에 묻힌 불씨마저 꺼져 가듯이 크리스마스의 열기가 아주 식어 가는가 싶어 몹시 안타깝다. "빛이 어두움에 비취되 어두움이 깨닫지 못하더라"(요 1 : 5)의 이세상이 그렇다는 것이 아니다. 어두움의 세상이 그리스도 예수님의 탄생일에 대하여 시큰둥하는 것은 어쩌면 당연한 노릇이다. 처음부터 세상은 그랬었기 때문이다. 문제는 빛의 자녀들이라고 하는 크리스천들과 그 교회가 그들의 주님이신 그리스도 예수님의 탄생일에 대하여 열정이 식어져 가고 있다는 점이다.

금년에도 역시, 교회는 성탄축하 준비에 있어서 게으름을 피우고 있는 교회들이 더더욱 늘어나고 있다. 예배당 안팎을 아름답고 찬란하게 장식하는 일이며, 교회학교 어린이들의 크리스마스 캐럴과 율동과 성극으로 엮어지는 축하준비며, 청소년, 청년들을 중심으로 한 이른바, 올나잇 이후의 새벽 송을 기대하는 흥분된 마음들이며, 헨델의 메시아(할렐루야)를 연주하려는 성가대의 우렁찬 연습소리는 아직도 들리질 않고 있는 교회들이 많아졌다. 그런데 이거 좀 보라, 세상은 벌써 성탄준비를 완벽히 해놓고 있다.

왜일까? 물론 우리에게 있어서 크리스마스는 배고플 때, 과자와 사탕을 기대할 만한 날이었고, 영판 재미없는 촌스러운 시절에 보고 들을 것 많은 흥미진진한 날이었기에 어른, 아이 할 것 없이 누구나 「메리, 크리스마스」였던 것이었다. 그러나 오늘날 먹을 것 넉넉해지고, 구경할 것 많아진 세상에 어느 누가 크리스마스를 고대하여 열성적으로 맞이하려 할까? 어림 천만한 노릇이다. 이제와서 크리스마스를 진정으로 반기고 있는 사람은 극히 드물어졌다. 오직 한 무리들이 있다면, 그들은 다름 아닌, 장사꾼들이다.

◇ 크리스인가, 클로스마스인가

크리스마스가 무엇인가, 그리스도(Christ)와 마스(Mass), 천주교회의 「미사」이니, 미사는 곧 예배의 합성어로서, 그리스도 예수님의 탄생을 축하하고 예배한다는 뜻이다. 그런데 오늘에 와서는 크리스마스가 크리스마스가 되질 못하고, 클로스마스가 되어버리고 있음을 부인할 수가 없다. 그렇다면 클로스마스는 무슨 뜻인가, 클로스란, 산타클로스(SantaClaus)를 가리키는 말을 약칭한 것이다. 산타클로스란 원래 성(聖) 니콜라우스(Saint Nicholas)의 다른 이름이다.

니콜라우스는 4세기 초 소아시아 류커아의 수도 쿼라의 교주였는데 동서방교회를 통틀어 가장 널리 기념되고 여러 가지 형태로 숭앙받는 성인이었다. 그런 그가 성탄절이면 어린이에게 설교를 하고 과자(선물)를 준다는 전설적인 인물이 되어 오늘에까지 알려지게 되었다. 이 같은 전설적인 인물이 어린이들이 좋아하는 환상적인 동화로 각색되어 오다보니, 어느덧 산타클로스는 크리스마스에 빼놓을 수 없는 인기있는 존재가 되어온 것이다.

그런데 여기에 문제가 생겨나고 말았다. 크리스마스의 주인공은 분명히 예수님이신데 엉뚱하게도 각본(성경)에도 없는 산타가 나타나 예수님을 무시하고 주인공 행세를 하고 있는 것이다. 이렇게 되면 산타클로스는 우상(偶

像)이라고 할 수밖에 없다. 사실상 산타클로스는 실제하는 인물도 아니었다. 어떤 전설을 바탕으로 하여 지어낸 인물이었다. 그런데 이 가상적인 인물은 오늘날에 와서는 예수님보다 더 숭앙받는 크리스마스의 주인공이 되었으니 어찌 우상이라고 아니할 수 있겠는가.

백화점, 호텔, 심지어는 교회당까지 예수님이 계셔야 할 그 자리에 산타클로스가 우뚝 우뚝 서 있는 것을 보게 된다. 빨간 옷에 빨간 모자, 매우 반짝이는 빨간코를 가진 루돌프 사슴이 끄는 멋진 수레에 선물보따리를 가득히 싣고 흰 수염을 바람에 날리며 눈길을 힘차게 달려가고 있다. 또 구체적으로는 선물 가득한 부대주머니를 등에 메고 착한 사람, 예쁜 사람의 집을 찾아 들고 있으니 그 얼마나 환영받을 만한 모습인가.

◇ 세상에 빼앗긴 크리스마스

현대인은 예수님을 좋아하지 않는다. 그리하여 예수님이 계셔야 할 그 자리에 산타클로스라는 부유하고 기름진 우상을 대치시켰다. 이는 현대 크리스천들도 마찬가지이다. 물질 많이 주고, 축복 많이 주는 산타클로스는 좋아하고 가난하여 마구간에 벌거숭이로 오신 예수님은 외면하고 있다. 생일 당사자를 쫓아내고 한바탕 벌이는 생일잔치, 세상에 이런 잔치는 있을 수가 없는 일이다. 그러므로 오늘의 크리스마스는 신랑이 뒤바뀐 「불륜의 결혼식」과 같이 되었다.

오늘날에 와서 크리스마스는 더 이상 기독교회의 D데이가 아니다. 이 세상의 사치와 소비와 허영과 향락사회의 D데이로 변질되었다. 장사꾼들에게는 대목이요, 부유한 자들에게는 그 부유함을 한껏 뽐내며 즐기는 날이다. 그러나 정작, 대목이어야 할 교회는 휘황찬란한 세속행사에 잔뜩 기죽어서

흥이 깨진 상태이고, 특별히 이날만이라도 즐거워야 할 비천한 이들은 오히려 가중(加重)되는 쓸쓸함에 더욱 서글프다.

그 어느 곳보다도 축하의 열기가 붙일듯해야 할 기독교회가 냉랭하고, 그 누구보다도 기뻐해야 할 비천한 이들이 더욱 슬퍼지는 날이라면, 더 이상 크리스마스는 성일(聖日)일 수가 없고, 축일(祝日)일 수도 없다. 왜냐하면 그리스도 예수님은 하나님의 아들로서, 비천한 이들을 찾아오신 까닭이다. 그러므로 교회는 크리스마스를 크리스마스이도록 해야 한다. 그것이 예수님을 예수님이게 하는 일이고, 교회가 교회되는 일이기 때문이다.

교회여, 그리스도인들이여, 세상에 빼앗긴 크리스마스를 다시 찾아오자. 호텔에 빼앗기고, 백화점에 빼앗겼으며, 술집에 빼앗기고, 디스코텍에 빼앗긴 크리스마스를 우리들의 교회로 다시 찾아오도록 하자. 세상은 흥겨워서 「징글벨, 징글벨」 밤새도록 떠드는데, 우리 교회는 무엇이 무서워 「노엘, 노엘」 경건하게 새벽송을 못하는가? 노래방에 가서는 「화이트크리스마스」를 구성지게 뽑아대면서, 예배당에 와서는 「기쁘다 구주오셨네」를 어찌하여 즐거이 못 부르는가? 세상에 빼앗긴 아니 우리가 내버렸던 크리스마스를 금년부터 분명히 다시 찾기 시작하자!

5. 교회개혁의 서광이 비취는가

◇ 연례 국가조찬기도회를 보고

지난 5월 3일, 서울 63빌딩에서 열린 제 26회 국가 조찬기도회는 그 어느 때보다 고무적(鼓舞的)인 모습으로 비쳐졌다. 우선은 국가원수(國家元首)인 대통령이 참석했다는 데 그 의의가 있었다. 혹시나 대통령 자신이 그리스도 인이면서 타종교(他宗敎)를 의식하여 조찬기도회에 불참하면 어쩌나? 하는 염려가 있었다. 그러나 대통령은 그런 염려가 기우(杞憂)에 지나지 않도록 성실한 자세로 참석하였던 것이다.

다음으로는 사상 최대의 많은 인원이 참석하였다는 것이다. 이는 대통령이 그리스도인임은 물론, 그 자리에 적극적으로 참석하였기 때문이기도 하겠지만, 어쨌든 나라를 위해 기도하는 모임에 많은 사람이 참석하였다는 사실은 매우 소망스러운 일이다. 더구나 천주교인(天主敎人)들도 공식적으로 동석했다고 하니, 이 또한 천하보다 귀한 생명들에게 복음을 접하게 한 것으로 매우 아름다운 일이 아닐 수 없다.

그러나 이 모든 것들보다 더욱 고무적인 일은 개신교회예배(改新敎會禮拜)의 「하이라이트」인 설교에 있었다. 그 설교의 제목은 「세상의 빛과 소금된 교회」라는 지극히 근본적인 것이었다. 그런 제목의 설교는 웬만한 목사라면 흔히, 할 수 있는 주제요, 내용이다. 문제는 「누가 했느냐」에 있다. 익히 아는대로, 똑같은 제목과 내용의 설교를 가지고 「누가 했느냐」에 따라 청중의 반응(聽衆反應)은 다르게 나타나는 까닭이다.

◇ 개혁된 목사의 개혁된 설교

그 기도회의 설교강사는 오늘날 한국 교회에서 말도 많고 탈도 많은 「조○○목사」였다. 이분에 대하여 다소 비판적인 생각을 가지고 있는 사람들로서는, 그의 설교강사로 초청된 사실에 대하여 뜻밖이라는 생각을 가졌지만, 그렇지 않은 사람들로서는 자연스러운 모양으로 보였을 것이다. 사실이지, 이상할 것은 없다. 설교를 위해 부름받은 목사가 언제 어디서라도 설교를 한다는 것은 지극히 당연한 일이잖겠는가? 그러나 그가 어떤 설교를 하였는가는 관심의 대상이 될 수 있다. 심하게는 문제의 소지가 될 수도 있다는 말이다. 그런 의미에서 금번 「국가조찬기도회」에서의 조○○ 목사의 설교는 비중있는 관심사임에 틀림없다.

이제 본론을 말해 보자. 단적으로 그의 설교는 혁명적(革命的)이었다. 여기에서 혁명적이었다는 말은 그 설교가 어떤 혁명을 일으켰다는 뜻은 아니다. 다만, 이제껏 인식(認識)되어 온 그의 「이미지」와는 전혀 다른 설교를 하였다는 것이다. 그의 설교는 다섯 가지 대지로 이어져 갔다. 설교 자체로는 나무랄 데 없이 잘 조직되었고 매우 은혜로운 내용이었다. 그런데 신통한 것은 한국 교회의 개혁을 촉구하는 그 내용이 조목조목 조○○ 목사 자신의 갱신을 촉구, 또는 갱신되었음을 신앙고백(信仰告白)한 내용이라는 점이다.

첫째 대지에서 "한국 교회는 정의(正義)의 빛과 소금의 역할을 회복해야…집단 이기주의와 기복주의(祈福主義)를 벗어 버리고…"라는 내용은 매우 반가운 말씀이었다. 왜냐하면, 그동안 그 자신이 개교회 이기주의와 기복주의 신앙을 고무시킨 장본인 아니었나 싶어서이다. 이제는 그 자신이 갱신되고 개혁(改革)되어 기복주의를 버렸다는 뜻으로 들렸었기 때문이다.

◇ 한국 교회는 개혁이 되고 있다.

다음 대지에서 「-진리보다는 현실안이(現實安易)를 택하고, 비뚤어진 정치사회의 관행을 눈감아 주고, 혹은 타협하고… 세례 요한과 같은 선지자적 위치를 다시 복구해야 합니다」 얼마나 지당하고 반가운 말씀인가? 삼박자구원(三拍子救援)의 교리로 현실이익을 택하도록(본말이 전도되었겠으나) 설교해왔던 그가 세례 요한적 자세를 외쳤음은 그 자신이 변해도 확실히 변했다는 생각이 든다.

셋째, 대지에서 "교회가 교세확장에만 애를 쓰고, 경건함과 거룩한 삶에 무관심할 때 교회는 세속화(世俗化)하고 맙니다." 진실로 아멘이다. 그러나 그동안 어느 누가 교세확장에만 애를 썼는가? 바로, 그 자신이 아니었는가?

넷째, 대지에서 "교회가 기업화하여 하나님을 이용하여 개인적 이익을 취하려는 생각은 버려야 합니다." 정말, 들을수록 은혜가 충만해지는 말씀이다. 세계 최고의 교회대형화(敎會大型化)-곧, 기업화-를 이룬 본인의 설교라니….

다섯째 대지에서 "교회와 교파 간에 화합과 연합은 가져오지 못하면서 어떻게 남북통일을 위해 기도하며…." 너무나 지당한 말씀이다. 하지만, 그 자신은 어떠했는가. 자신이 속한 하나님의 성회 교단을 「기하성」과 「예하성」으로 분열하는데 근원적인 책임을 위해 가장 적절하게 설교하였다.

분명히 하고 싶은 것이 있다. 필자는 조○○ 목사의 설교를 비판하자는 것이 아니다. 그동안 비판적으로 보여졌던 그분이 이렇듯 개혁적 설교(改革的

說敎)를 외쳤다는 점에서, 그 자신이 개혁적 목사(改革的牧師)의 자세를 가졌다는 사실이다. 그렇다면 한국 교회는 개혁되고 있다는 확신과 희망을 피력한 것이다.(아무쪼록 조 목사님의 그 설교가 특정 교단과의 껄끄러운 감정의 발로가 아닌, 진실로 한국 교회를 사랑하는 마음에서의 고백이요, 증언이길 바란다.)

6. 평신도 개혁의 주체들이여

◇ 개혁의 주체는 누구인가

작금의 문민정부는 「윗물 맑히기」라는 사정의 차원을 넘어 혁명까지도 불사하고 있는 중이다. 대통령의 긴급명령에 의한 「금융실명제」의 실시가 그 결정적인 본보기이다. 외신은 이를 가르켜 "총성 없는 구데타", 또는 "쿠데타적 사건"이라고 전해왔다.

그렇다. 우리나라는 지금, 혁명의 소용돌이에 휩쓸려 있다. 국가적으로 거듭나기 위한 몸부림을 치고 있는 것이다. 이에 대한 국민의 지지도는 거의 90%에 육박하는 것으로 언론은 조사 발표하였다. 그렇다. 문민정부의 혁명적인 개혁 작업이 먹혀들고 있는 원인이 바로, 이 점이다. 국민의 대대적인 지지가 아니고는 대통령과 그 정부의 개혁정책은 성공할 수가 없는 것이다. 그렇다. 교회의 개혁도 대다수 평신도들의 지지와 참여 없이는 도무지 불가능하다. 예컨대, 「루터」나 「칼빈」의 그 유명한 종교개혁(Refomation)이 성공한 사실도 그 당시의 수많은 평신도들의 지지와 협력과 참여가 있었기에 가능했던 바와 같다.

지도자는 동기만을 부여할 뿐, 일의 성취는 민중이 하는 것이다. 교회도 마찬가지이다. 목회자는 동기만을 부여한다. 그리고 역사는 회중으로서의 평신도가 이룩하는 것이다. 전파하는 자의 외침은 헛될 따름이다. 더구나 전파하는 자들은 자기 소리만 고집하기에 남의 소리는- 그것이 하나님의 말씀이라 해도- 귀를 기울이지는 않는 경향이 많다. 왜냐하면, "여호와의 영이 나를 떠나 어디로 말미암아 가서 네게 말씀하더냐?"(왕상 22 : 24)고 분노하며 참 선지자 「미가야」의 뺨을 때린 거짓 선지자 「시드기야」와 같이 교만으로 가득차 있기 때문이다. 이미 알고 있다시피, 현대교회는 개혁을 외치는 설교의 홍수시대를 맞고 있다. 교계의 웬만한 지도자라 할 것 같으면 개혁에 대한 한마디 정도는 누구나 다 피력하고 있다. 그런데 왜, 교회는 개혁되지 않는가? 입술(설교자)만 떠벌리고, 손발(평신도)이 움직여 주질 않으니 그럴 수밖에 없는 것이다.

◇ 오늘의 강단이 세속적인 까닭은

설교신학적으로 볼 때, 현재 한국교회의 강단은 비복음적인 경향이 많다. 그 실례를 든다면, 첫째로, 축원합니다의 일색이다. 설교는 하나님의 말씀을 대언하는 것이요, 선포하는 것이요, 증거하는 것이거늘, 축사인양, 결론을 맺어버리다니… 그게 무슨 설교일까.

둘째로, 영혼에 의한 영혼을 위한, 영혼의 설교이기보다는 사고와 심리에 의한 철학을 연설하는 것으로 일관한다. 적극적 사고방식과 긍정적 사고방식의 철학을 장려함으로써 세속의 성공과 출세를 지향하여 고무시킨다. 「사원 교육세미나」와 대동소이하다.

셋째로, 최신의 학문과 시사문제, 그리고 현란한 화술로 그림을 그려가듯 엮어가는 매끄러운 설교가 있다. 하지만 이것은 설교라기보다는 한편의 「에세이」일 따름이다. 소위, 지성인이라고 자부하는 신자들이 이 같은 문학적 언어유희를 즐기려고 모여든다. 그러나 거기에 무슨 생명이 있을까.

넷째로, 치유(병고침)와 축사(귀신 쫓음)만을 가르치고 선포하는 설교, 이런 설교에 대하여 회중들은 광란하듯 반응한다. 신자들은 이성을 잃은 듯 분위기 자체가 비이성적으로 휩쓸린다. 하나님의 성령의 임재로 말미암은 질서와 평화는 찾기 어렵고, 예배당은 영적 아수라장처럼 보인다.

다섯째, 말씀을 쪼개고, 가르고, 깊이 판다고 하면서 이상한 소리를 한다. 이제껏 못들어 본 아슬아슬한 설교를 해서 신자들의 인기를 끈다. 성경이라는게 그 말씀이 그 말씀이어서 까딱 잘못하면 식상하기 십상이다. 그래서 신자들은 뭐 좀 색다른거 없나? 하고 쫓아다니다가 이단의 소리에 덜컥, 말려드는 것이다.

물론, 한국 교회의 강단이 다 이 모양인건 아니지만 대부분이 영적복음을 육적복음으로, 천국복음을 물질복음으로, 영생복음을 현세복음으로 고난의 복음을 안일한 복음으로 대체하고 있다는 사실은 아무도 부인 못할 것이다.

왜 그런가? 설교자의 잘못인가? 물론, 그렇다고 볼 수 있다. 그러나 설교자의 탓만은 아니다. 그 설교를 듣는 입장에 있는 평신도들에게 설교자들 못지않은 과오가 있다. 과오란, 설교자들로 하여금 그와 같은 설교 아닌 설교를 하도록 은연중에 강요했다는 것이다.

◇ 목사를 타락시키는 그릇된 평신도

도대체 무엇 때문에 목사님들이 가짜박사 학위라도 돈주고 사서 쓰려고 하여 물의를 일으켰던가? 그 교회신자들이 「그냥 목사」보다는 「박사목사」를 원했던 까닭이 아니었는가? 도대체 무엇 때문에 본 교회 목회도 바쁘실텐데 뻔질나게 부흥회를 나가 다니시는가? 아무데도 안 나가고 본 교회만 지키고 있으면 "우리 목사는 능력이 없어서 생전가야 부흥회 한번 인도해 달라는 교회 하나 없다"면서 비난하고 다니는 집사들 때문이 아니던가?

　도대체 무엇 때문에 목사님들이 회장이나 대회장, 총재나 총회장, 등등이 되보려고 세상에서 하는 방법대로 돈을 쓰고 기를 쓰는가? "우리 목사님은 동료 목사님들에게 인기가 없어서 남들이 다 쓰는 감투 한 번 못쓴다"고 멸시하는 장로 까닭이 아니던가? 도대체 무엇 때문에 바른 설교를 못하고 축복을 남발하는 사랑 설교만 거듭하는가? 도대체 무엇 때문에, 하나님의 종이 되기보다는 인간의 종이 되고, 스스로 삯꾼 목사가 되어 세상과 타협하는가? 십자가와 천국을 설교하면, 졸기만 하고 "영혼이 잘됨같이 범사가 잘되고 강건하라"는 식의 축복을 설교하면 졸다가도 눈을 번쩍! 또 "아멘"하는 까닭이 아니던가?

　"회개하라, 교만하지 말고 겸손하라, 하나님 앞에서 인색하지 말아라, 어찌하여 그리스도인이 잠만 자고 기도하지 않느냐? 새벽기도에 힘써라, 십일조 떼먹지 마라, 주일성수를 하라, 집사나 장로쯤 되었으면 음주, 흡연 말아라, 하나님과 하나님의 세우신 자에게 순종하라, 무엇보다도 사랑하고, 희생하고, 봉사하여 그리스도인답게 살아라."

　이렇듯 여러 가지로 바른 설교를 하면, 상처를 입고 실족하기가 일쑤이고, 심하면 설교자를 비난하고 다니며, 급기야는 배척운동까지 벌이니, 목사님은 슬그머니 사람의 비위를 맞추는 사람의 종으로 전락되고 마는 것이다. 한국 교회의 평신도들이여! 교회의 주체는 목회자가 아니고 그대들이다. 따라서 교회 개혁의 주체 세력도 평신도인 그대들이다. 국민이 따라주지 않으면 대통령 개혁의지는 아무것도 아니다. 마찬가지로 평신도가 갱신을 위해 스스로 나서지 않는 한, 한국 교회의 개혁은 요원한다는 말밖에 할 수가 없다.

7. 금빛도련성경과 피빛도련성경

◇ 금빛도련 성경책의 추억

시대는 문화를 만들고 문화는 시대를 이끄는 것 일게다. 시대를 알려면 그 시대의 문화를 알면 되리라. 문화는 시대의 꽃인 셈이니까. 같은 의미에서 오늘의 우리 한국교회는 어느 시대를 영위하고 있는 것일까? 그리고 그것은 신앙의 존재양식에 비추어 볼 때 그릇됨은 없는 것일까? -

대답은 이렇게 하고 싶다. "오늘에 있어서 한국교회는 '금빛도련의 성경시대'를 영위하고 있다"고, 말이다. 과거 60년대만 해도 금빛도련성경은 최고급품성경책 이어서 아무나 갖고 있질 못했다. 가죽 표지에다 금빛을 입힌 것이어서 보급관성경, 곧 붉은빛 도련에 두꺼운 종이표지의 성경책보다는 훨씬 비쌌던 것이다. 그러므로 서민층 그리스도인들은 가죽표지에 금빛도련한 성경책을 누구나 할 것 없이 갖고 싶어 했었다.

얼마나 금빛도련성경이 귀중했던지 심지어는 부흥집회때 눈을 감고 통성기도를 한참하고 나면, 그 성경책을 잃는 경우도 없지 않았다. 어떤 사람이 훔쳐 갖기 때문이었다. 정말이지, 어느 누가 생일 선물을 해준다면 금빛도련성경책을 선물해 달라고 할 정도로 그 책을 그처럼 사모했던 것이다.

붉은빛 도련의 성경책을 가지고 신앙생활을 하던 그 시절, 그때의 한국교회는 정말 그렇게 가난했었다. 그러나 예수님의 보혈로 적신듯한 그 붉은빛

도련의 성경책을 가졌던 그때의 신앙은 오늘날 이상으로 순수했었다. 그 같은 믿음으로 인하여 한국교회는 오늘날의 풍요로움을 누리는 것이라 하겠다.

이로 보건대, 현재 한국교회는 핏빛 문화에서 금빛 문화로 발전되었다. 그 한 가지 분명한 예가 성경책에 도련된 색깔이다. 이제 웬만한 신자들은 한결같이 금빛도련의 가죽성경을 갖고 붉은빛도련의 비나루성경은 전도용으로 초신자들에게 주어지는 보급판일 따름이다.

◇ 물량적 부자가 된 한국교회

그렇다면 이 사실은 무엇을 말하는가? 긍정적으로 볼 때, 우선은 한국교회의 신자들이 풍요로워졌다는 증거이다. 금빛으로 도련된 성경책처럼 부유해졌다는 사실이다. 그 실예로, 금번에 대한 성서공회에서 출간된 「표준새번역성경」만해도 그렇다. 영락없이 화사하게 금빛도련-물론, 보급판은 그렇지 않으나-한 것이었다. 이는 그저 출판문화의 발달현상으로 보고 자연스레 지나칠 일이라 하겠지만, 교회와 신앙에 있어서는 시사하는 바가 예사롭지 않다.

송구스런 말씀이오나 독자여러분 가운데는 시인 김지하의「금관의 예수」라는 희곡을 기억하실 것이다. 종교지도자들이 만들어 낸 금관… 황금만능의 신앙…에 씌운 바 되어 질식상태로 굳어져 있는 예수님을 본래의 모습으로 돌아오게 하는 내용이다.

그렇다. 황금만능주의의 세속적 물결은 이미, 교회의 깊숙한 곳까지 스며들어 예수님의 형상조차 금맥질을 해버렸다. 그리하여 오늘날 대 다수의 신자들은 금을 도금된 예수를 믿고 있는 것이다. 금으로 도금된 예수를 믿는다는 말은 무슨 소리인가? 이것은 예수님을 믿음의 고작, 물질 축복을 받아 사업이 잘되고 육신살이의 형통을 바라는 기복신앙을 일컫는 소리인 것이다.

결국 오늘날 많은 신자들의 신앙도 금빛도련이 되어 있는 것이 아닐까? 우리의 신앙은 지금 온통, 황금색으로 맥질되어 있다. 성경책과 찬송가까지 금빛으로 도련됐음은 물론, 예배당 종탑끝의 아스라한 십자가가 황금색으로 번쩍이고, 강대상에 장식된 알파(A)와 오메가(U)의 기호도 황금빛으로 도색되어 있다.

거기다가 설교하는 목사의 안경이 금테이고, 적절한 「제스츄어」에 따라 개성있게 반짝여 주는 금반지까지 분위기를 황금빛으로 돋궈낸다. 믿음 바 신앙의 축복으로 부요함을 만끽하는지, 귀고리와 목걸이들이 화답하듯 금빛으로 화사하기 그지없다.

◇ 영혼에서 금빛 도금을 벗겨내자

순금의 빛이건, 도금된 빛이건, 오늘의 교회의 금빛으로 도련되어 있다. 이를 가르켜 어떤 이들은 하나님의 복 주신 결과라고 역설할 것이다. 이에 대해 반박할 생각은 없다. 그것이 어느 정도는 사실일 테니까. 그러나 그 자체로써 순수해야 할 믿음까지 금색으로 맥질되었을까가 염려되는 것이다. 금빛 도련된 성경처럼 세속적인 부귀와 영화를 추구하는 신앙일 때 그 영혼은 황금에 눈이 먼 소경일 수밖에 없다.

어느 부흥회의 강사로 초청된 목사가 설교 중에 하는 말, "예수믿는 사람들은 건강하고, 사업이 잘되고, 자녀들이 좋은 대학에 들어가며, 범사에 형통하고 풍성해야 한다. 만일 그렇지 않고 병들고, 사업이 잘 안되고, 자녀들이 대학에서 떨어지고, 가난하는 등의 고난을 받고 있다면, 예수를 잘못 믿었기 때문이다. 그러므로 여러분은 범사에 잘되고 잘 살아라"고 목청 높여 외친다.

이것이 과연 복음인가? 무당이 하는 소리와 무엇이 다른가? 그래도 그 자리에 모여온 신자들은 "아멘! 아멘!"하면서 좋아라고 날뛴다. 그 따위 엉터리없는 소리로 일관하는 강사라는 작자를 생각하면 울화통이 터지고, 그런 소리를 듣고 은혜를 받았노라는 신자들을 생각하면, 가련하다 못해 차라리 참담하다.

어찌해서 설교가 이 모양이 되고, 교인들의 심령은 이 지경이란 말인가? 영혼에 예수 그리스도의 보혈을 적시는 설교가 되야 하거늘, 물량 축복의 금맥질만 두껍게 먹이고 있으니, 현대의 기복주의 설교자들은 은장색 「데메드리오」와 무엇이 다르랴! (행 19:24)

촌스럽고 값은 좀 싸지만, 예수 그리스도의 보혈을 상기케 하는 붉은빛도련의 성경과 같은 심정으로 돌아가야 한다. 물질축복과 세속적 성공주의로 금빛 도련된 영혼을 그리스도의 붉은 보혈로 다시 녹여, 씻어내야 한다. 만일, 그렇게 하지 않는다면 우리의 신앙은 참 하나님을 배척하는 또 하나의 우상숭배에 지나지 않을 것이다.

"나의 사랑하는 책 비록 헤어졌으나 어머님의 무릎 위에 앉아서 재미있게 듣던 말 이 책 중에 있으니 이 성경 심히 사랑합니다(찬송 234장)"의 그 성경책은 금빛도련이 아니고, 그리스도의 보혈을 심히 생각나게 하는 붉은빛도련의 성경이었을 것이다. 그렇다. 이제 우리 모두다 금빛 도련성경과 같은 황금만능주의의 그릇된 미신을 버리고, 핏빛도련성경과 같은 참된 신앙을 새롭게 하자.

◇ 후기(後記)

본서를 「말하는 당나귀」로 책명하면서 필자는 자신을 「말하는 당나귀」로 은유하였다만, 실상 나귀의 본분은 말하는 것이 아니고, 일하는 것임을 간과할 순 없다.

나귀가 기이하게 사람의 말을 했다는 사실은 그만큼 인간의 상황이 정상이 아니었다는 사실이다. 안 그래도 말이 많은 세상에서 오죽하면 짐승까지 말을 해야 되었을까? 실제로 성경 속에서 선지자 발람은 탐욕으로 이성을 잃은 나머지 미치광이 노릇(벧후2:16절)을 하였음으로 하나님께서는 사람이 아닌, 나귀가 사람의 소리를 내게 하여 그 발길을 저지시키셨던 것이다.

이와 다를 바 없이 10세기 말에서 21세기 초에 이른 오늘날 한국교회에는 발람의 길을 붙쫓고 있는 지도자들과 그 무리들이 적지 않아 보이기에 당나귀만도 못한 필자가 감히 〈개혁시론〉이라는 필설을 외쳤다고 하겠다.

그러나 당나귀의 본분은 일하는 것일진대, 스스로를 나귀로 자칭한 필자의 본분도 마찬가지이다. 이제는 더 이상, 말하는 당나귀가 아니라 일하는 당나귀가 되고 싶다는 뜻이다. 발람과 같은 이 시대의 어그러진 교회와 어그러진 지도자들을 향하여 제법 '옳은 필설'을 외쳤지만, 결론은 "나 자신부터 잘해야 된다."는 자성(自省)만 하게 될 뿐이었다.

적어도 나 한사람만이라도 발람의 길을 따르지 않고 주님의 길로만 바로 행하여 따라 간다면 바로 거기에서부터 교회의 개혁과 신앙의 갱신은 시작될 것이 아니겠는가?

그리하여 필자는 말하는 당나귀에서 일하는 당나귀로 돌아가려다. 주님이

신 예수님을 등에 모시고 예수님의 영광되심만을 위하여 예수님처럼 평화와 겸손의 당나귀로 살아가길 기도하며 다짐하는 바이다. 하지만 그 동안 「말하는 당나귀」로 지나온 나날들은 나름, 보람스러움도 없진 않았기에 주님께 감사를 드리지 않을 수 없다.

그리고 그 모든 필설들이 묻혀 없어져도 상관이 없을 것을 책자로 출판해 주신 이규종 장노님께 감사드리고, 후원하여 주신 신동천 장노님, 진용환 장노님, 이영리 집사님, 김정원 집사님 내외분, 정유희 집사님 내외, 정재우, 유흥목, 황종수 목사님들께 격려와 응원을 아끼지 않은 〈작은 예수 선교회〉형제, 자매들께 아울러서 고마움을 두고두고 사례해야 할 것이다.(감사합니다)